U0864031

国家社科基金项目结项成果（项目批准号：18BFX080）

认知科学视野下的司法鉴定错误研究

杨立云 / 著

Research on Forensic Errors from the Perspective of Cognitive Science

法律出版社
LAW PRESS · CHINA
北京

图书在版编目（CIP）数据

认知科学视野下的司法鉴定错误研究 / 杨立云著. 北京：法律出版社，2024. -- ISBN 978 -7 -5197 -9241 -1

Ⅰ. D918.9

中国国家版本馆 CIP 数据核字第 2024WU0833 号

认知科学视野下的司法鉴定错误研究
RENZHI KEXUE SHIYE XIA DE SIFA JIANDING CUOWU YANJIU

杨立云 著

责任编辑 董 昱 王 睿
装帧设计 鲍龙卉

出版发行 法律出版社
编辑统筹 法规出版分社
责任校对 张红蕊
责任印制 耿润瑜
经　　销 新华书店

开本 A5
印张 10.75　**字数** 260 千
版本 2024 年 8 月第 1 版
印次 2024 年 8 月第 1 次印刷
印刷 北京新生代彩印制版有限公司

地址:北京市丰台区莲花池西里 7 号(100073)
网址:www. lawpress. com. cn
投稿邮箱:info@ lawpress. com. cn
举报盗版邮箱:jbwq@ lawpress. com. cn
销售电话:010 - 83938349
客服电话:010 - 83938350
咨询电话:010 - 63939796

书号:ISBN 978 - 7 - 5197 - 9241 - 1　**定价**:58.00 元

凡购买本社图书,如有印装错误,我社负责退换。电话:010 - 83938349

序　言

虽然,序言常常是一本书的开篇,却往往放在最后写,所以序言反而有回顾和总结的意味。本著《认知科学视野下的司法鉴定错误研究》是“认知三部曲”的最后一部:三部曲的前两部分别是《侦查认识原理研究》和《认知科学视野下的侦查错案研究》。不难发现,贯穿这一三部曲的主线——认知。掐指一算,和认知结缘于二十多年前,彼时我尚在西南政法大学攻读硕士学位,而且那时的法学学人对于认知这一课题的研究兴趣甚少,不似今日人人似乎都言必称认知。然而,就在彼时,我意识到犯罪侦查,包括司法鉴定乃至司法证明,都与认知不无关系,其中可能埋藏着一座富矿。但是人类的认知行为是一个复杂的现象,要研究专业领域中的认知,显然必须首先潜入一般认知的领地。然而,对我来说,这一领地是一个荆棘丛林,没有地图,没有向导,贸然潜入,可能是一场冒险之旅。没有人告诉我这段旅程起点在哪里,也不知道旅程将终结于何处。

我的冒险之旅是从硕士毕业论文写作开始的。2004 年前后,是国内证明标准讨论最为热烈的时候。侦查作为一种事实发现的活动,也同样涉及与证明标准类似的问题,那就是侦查结果得以成立的标准。因为受到一些证明标准讨论观点的影响,我选择了“侦查认识论的困难及其克服”作为硕士论文题目。由于认为侦查活动对象是过去的事件,如按照“主观符合客观”的标准,侦查发现的结果是无法与过去的事件“符合”的,因而这样就产生了困难——侦查人员如何才能确定自己的发现为真呢？稚气未脱的青年哪里知道，这是认知哲学和知识论的一个终极性难题——关于真假之证成的理论。讨论这个问题的著作卷帙浩繁，理论流派让人眼花缭乱，各种争论几乎贯穿了整个哲学史。还没有开始正式动笔写作，我已经为自己不知天高地厚的决定感到有些后悔，因为要在毕业前把这些哲学著作读完根本不可能；更何况，一个非哲学专业的年轻人根本不具备对这些高深著作的理解力。然而，倔强的我还是开始了。把罗素的《西方哲学史》作为我的哲学启蒙读物，之后通读了金岳霖先生的《知识论》。即使是这样两部著作的阅读，也让我满头雾水、挠破头皮。然而，除了硬着头皮继续，没有别的选择。这样，经过一番跌跌撞撞的艰难前行，对我所要研究的问题略微有了一些相关的知识储备。最后，我还是用满篇佶屈聱牙的文字，勉强完成了硕士论文的写作。在写作本序时，我又把当初的硕士毕业论文找出来翻阅了一遍，字里行间依然飘散着幼稚和轻浮的味道。

攻读博士学位是这一冒险之旅的继续。当导师郝宏奎教授第一次跟我面谈博士论文选题的时候，我又毫不犹豫地选择了认知与侦查的交叉领域，把我的博士论文题目定为“侦查认识原理研究”。现在回想起来，当初的选择大概基于这样两个缘由：无论中外，侦查学基础理论研究十分薄弱，缺乏一个统摄全部侦查学的基本原理体系，而我正想在此方面有所努力；硕士论文写作时，艰难的阅读过程让我对哲学产生了一种复杂的情感：既艰难又着迷，既痛苦又欲罢不能，通俗地说就是“痛并快乐着”。这两个缘由使我再次踏入认知的荆棘地。读博士期间，我狂乱吞咽了科学哲学、认知哲学、认知心理学、伦理学、行为经济学、决策理论、逻辑学等方面的著作。由于涉及学科门类太多，困惑时常接踵而至，每每自感大脑不堪重负，有时向隅而思，有时掩卷长叹，有时奋笔疾书又决然删去，有时睡梦中仿佛在和先贤们对话，人也几近疯魔。不疯魔，不成活。经过艰难折腾，最终，博士论文写成了。令人略感欣慰的是,论文盲审和答辩都是全优。博士论文最后成了"认知三部曲"的第一部,已于2009年纳入西南政法大学刑侦30周年学子文库,由群众出版社出版。

荆棘丛林里或许有几朵亮色的野花。博士论文从选题到出版,这一艰难的冒险之旅使我逐渐强烈地意识到,以认知为工具可以为侦查、司法鉴定乃至司法证明提供全新的审视视角,甚至对侦查和司法鉴定的基本原理体系的重构提供广阔的想象空间。博士论文的最后一章是关于"侦查错误"的,作为博士论文的最后一章,对侦查错误这一现象不可能讨论得太深入透彻。2014年向教育部申请"人文社科基金"研究项目时,大数据和人工智能已经开始逐渐进入公共视野,人文社科各个领域竞相关注本领域中的"认知"问题。博士论文最后一章关于侦查错误的讨论,让人意犹未尽。于是,我又以"认知科学视野下的侦查错案研究"为题申请项目,让人振奋的是,项目申请获批立项。显然,我将研究的兴趣限缩到了"侦查错误"这一较小范围,但是工具依然是"认知",并且更加明确地将这一工具命名为"认知科学"。同样的问题发生了,"认知科学"和哲学上的认识论或知识论并不是一回事,认知科学是哲学、心理学、逻辑学、计算机科学、神经科学的结合体,研究所需的知识体系需要重新准备、重新梳理。关于"错误"的理论也是一个比较复杂的问题,并且本选题在理论和实践上难度都不小,前后也经历了一些犹豫、踌躇、困惑,写作进度一度受阻。但受到 Tversky、Kahneman 及 Itiel E. Dror 等人研究成果的启发,终于茅塞顿开而一鼓作气完成。该项目成果成书后纳入西南政法大学刑侦40周年学子文库,已由法律出版社在2019年出版,成为"认知三部曲"的第二部。

由于侦查与司法鉴定之间天然且紧密的联系,错误会在侦查中发生,也同样会在司法鉴定中发生。在对教育部人文社科项目研究期间,我萌生了用认知科学作为工具研究司法鉴定错误的想法。于是，在2018年，我决定以“认知科学视野下的司法鉴定错误研究”为题，申请国家社科基金项目。由于有较为充分的前期研究准备，国家社科基金项目申请也获批立项，这更加让人振奋。这一项目的申请，也同样受到著名认知神经科学家 Itiel E. Dror 教授的影响。2000年前后，由于 Dror 教授等人对司法鉴定错误的关注，就已经开始研究法庭科学中的认知偏差的问题，其他研究者也不甘落后。一时间，法庭科学中的认知偏差成为热门话题，积累的研究文献数目也十分可观。在项目研究中，理所当然地不能回避司法鉴定中的认识偏差问题，但又不能照搬国外研究成果，还应当有所突破、有所创造。于是，我打算从司法鉴定作为认知行为的结构分析入手，从中揭示发生错误的风险因素。这样就形成了一个对司法鉴定错误风险来源的基本分析框架，而不是单纯地从认知偏差的角度审视司法鉴定错误。因此，本研究是以司法鉴定认知行为结构分析为框架，辅以认知偏差的内容。在某种意义上也可以说，《认知科学视野下的侦查错案研究》和《认知科学视野下的司法鉴定错误研究》是姊妹篇。因为，一方面，二者都以认知科学为工具；另一方面，二者采用的文献范围有部分重叠，并且二者都采用了类似的经验研究方法——问卷调查，并且问卷设计上也有相似之处。这样，最终的项目成果成为本著，也就是“认知三部曲”的第三部。

从二十多岁的稚气未脱到年近知命，二十余年的研究生涯都交付给了认知与侦查、司法鉴定的跨学科研究。从一个毫无哲学、心理学专业背景的懵懂法学青年，逐渐成长为同时涉足认知科学、法学、侦查理论与实务、司法鉴定理论与实务的学人，其间甘苦，此心自知？之所以把这二十余年认知结缘的过程称为一场冒险之旅，是因为和所有学术探索之旅一样，都是孤独的旅程，都是“独上高楼，望尽天涯路”，其间自然少不了懈怠、挫败、迷茫和困顿，少不了“为伊消得人憔悴”。但激励我坚持下来的，除了荆棘与鲜花相伴之旅的迷人，更因为对真知的热爱和向往。

现在,三部曲已奏完最后一个音符,曲虽终,人未散。冒险之旅也并未到终点,探索认知领域的脚步,不会停止……

最后,依然要感谢法律出版社的李群女士、董昱女士、王睿女士及其他工作人员,是他们的辛勤劳作迎接了姊妹篇的诞生。

是为序。

目　录

导　论

司法鉴定科学(或法庭科学)是现代科技与现代法律实践相结合的产物,是司法专业主义和社会分工结出的果实。随着现代科技的蓬勃发展,社会生活与科技彼此深度嵌入:社会生活离不开科技,而科技发展之原动力又源于社会生活。因为社会失序或争议,社会生活的一部分会进入法律的程序,被法律重新定义和解释,使社会这一复杂巨系统整体依旧保持有序运行。从系统的视角看,输入法律程序系统的是社会事实,法律程序系统输出的是法律事实,而输出的法律事实又必须与既存的社会生活水乳交融。要实现此目标,法律事实必须基于一定的真实或真相。虽然存在一些关于司法程序无须追求绝对真实的各式观点,但"真相是首要但非绝对的目标"①。因而输入社会生活的法律事实,必须含有"真"的成分,因而才能确保其正义的成色。这其中的事实,既有关于科学技术与社会生活彼此嵌入的事实,也有需要科学技术才能发现的事实。因而,司法鉴定及司法鉴定科学正是基于这样的背景而存在的,并且现代司法越来越离不开这一存在。

一、一个让人不安的问题

当对我们来说不可或缺的客观存在发生了关于其可靠性的疑

① [新加坡]何福来:《证据法哲学——在探究真相的过程中实现正义》,樊传明等译,中国人民大学出版社 2021 年版,第 95 页。

虑,我们还会安之若素吗?恰似我们须臾不可离的空气,在被告知有毒或有害时,是否会引发我们内心深处的恐慌?我们都有一些长久信赖的朋友,但有一天他们的所作所为告诉我们,他们可能不是我们所想象的那样值得信任,这是否也会引起我们深深的不安?答案是不言而喻的。

但人类并不具有绝对的、完全的理性,对客观世界的认知发生错误是无法避免的。司法鉴定是鉴定人对专门问题所及事物的一种认知和判断,与常人普通的认知行为一样,司法鉴定发生错误也是无法完全避免的。事实上,司法鉴定错误的确在发生。Saks 和 Koehler 研究了"无辜者援助计划"(the Innocent Project)中发现的 86 起错案,在所有的致错因素占比分析中,发现法庭科学居于第二位(第一位是目击证人错误)。② "美国国家科学院国家研究委员会"(National Academy of Sciences, NAS)组织各研究机构推出的、影响世界法庭科学发展趋势的著名报告——《美国法庭科学的加强之路》③,也正是在司法鉴定错误频发引起社会关注的背景下诞生的。我国司法鉴定错误的情况如何?对此,没有公开的文献报道,也未发现这方面的综合性研究资料。但我们以关键词"司法鉴定""鉴定意见错误""重新鉴定"在"中国裁判文书网"上进行检索,检索结果显示裁判文书:刑事案件 95 份,民事案件 1757 份,行政案件 72 份。虽然,并非这些裁判文书所涉及的所有案件都实际发生了司法鉴定错误,但其中某些案件肯定是存在司法鉴定错误的。

司法鉴定错误所带来的后果是严重的,它会引发双重信任危机:一方面是对现代科学的信任危机,另一方面是对现代司法的信任危

---

② See Micheal J. Saks & Jonathon J. Koehler, *The Coming Paradigm Shift in Forensic Identification Science*, 309 Science 892(2005).

③ See NAS, *Strengthening Forensic Science in the United States: a path forward*, The National Academic Press, 2009. 该报告已经由中国政法大学王进喜教授等人翻译为中文,并于 2012 年由中国人民大学出版社出版。

机。虽然怀疑是科学的精神,科学欢迎并鼓励怀疑,但现代科学经历了无数代人质疑的洗礼,人们对它的可靠性抱有一种合理可信任的期待,但司法鉴定的错误会消减甚至摧毁这种期待。现代司法离不开科学,因为司法鉴定会引发现代科学的信任危机,故而也就相应地会引发对司法的信任危机。科学代表真理或真相,司法代表正义。当社会大厦赖以存续的若干价值支柱中的二者——真理和正义产生了裂缝并岌岌可危时,社会将有陷入巨大混乱之虞。

为使这方面的忧虑稍减,为减少司法鉴定错误而贡献我们浅陋且微薄的智识,我们着手对司法鉴定错误进行研究。我们已经知道,既然司法鉴定本质上是一种认知活动,因而用认知科学来考察司法鉴定就具有一种天然的合理性和优势。并且,人工智能在21世纪初的突破性进展,使得认知科学成为引起普遍知识兴趣的学科。什么是认知科学,探究司法鉴定错误为什么需要认知科学?对司法鉴定错误的研究,还应当始于对司法鉴定错误的定义,并且描述其所具有的属性。对这些问题,我们在第一章都一一做了回答。

二、一个统一的分析框架

对司法鉴定错误的研究,Risinger、Dror等人确乎可以被称为先行者,他们对司法鉴定错误研究开展的时间比较早,④但他们都集中于认知偏差(cognitive bias)这一狭小的范围之内解释错误的来源。最后,他们甚至将司法鉴定错误的原因探究几乎聚集在情景偏差(contextual bias)和确证偏差(confirmation bias)这两个很狭小的范围内。虽然这两个导致司法鉴定错误的因素也的确十分显著,但这对

---

④ See D. Michael Risinger, et al., *The Daubert/Kumho Implications of Observer Effects in Forensic Science: Hidden Problems of Expectation and Suggestion*, 90 California Law Review 1(2002); Itiel E. Dror, et al., *When Emotions Get the Better of Us: The Effect of Contextual Top-Down Processing on Matching Fingerprints*, 19 Applied Cognitive Psychology 799(2005).

解释司法鉴定错误来说是远远不够的。

司法鉴定科学或法庭科学(forensic science),诞生于犯罪侦查领域。现代犯罪侦查之父汉斯·格罗斯(Hans Gross)为“犯罪侦查”创造了一个德语名词“criminalistik”(英文为criminalistics),其本意是试图建立一门用自然科学来发现和证明犯罪的科学。但是,“‘criminalistics’这个词经常是可以和‘forensic science’互换的”⑤。司法鉴定科学则是我国学者对法庭科学的本土化命名。司法鉴定科学的这一诞生背景,决定了它的知识体系十分庞杂,几乎包含了物理学、化学、生物学、地质学、计算机科学、心理学等现代科学的大部分学科。这一学科特点决定了司法鉴定科学具有丰富的知识资源,但司法鉴定科学的知识体系也让人眼花缭乱,要从中梳理出一个统摄全部知识的核心原理并非易事。Risinger、Dror等人因其专业背景并非法庭科学,要从更高的视角来审视法庭科学,也有些勉为其难。

司法鉴定既然是一种认知活动,我们既然是以认知科学为视角探究司法错误,那么,可否将司法鉴定的认知行为进行概括、分类,并且构建这些认知行为之间的关系?可以构建一个统一描述司法鉴定认知结构的框架,通过这个框架我们就可以全面透视司法鉴定行为的本质,并且可以全面分析司法鉴定。本研究就进行了这样的尝试。

我们把司法鉴定的认知行为分为五个层级:特征识别、特征比较、个体识别、关系推断、事件重建,这五个层级的行为是从分析到综合、从微观到宏观、从局部到整体、从简单到复杂的关系。当然,我们并不认为,这五个层级的行为可以将司法鉴定理论和实务的方方面面包揽无遗;我们也不认为,在每一次实际的司法鉴定活动中,这五个层级的认知行为都必须逐一经历。它们彼此之间是有关系的,但

---

⑤ Jacques Herbra & François Daoust, *History of Forensic Science*, in J. A. Siegel, P. J. Saukko and M. M. Houck eds., Encyclopedia of Forensic Sciences, 2nd edition., Elsevier Academic Press, 2013, p. 273.

这种关系并未暗示它们是一系列操作步骤。五个层级的认知行为以及它们之间的关系,构成了我们对司法鉴定认知行为进行深度透视的总体框架。

但我们并未于此止步,因为仅仅从这个总体框架还不足以探明司法鉴定错误的深层"病灶"。正如仅仅到组织或器官层面的解剖,对病理的探寻还远远不够,有时还有必要深入细胞或 DNA 的层次。因而,我们对这五个层级的行为又进一步地进行了分析,即对五个层级的认知行为各自的认知结构进行了剖析,我们将其称为"认知行为的再解析"。

这样,借助对司法鉴定的认知行为的解析和再解析,我们搭建了一个司法鉴定认知行为的分析框架,对于司法鉴定中与认知有关的错误,也就可以以这个框架为依据进行分析。通过对每个层级认知行为各自内在结构的局限性的透视,可以揭示每个层级行为存在的错误风险。对司法鉴定认知行为的结构分析及认知结构所致的错误风险,在第二、三章用了很长的篇幅进行探讨。

由于司法鉴定总体上是一种回溯推理,故而我们也讨论了回溯推理(abductive reasoning)的逻辑形式,也同样因为其盖然性和可撤销的特点,而分析了因此可能导致的错误风险。科学知识作为回溯三段论中的大前提,从科学哲学对科学之本质的思考,到科学进入法律竞技场的演变简史,我们也讨论了科学知识本身的局限性导致司法鉴定错误的可能性。严格来说,这两部分内容分别属于认知的逻辑要素和知识要素,也属于司法鉴定认知结构的组成部分,但它们不属于认知行为分析框架的内容。

三、认知偏差与司法鉴定错误

对司法鉴定认知行为的分析框架是本研究的主要脉络,也是主要的创新尝试之处,但本研究是以认知科学的视角来探求司法鉴定错误。司法鉴定的认知逻辑要素和知识要素导致的错误风险,以及司法鉴定认知行为结构及其错误风险,都是以认知科学为工具进行探索的结果。但仅有这些内容还不完整。这些都是司法鉴定与生俱来的认知要素,它的错误风险也是与生俱来的,与具体的鉴定人无关,因为不管是谁来鉴定,这些风险都必然存在。还有一些错误风险,则是与人类普遍的认知现象有关。认知偏差现象并不是鉴定人所独有的,而是人类普遍面临的认知陷阱。将人类普遍认知现象探究的结论适用于司法鉴定错误研究,也是运用认知科学探究司法鉴定错误必不可少的内容。更何况,认知偏差就是直接讨论认知错误的。所以,虽然关于司法鉴定中的认知偏差的研究文献数量已经颇多,但这依然是本研究必不可少的一部分。

认知偏差本是 Tversky 和 Kahneman 二人于 20 世纪 70 年代提出的概念。他们讨论了启发法这一人类常见的认知现象,并重点讨论了启发法可能的认知缺陷。他们意在说明,启发法虽有其长处,但也存在让人们犯错误的可能。我们基本上接受了 Tversky 和 Kahneman 的结论,分别对代表性启发法、可得性启发法、锚定效应如何被鉴定人用于司法鉴定,也同样指出了它们导致司法鉴定错误的可能性。此外,由于 Dror 等人对司法鉴定中的情景偏差和确证偏差进行了持久的探索,虽然他们的研究也存在诸多不尽人意之处,如样本规模过小、多为实验室研究而缺乏生态有效性等,但他们的研究结论依然值得我们参考。因而,本研究也同样分析了情景效应和确证效应的普遍性,分析了这两种认知现象如何导致认知偏差,如何导致司法鉴定错误。

四、本土经验研究之初步尝试

仅仅依靠对司法鉴定认知结构的分析框架,是无法展开对司法鉴定错误进行经验研究的。因为,这个分析框架仅仅是以对司法鉴定本质之思考、司法鉴定活动之观察和司法鉴定原理为材料，进行提炼、概括而得。这个分析框架，基本上是对司法鉴定实践进行理论抽象的产物，无法通过严格的经验研究进行验证。当然，分析框架中五个层级的行为并非看不见、摸不着，事实上是可以在现实中观察到的。然而，对于司法鉴定错误这一实践性很强的研究主题来说，仅有一个分析错误风险的理论框架，固然必不可少，在内容上却并不完整。

国外同类研究主要是集中于对认知偏差导致司法鉴定错误的研究，主要立足于实验研究，通过实验组和对照组的比较，认知偏差的现象凸显较为明显。基本都是分析型研究，主要集中于情景偏差和确证偏差这两个很小的方向，因而缺少综合性。由于实验研究的局限，样本规模一般比较小。

一个综合的、样本数量较大的经验研究，是对纯理论分析的进一步丰富，也是对变量过于单一的实验研究的必要补充。当然，立足于本土的实验研究还是必不可少的，只是这样的工作不适合在这样的综合性经验研究中进行。

我们设计了 25 个题项，题项包括了样本的背景信息、司法鉴定中的一般性问题的态度调查，以及鉴定人的决策行为方式，当然也包含了情景偏差和确证偏差的内容。通过互联网发布问卷，回收 264 份问卷。回收问卷的有效性分析表明，这个样本规模适于提取数据供研究分析之用。

通过投诉来了解司法鉴定错误，是一个较为合理的渠道。同时，鉴定机构对于鉴定人管理也是司法鉴定错误影响因子之一，因而机构被投诉的情况、机构对鉴定人的培训、机构对不同性质鉴定意见的态度、不同机构的工作负荷等都是需要考量的因素。这些因素，在国外同类研究中都不曾涉足。

鉴定人的背景信息是如何影响其认知的？选取性别、年龄、执业时长、学历作为自变量,研究它们与确证偏差、情景偏差之间的相关性。国外的同类研究中,只比较了新手(大学生)和鉴定专家之间的认知差异,性别、年龄和学历等问题基本没有涉及。至于这些自变量的变化如何引起认知偏差的变化的研究,也基本上是空白。鉴定人对工作经验的倚重,同样是引起认知行为差异的因素。通过设置量表题项,可以较为精确地进行相关性分析和回归分析。这与仅仅通过"新手"和"专家"这种粗放的二分法比较研究相比,似乎更具说服力且更为准确。

当然,通过问卷调查进行的经验研究,仅仅是鉴定人主观意识的考察,而并非对实际鉴定行为的观察,并且由于题项设计可能存在的缺陷,对鉴定人主观意识的考察也并不一定十分准确。仅仅通过这一次问卷调查,显然不可能把本土鉴定机构和鉴定人的认知行为了解透彻,事实上,由于这仅仅是本土经验研究的初步尝试,这方面的研究还应该进一步推进。并且,实验研究和问卷调查二者并不能彼此代替,而应当并行不悖,故立足我国实际情况的实验研究也应适时开展。这样,对我国鉴定人的认知行为才有可能被了解得更为全面准确。

五、以优化认知为导向的司法鉴定错误管理

司法鉴定错误管理,首先是观念更新的问题。如果认识到鉴定人和所有人一样都不完美,都有其局限性,那么就不能强求他绝对不犯错误。这样的观念就是所谓"有限理性"(bounded rationality)的观念。在有限理性观念指导下对待错误的态度,才可能是实事求是的态度。既然错误不可绝对避免,那么对错误进行管理,将其控制在"合理可接受"范围之内,是必要且可行的。因而,我们对司法鉴定错误的管理,是在有限理性观念的指引下,并且是以优化认知为目标的错误管理。

司法鉴定错误管理,以优化认知为导向,那么首先应当从鉴定人对错误的自省能力入手,那就是鉴定人能够对自己的思维进行反思和审查,也即对自己感觉、知觉、推理、论证、判断进行检查,这实际上就是批判性思维。我们当然需要且欢迎一些外部机制能够预防和纠正司法鉴定错误,但是如果首先鉴定人具备批判性思维,那么对于改善鉴定人的认知并减少错误来说,其效果是直接的,并且是直达司法鉴定作为认知行为这一本质的。对司法鉴定人养成批判性思维的第一步,当然是认识到司法鉴定错误风险的存在。鉴定人还要善于将自然语言呈现的判断或决定过程进行结构化改造,以便发现其中的形式谬误。当然,鉴定人还需要知道鉴定中的非形式谬误。

司法鉴定科学知识,是司法鉴定作为认知活动必不可少的认知因素。司法鉴定科学的可靠性面临着各种批评,那么提升其科学可靠性,对于改善司法鉴定认知具有十分重要的意义。全面审查司法鉴定各分支学科的基础有效性,加强司法鉴定的科学研究,改造传统的司法鉴定意见生成模式,都有利于司法鉴定科学性的提升。

司法鉴定认知行为隐藏着一些天然的错误风险,要消除这种错误风险是不可能的,除非放弃这些行为,但我们不能“将孩子和洗澡水一起倒掉”,放弃这些行为是不可能的。对这些认知行为分别进行优化,是否可以减少一些错误风险?结合各层级司法鉴定认知行为的认知结构及其错误风险,有针对性地提出一些优化策略。

对认知偏差的管控,当然也属于优化认知的一部分。我国司法鉴定机构和鉴定人整体上对司法鉴定中的认知偏差知之甚少,因而,要管控认知偏差首先需要了解认知偏差,认识到司法鉴定中的认知偏差导致错误的风险。启发法是利弊共存的,对启发法的正确态度是兴利除弊:利用启发法的长处,对启发法的负面效应进行管控。从本质上看,情景偏差和确证偏差主要是任务无关信息(task - irrelevant information)干扰的结果,因而应对这两认知偏差的策略就是对案件信息流管控。不过,当前我国在鉴定机构和鉴定人对认知偏差知之甚少的情况下,案件信息流的管控还要结合我国实际情况实施。

司法鉴定错误的研究,本是服务于司法鉴定质量管理的,因为减少司法鉴定错误是司法鉴定质量管理的题中应有之义。因而,从根本上说,提高司法鉴定质量管理的水平,有利于减少司法鉴定错误。但本研究是从认知科学的视角理解司法鉴定错误,以优化认知为导向来管理司法鉴定错误,因而研究的核心在于利用认知科学、理解认知、优化认知,故对如何通过质量管理减少司法鉴定错误的问题并未加以讨论。但这并不意味着,我们没有意识到司法鉴定质量管理对减少司法鉴定错误的意义;相反,我们认为司法鉴定质量管理对错误研究来说更具有综合性和全面性。因而,我们希望未来的司法鉴定质量管理还应当更多地整合一些改善司法鉴定认知的内容,或者出现以优化认知为导向的司法鉴定质量管理。这是否可行,还需努力进一步尝试。

第一章　认知科学与司法鉴定错误

如果仅仅从字面上看“司法鉴定”中的“鉴定”二字,就必然与认知判断发生紧密联系。也可以说,“鉴定”本质上就是认知、判断,因为我们无法想象没有认知和判断的鉴定是如何进行的。既然如此,用认知科学来探究、审视司法鉴定,具有根本性的方法论意义。因而,无论是以改善司法鉴定行为效能为目的,还是以探究司法鉴定错误的风险来源为目的,抑或以减少司法鉴定错误为目的,认知科学也可能是最为有效的工具。那么,什么是认知科学?这对非认知科学专业人士来说,或许并不清楚。同时,“错误”一词,其含义也有些难以琢磨,因为用一句话定义它其实并不容易,如果我们用生活常识中的“错误”去套用司法鉴定错误,可能并不完全合适。至于什么是司法鉴定错误,则又与“错误”一词的界定有关,并且也与司法鉴定这一认知与判断行为的特殊性有关。司法鉴定错误本身也不是一个简单的现象,需要根据不同的标准来加以区分观察,这就需要研究其类型。因此,在本章我们需要回答一些一般性问题:什么是认知科学?研究司法鉴定错误为什么需要认知科学?什么是错误?什么是司法鉴定错误?司法鉴定错误有哪些类型?

第一节　认知科学——考察司法鉴定的本原性视角

一、什么是认知科学

总的来说,认知科学(cognitive science)是以意识(mind)为研究对象的,但要给认知科学下一个简单而明确的定义却又很难。这是因为:认知科学对研究对象并不具独占性,它以意识为研究对象,但意识却并非认知科学研究所专有;认知科学并没有一个原生的知识体系,相反它是一个跨学科的(interdisciplinary)研究领域,也就是说,它是在一系列以研究意识为对象的学科的交叉地带"生长"起来的;认知科学与哲学、心理学、计算机科学、语言学、人类学等学科关系最近,但是它们中的任何一个学科都不能单独解决人类认知的问题。也许计算主义(computationalism)可以代表现阶段认知科学的所谓主流,计算主义主张"认知即计算",它试图用计算机类比人脑,以信息处理的范式来理解、解释人类认知结构,但人类毕竟不是机器,机器并没有人类的自我意识,也许在算法层面的理解可以对人类认知的研究提供一些启发,但计算主义并非人类认知的终极性解答,所以计算主义与认知科学也无法完全画等号。那么,我们应如何理解认知科学?

总的来看,认知科学具有如下特征。

(一)认知科学研究意识的本质、结构和运作机制

认知科学的目标,是探究意识的内在属性及意识如何发生及运作。我们对环境的知觉,对知觉内容的存储,对存储内容的提取,对因追求特定目标而解决问题,因解决问题而作决定,因作决定而制定策略……这些无一不是关乎意识的行为。这些行为,正是认知科学所应当研究的问题。不过,在这之前,哲学、心理学、逻辑学、语言学、神经科学、计算机科学等学科也在不同程度地涉足这些主题,但这些学科的侧重点有所不同:哲学(特别是分析哲学)意在理解认识(认知)的本质,试图对认知的一般现象进行统一性、原理性阐释,但对认知的主体属性及其差异并不关注;心理学试图用实验的、可测量的手段来探究人类认知行为,更多关注认知的主体属性及其差异,但对认

知的一般性原理并不涉及;逻辑学则只关注认知中的思维形式;语言学则从符号意义上去理解认知现象;神经科学则从大脑及神经系统的结构功能研究来理解认知;计算机科学则根据计算机模型来类比人类大脑并阐释认知的本质……但认知科学则将以上各个学科对认知所关心的部分全部涵盖于其中,认知科学却又不是这些学科的简单相加,而是在这些学科的基础上提炼出了自己的研究对象和研究范式——用科学的范式探究意识的本质和结构。因此,“认知科学是一个统一的事业。它有自己独特的问题,有自己专门的技术,并且有其专门的解释框架”。①

(二)认知科学的发展以跨学科为路径

也可以这样理解:认知科学的领地处于哲学、心理学、逻辑学、语言学等学科的交叉地带。也就是说,认知科学不是一个原生性的学科,认知科学是以前述学科存在为前提的,前述学科对认知这一主题探究的每一项进步,都可能对认知科学可能有所贡献。认知科学固然有自己独特的问题领域和发展范式,但其他相关学科的发展也在不断推动认知科学前行。

从认知科学发展历史简单考察中,不难发现认知科学发展的跨学科特色。意识或心灵在2500年前就成为哲学探讨的话题,如“身—心”“心灵与自我”“心与同一”等问题;而19世纪对心灵的经验研究则开始于生物学或物理学,特别是对大脑的解剖学研究,如大脑皮层分区学说;现代心理学的初创则直接与对意识的科学化探究有密切关联,其间有反局部主义(anti - localizationist)、行为主义、功能主义等流派;几乎同时期,语言学家通过研究句法结构(syntax)进入意识领域;最为具有革命意义的事件是信息学、计算机科学,贝尔实验室对

---

① José Luis Bermúdez, *Cognitive Science: An Introduction to the Science of the Mind*, 3rd edition, Cambridge University Press, 2020, p. 5.

"通信的形式化分析催生了一系列领域从而改变了智能世界的图景",特别是大脑的"计算机隐喻"对认知科学的确立几乎具有划时代意义;其后,人工智能技术几乎是伴随着认知科学的创立而得到长足发展的,乔姆斯基、纽厄尔、赫伯特·西蒙、香农、图灵……这些人工智能发展史上声名显赫的人物,都与认知科学的诞生密切相关;甚至"认知科学"这一名称的诞生,也是计算机科学家和认知心理学家倡导的结果。②

由此可见,认知科学的诞生与发展,并不是某单一学科领域努力的结果,而是多个学科对认知现象背后规律揭示不断推向纵深,自然而然应运而生的。时至今日,认知科学依然在一个庞大的学科群的共同支撑下不断前行。

(三)认知科学的范式是"科学的"

表面上看,这样的表述似乎是多余的:因为既然是"认知科学",那么它的研究范式当然是"科学的"。但是,之所以如此界定认知科学的特征,是因为如前文所述认知科学是一个跨学科领域,与许多相关学科之间有共同的学术领地,甚至其他学科的进步也对它有所贡献。但是其他相关学科的范式,却不都是"科学的"。

此处所谓"科学的",虽然颇不容易说清楚,但仅就研究方法而言,认知科学的确立和发展是以经验科学为基本模式。也就是说,认知科学的内容不是单纯的观念玄思和概念推论,而是建立在可观察、可计算、可重复的数据、资料之上的,其结论具有可检验性或可证伪性。

认知科学的诞生,是对行为主义(behaviorism)心理学的反面论证。行为主义心理学主张对心理的研究应当局限在"可观察现象和

---

② See Keith Frankish & WilliamRamsey, *The Cambridge Handbook of Cognitive Science*, Cambridge University Press, 2012, p. 9 – 25.

可测量的行为"这一范围之内，"行为主义者认为心理学家应当避免对不可观察的心理状态的揣测，相反应当聚焦于联系特定刺激和反应的非心理机制上"③。认知科学虽然反对行为主义对心理本质的论断，但并不反对行为主义的探究方法，而对行为主义对心理本质论断的反对，也依然是通过"可观察现象和可测量行为"这一路径来完成的。至于将意识的"信息处理假设"作为认知科学的核心假设，将认知机制视为"算法"，成为认知科学的逻辑起点。艾伦·图灵的"图灵机"假设正是这一逻辑起点正式确立的标志性事件，因而为认知科学的早期发展作出了贡献。

所以，从认知科学的确立，不难发现认知科学的"科学的"特征，不是基于纯粹理论的玄思，而是基于探究方法对现实的观察。

从以上特征，我们大概可以知道什么是认知科学。但司法鉴定又如何与认知发生关系？为何司法鉴定能够从认知科学中汲取营养？

二、司法鉴定与认知

司法鉴定，本质上是一个认知活动。司法鉴定人提供的"产品"，是根据对部分案件事实的决定（decision-making）和判断（judgement），向委托人提供与案件事实有关的意见。其中的决定和判断，是基于对特征的感觉和知觉进而对其类别和价值的评估，或者对不同材料（检材和样本）之间特征的比较，或者是对个体进行识别，或者是对关系进行的判断，或者是对事件进行的重建。无论是哪个方面，司法鉴定都必然与认知发生联系。相反，离开了认知，司法鉴定几乎寸步难行。

---

③ Keith Frankish & WilliamRamsey, *The Cambridge Handbook of Cognitive Science*, Cambridge University Press, 2012, p. 16.

(一)认知在司法鉴定中具有核心地位

根据《司法鉴定程序通则》对"司法鉴定"的定义,[4]我们不难发现司法鉴定作为认知活动的这一核心特征,因为它是"运用科学技术或者专门知识"进行"鉴别和判断"的活动。Adam 将刑事诉讼中需要解决的问题分为三个层次:第一层次为定罪层次(offence level),如"X 对 Y 犯了强奸罪";第二层次为活动层次(activity level),如"A 用转轮枪射杀了 B";第三层次为来源层次(source level),如"阴道拭子上的精液来自 X"。法庭科学[5]无须解决第一层次的问题,也无法解决,而第二、三层次的问题,却是法庭科学鉴定所需要解决的问题。[6] 这类问题是纯粹的事实问题,它们的解决离不开鉴定人的观察、测量、分析、比较等过程,而这些过程是典型的自然化认知过程。

Dror 和 Stoel 对认知在司法鉴定甚至刑事司法中的地位进行了如下描述:

> 人做出的判断(judgement)处于刑事司法的核心位置。法庭科学也不例外。检验人员作为人,是大多数法庭科学领域中主要的分析工具。正是法庭科学专家比较视觉图形并判断是否它们足够相似,以证明它们出自同一来源(如是否两枚指纹是同一手指所留,是否两枚弹头从同一枪支发

---

④ 《司法鉴定程序通则》第 2 条规定:"司法鉴定是指在诉讼活动中鉴定人运用科学技术或者专门知识对诉讼涉及的专门性问题进行鉴别和判断并提供鉴定意见的活动……"

⑤ 法庭科学(forensic science)与司法鉴定(学)的研究对象、任务范围、理论与技术基本是相同的,但国外对这一领域称"法庭科学",而在我国则称"司法鉴定(学)",所以本研究在称法庭科学时,一般是指国外的情况,对国内的情况则称"司法鉴定(学)"。

⑥ See Craig Adam, *Forensic Evidence in Court: Evaluation and Scientific Opinion*, John Wiley & Sons, 2016, p. 75 – 76.

射，是否两个签名由同一人所写）。**诸如此类的判断都是由各种认知程序所统辖（黑体为引用者所加）**。如果没有客观的科学标准和量化仪器设备，这些判断都是主观的。⑦

由此可见，认知对司法鉴定在司法中发挥不可替代作用来说是至为关键的，也是司法鉴定评价科学证据的基本工具和手段。

（二）司法鉴定以感觉、知觉、判断、推理为主要途径

认知的基本途径是感觉、知觉，认知的基本材料也来自感觉、知觉，司法鉴定以感觉、知觉为前提和材料来源。无论是哪个类别的司法鉴定，鉴定人要作出判断，一定无法离开对鉴定材料的特征分析，而对特征的分析，首先必须感知特征。感知的途径，可以是视觉的、可以是嗅觉的、触觉的、听觉的，当然很多时候还需借助仪器设备，从而将鉴定的材料无法直接感知的属性转化为可以直接感知的信息。

在法医鉴定中，鉴定人要直接观察尸体现象、活体的损伤情况；在痕迹鉴定中，鉴定人要观察痕迹物证的特征；在文书物证鉴定中，要观察笔迹、印章印文、打印复印文件等物证的特征；在微量物证鉴定中，除了要直接观察物质的理化属性，同时还要借助仪器设备对更为隐秘的理化属性进行探究；在声像资料的鉴定中，毫无例外需要看图像、听声音，当然也离不开仪器、软件将声像资料不可直接感知的属性进行转化；至于电子数据，虽然是看不见、摸不着的，无法直接感知，但也仍然要转化为可观察、可感知的形式……可见，鉴定人离开了感觉、知觉，鉴定将无从谈起。同时，如果鉴定人有更为敏锐的感知觉能力，那么将有益于他们所从事的鉴定工作。

但仅有感觉知觉获得的特征，鉴定还无法完成，鉴定人需要在感

---

⑦ Itiel E. Dror & Stoel, R., *Cognitive forensics: human cognition, contextual information and bias*, in Gerben Bruinsma and David Weisburd eds., Encyclopedia of Criminology and Criminal Justice, Springer, 2014, p. 354.

觉知觉所获得特征的基础上,对这些特征中所蕴含的关系进行判断,对一些隐含的、复杂的关系还需要推理,特别是在特征的比较、个体的识别、关系的推断、事件的重建方面,都需要鉴定人具有较强的判断能力和推理能力。

感觉、知觉、判断、推理都是认知的核心,对认知的研究,基本都围绕这些内容展开。因而,司法鉴定与认知关系之密切,可见一斑。

(三)鉴定中的具体任务与认知关系密切

司法鉴定中有许多具体任务:特征识别、特征比较、个体识别、关系推断、事件重建等。这些具体的任务,无一不是以认知为基本工具或基本途径的。

特征识别,和我们普通人对形色状态的感知一样,遵循"自上而下(top - down)"的认知模式:鉴定人通过以往的学习、训练、工作经验,形成了特定鉴定对象的概念体系,鉴定人用这一套概念体系来解释自己的感觉、知觉内容,从而识别特征。所以特征识别的过程,并不是单纯的感知过程,而是用概念来接纳、解释感知觉内容的过程。

特征比较,常常是在至少两套鉴定材料之间确定特征的相似之处及相似的程度。这既涉及对两套鉴定材料各自特征的分析识别,又涉及二者之间的相似性的评价。多数情况下,司法鉴定需要进行特征比较,因此,司法鉴定中需要进行特征比较的这些分支可以被称为"司法比较科学"(forensic comparative science),"司法比较科学运用一般知识规则或自然规律研究两个物体、印痕、标记或相关图像,试图判断他们是否有共同的来源"⑧。毫无疑问,对物体、印痕等细节的研究,判断其形状、顺序、结构上是否相符,都是以鉴定人的观

---

⑧ John R. Vanderkolk, *Forensic Comparative Science: Qualitative Quantitative Source Determination of Unique Impressions, Images, and Objects*, Elsevier Academic Press, 2009, p. 2.

察、分析为前提的,也就是说,这也是典型的认知行为。

个体识别(individualization),是从某一属性相同或相近的多个个体中,根据某个独特特征找到唯一一个具有该特征的个体。个体识别在司法鉴定中占有十分重要的地位,指纹、足印、工具痕迹、笔迹、DNA、语音等,都可以不同程度地用于人或物的个体识别。甚至,"法庭科学的真正目的就是证明个体性,或者在现有科学允许的情况下尽可能接近个体性。物证科学就是个体化的科学"⑨。个体识别是建立在特征识别和特征比较的基础之上的:在识别个体之前,我们需要确定一些特征,这些特征是该个体所独有的,我们需要载体将这些特征"记录"下来,载体可能是记忆,也可能是其他的参照物;然后,分别确定待识别个体和载体上的特征(特征识别),并确定二者特征的异同(特征比较),根据二者异同来判断待识别个体。所以,无论是从字面上去理解,还是从行为的实际状态来看,个体识别都是不折不扣的认知行为。

关系推断,司法鉴定需要判断一些关系,如时间关系、位置关系、亲缘关系、因果关系等。前面所说的特征识别、特征比较、个体识别,其核心任务都是识别个体"身份"的问题,并不解决个体间关系,但关系的推断却离不开上述认知行为,上述认知行为是关系判断的基础。个体间的关系,并无一个统一的概念可以加以涵盖,关系的确定既可以是基于经验的,也可以是基于逻辑的,还可以是基于科学的。鉴定人需要事先具备关于特定关系的知识,形成了特定关系的概念,才能去识别或解释特定个体间的关系,从这一点来说,对个体间关系的判断,同样需要遵循"自上而下"的认知模式。

事件重建,在司法鉴定中也是存在的。如甲乙二人之间发生了借贷的事件,但甲作为借方可能篡改了借条的关键内容(如金额等),

---

⑨ Paul L. Kirk, *The ontogeny of criminalistics*, 54 Journal of Criminal Law, Criminology & Police Science 236(1963).

在诉讼中,可能需要鉴定人对甲方出示的借条被篡改部分进行鉴定,要求判断如何篡改、被篡改内容的恢复(如有可能的话)等。这样,篡改借条是甲乙二人借贷这一“大事件”中的“小事件”,那么鉴定人对篡改方式的判断就是对“小事件”的重建。事件重建,是对特征识别、特征比较、个体识别、关系推断的综合运用,也就是说,它们都可能为事件重建提供条件,服务于事件重建(但并非在每次事件重建中,它们都必须全部出现)。事件重建一般分为三个部分:一是确定事件的各个组成要素;二是确定各要素之间的关系;三是对各要素进行整合。所以,事件间重建的过程类似于一个“拼图”的过程,所以事件重建的认知结构类似于“拼图游戏”。

从以上分析不难发现,司法鉴定中的每一个具体任务,都与认知发生着密切联系,或者它们本质上就是各种不同的认知行为。这些认知行为,将在第二章进行深入细致的剖析,此处不展开讨论。

三、探究司法鉴定错误需要认知科学的支持

既然司法鉴定行为本质上是一个认知行为,那么司法鉴定错误也一定与认知有关。我们需要知道,人的认知行为并不是像摄像机一样,仅对现实进行机械记录、复制,人类的认知是一个信息处理的过程:需要意识对感知材料(sense data)进行编码、组合、解释、存储等环节。“我们对世界的印象是解释过程的结果,它依赖我们的注意、既有信念、期待、经历和知识。”[10]“我们如何觉知和体察周围世界,不仅被视觉、听觉和其他感觉输入所形塑,而且被我们的预期、经验、情绪、信念、注意以及许多其他看起来相关的因素

---

⑩ Gary Edmond, et al. ,*Thinking forensics:Cognitive science for forensic practitioners*,57 Science and Justice 144(2017).

所形塑。”⑪

鉴定人对于鉴定材料的判断,离不开感知、记忆、判断、决定,也离不开他们的经验、知识、技能,当然也会被其预期、经验、情绪、注意所影响。那么,借助认知科学理论可以对作为认知行为的司法鉴定进行检视,为司法鉴定错误的机制提供解释框架,为减少司法鉴定错误提供认知科学方案。

(一)认知科学是探究司法鉴定认知行为的必备工具

以往,我们对司法鉴定效能的探究采用的是外部路径,即从技术、仪器设备、资金等方面着手。特别是在技术和仪器设备方面,司法鉴定机构和鉴定人对之有着近乎痴迷的崇拜。他们以为,所有鉴定效能问题其实都是技术和仪器设备的问题,都可以通过技术的进步和仪器设备的改进来得到解决。诚然,一个鉴定机构的水平高低,与其掌握技术的水准和仪器设备的精良程度有密切关系,但是仅有技术和设备,并不必然能够提升鉴定机构的效能。其原因在于,这些外部条件的改善仅仅是提升司法鉴定效能的必要条件,而非充分条件。因为这种外部探究路径并没有触及司法鉴定行为的实质,具体来说,就是没有意识到司法鉴定行为是一种认知行为。对鉴定机构效能的改善,应当集中于解决人力因素(human factors)的问题,应当从其认知效能的改进上下功夫。

我们知道,认知科学是用科学化路径来探究认知行为,那么对于司法鉴定这一认知行为来说,要改善其认知效能,最有效的办法就是借助认知科学的理论来考察司法鉴定行为,用认知科学的框架来解释鉴定人在鉴定中的感知、记忆、推理、判断、决定,而对这一领域,传统的司法鉴定科学却未投以必要的关注目光。由于认知科学的路径

---

⑪ Gary Edmond, et al., *Thinking forensics: Cognitive science for forensic practitioners*, 57 Science and Justice 144(2017).

直达司法鉴定作为认知行为的问题本质,它实际上是探究司法鉴定行为最为正确的路径,因而对提高司法鉴定的品质、提高鉴定人认知效能来说,是必不可少的工具。

(二)认知科学可以为司法鉴定错误提供"病理解剖"

如果把司法鉴定错误视为司法鉴定实践中的一种"疾病",那么对其"病理"的深入理解,认知科学可以提供最为细致而准确的"病理解剖"。我们可以通过一些研究尝试的事例来加以证明。

1998 年,Nickerson 注意到在心理学文献中经常出现的确证偏差现象,在证据解释中也普遍存在,"意即以偏爱既存信念、期待或假设的方式搜寻或解释证据"⑫。

我们通常认为专家比外行对专门的问题有更高的认知效能,即使对品质不好的物证,仅仅目之所及即可觉察出特征的异同,但是实验证明有些时候更多的经验却反而会削弱认知效能,比如以前相似的物证或相似的案例,都有可能影响专家的判断。⑬

Risinger 等人对司法鉴定行为的研究中提出了"观察者效应"(observer effects):现代心理学的基本原则,是人们所抱有的期待和愿望会影响其知觉以及其对观察的解释,而法庭科学家中也存在这样的认知现象。⑭

Dror 和 Charlton 很早就注意到心理现象和认知结构对法庭科学专家的影响,他们指出:"专家,正如所有的人一样,也会受到心智模

---

⑫ Raymond S. Nickerson, *Confirmation Bias: A Ubiquitous Phenomenon in Many Guises*, 2 Review of General Psychology 175(1998).

⑬ See Rachel A. Searston, Jason M. Tangen & KevinW. Eva, *Putting Bias into Context: The Role of Familiarity in Identification*, 40 Law and Human Behavior 50(2015).

⑭ See Risinger, D. Michael, et al., *Daubert/Kumho implications of observer effects in forensic science: hidden problems of expectation and suggestion*, 90 California Law Review 1(2002).

式和大脑工作机制的约束。人类最为显著的特征,就是我们处理信息的积极而动态的属性。这个最基本的认知结构能够使我们处理大量的信息,并且也是人类智能的根基。然而,它可能也会影响和歪曲我们所看见的东西(或者为什么以及我们所不能看见的东西),影响和歪曲我们评价视觉信息和做决定的方式。指纹和其他法庭科学专家对这种心理和认知因素并不具有免疫力。更好地研究并理解它们,是处理和最小化其影响的必要步骤。"[15]之后,Dror 的一系列独著或合著文章和著作中,分别讨论了情景信息(contextual information)如何使专家作出错误判断,[16]鉴定专家的可靠性和偏差倾向(biasability)[17],混合型 DNA 解释中的主观性和偏差[18],鉴定专家决策效能的层级结构[19],数字证据鉴定中的认知与人类因素[20]等,无一不是对错误鉴定的认知"病理"探析。

此外,仅法庭科学中的认知偏差这一问题的研究,就已经颇具规模。[21]

---

⑮ Itiel E. Dror & David Charlton, *Why Experts Make Errors*, 56 Journal of Forensic Identification 612(2006).

⑯ See Itiel E. Dror, David Charlton & Ailsa E. Péron, *Contextual information renders experts vulnerable to making erroneous identifications*, 156 Forensic Science International 74(2006).

⑰ See Itiel E. Dror & Robert Rosenthal, *Meta – analytically quantifying the reliability and biasability of forensic experts*, 53 Journal of Forensic Science 900(2008).

⑱ See Itiel E. Dror & Greg Hampikian, *Subjectivity and bias in forensic DNA mixture interpretation*, 51 Science and Justice 204(2011).

⑲ See Itiel E. Dror, *A hierarchy of expert performance*, 5 Journal of Applied Research in Memory and Cognition 121(2016).

⑳ See Nina Sunde & Itiel E. Dror, *Cognitive and human factors in digital forensics: Problems, challenges, and the way forward*, 29 Forensic Science International: Digital Investigation 101(2019).

㉑ See Glinda S. Cooper & Vanessa Meterko, *Cognitive bias research in forensic science: A systematic review*, 297 Forensic Science International 35(2019).

(三)认知科学可以为减少司法鉴定错误提供认知科学方案

仅仅使鉴定人认识到导致司法鉴定错误的认知上的"病理"根源,并不足以抵御因此而导致的错误风险,而是需要从工作机制或制度的层面来削弱认知病理的作用,从而达到减少错误的目的。以克服"情景偏差"(contextual bias)为例,我们来看看从理解情景效应(context effect)设计方案克服情景偏差的过程,就是通过对司法鉴定错误的认知病理根源的探究,进而对提出如何消除或减少这一根源影响的认知科学方案。

由于人类对事物的知觉常常依赖环境因素,比如在不同的环境中,对图形、线条、颜色、速度的知觉会有所不同。在高速公路上以时速60公里驾车行驶,会感觉很慢,但在城市道路中以时速60公里行驶会感觉很快;同样灰度的颜色在亮的背景中会觉得比较暗,而在暗的背景中却会觉得比较亮。丹尼尔·卡尼曼在《思考,快与慢》一书中举了一个有趣的例子。[22] 在图1-1中,左图和右图中的字符是相同的,但我们一般会把左图中的字符辨认为"ABC",而右图中的字符辨认为"121314"。图中的"ANN APPROACHED THE BANK"中的"BANK",是什么意思呢?这要取决于语境:如果ANN是一名跳水或游泳运动员,我们可能会认为BANK是"河岸";如果ANN是一名会计,那么这时BANK可能会被认为是"银行"。

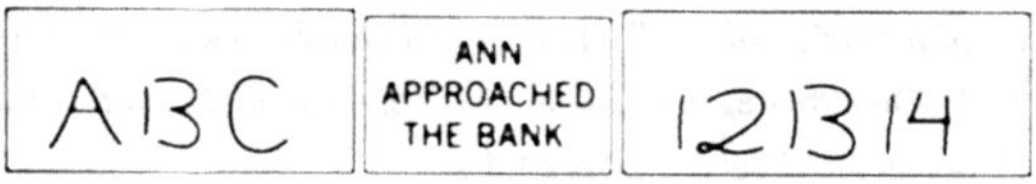

图1-1 "情景效应"示例

㉒ 参见[美]丹尼尔·卡尼曼:《思考,快与慢》,胡晓姣、李爱民、何梦莹译,中信出版社2012年版,第64页。

这种认知现象就是所谓的"情景效应"。我们日常的决定和判断都以此情景因素为依据,但于生活基本无碍。然而,在一些重大事项中,以此进行的决定和判断常常发生错误,这就是所谓的"情景偏差"。这一现象也常常在鉴定中发生,特别是在证据特征模糊的疑难案件中,鉴定人会依赖情景信息。[23]

如何消除情景效应在鉴定中的不利影响呢?最为直接的思路,就是减少情景信息的披露。理论上,在鉴定中除了待检证据本身的特征信息以外的其他信息,都可以称为情景信息,那么这些信息都应该在实施鉴定时加以屏蔽吗?当然不是,其实也做不到。Dror 等人认为情景信息可以分为五个层次:第一层就是痕迹物证本身,第二层为比对样本,第三层是案件信息,第四层包括来自鉴定人经验的基率预期(base rate expectations),第五层为组织和文化因素。[24] 其中第一、二、三层信息中可能包含有误导鉴定人的信息,但它们是可控的,而第四、五层信息是无法控制的。因此,他们认为可以通过一个"线性依次披露"(Linear Sequential Unmasking,LSU)的方式分步骤向鉴定人提供材料:首先,向鉴定人提供痕迹物证,在尚未提供样本之前,要求鉴定人对痕迹物证进行检验;其次,向鉴定人提供比对样本进行检验,此时鉴定人对痕迹物证最初的意见可能会发生改变,但要求对这种改变的次数加以控制,并且要详细记录原因,而不是随意无限制地改变。[25]

---

[23] See Gary Edmond, et al., *Contextual bias and cross-contamination in the forensic sciences: the corrosive implications for investigations, plea bargains, trials and appeals*, 14 Law, Probability and Risk 1(2015).

[24] See Itiel E. Dror, et al., *Context management toolbox: a Linear Sequential Unmasking (LSU) approach for minimizing cognitive bias in forensic decision making*, 60 Journal of Forensic Science, 1111(2015).

[25] See Itiel E. Dror, et al., *Context management toolbox: a Linear Sequential Unmasking (LSU) approach for minimizing cognitive bias in forensic decision making*, 60 Journal of Forensic Science, 1111(2015).

实际上,在某些改进司法鉴定品质的尝试方案中,已经包含了对认知因素的考虑。如就如何“改进法庭科学方法、实践及效能”方面,美国国家科学院国家研究委员会提出了要注意某些方法的“不确定性和偏差”(uncertainties and bias),并肯定了在识别和克服鉴定中的认知偏差方面的实际意义。[26] 在七种需要特征比对的法庭科学方法(包括单一 DNA、混合 DNA、咬痕、指纹、火器、足迹、毛发)有效性的评估和改进建议中,美国总统科学与技术顾问委员会研究报告建议,更进一步地关注认知偏差对于这些方法有效性的影响,并在提升这些方法的客观性时要加强认知偏差对这些方法影响的研究。[27]

由克服情景偏差这一例可见,对司法鉴定行为的理解本身就离不开认知科学。因为司法鉴定行为天然就是认知行为,并且其错误之“病理”也需要认知科学来加以剖析,那么对减少司法鉴定错误来说,认知科学当然可以提供有效的方案。那么什么是司法鉴定错误呢?

第二节 司法鉴定错误

我们在界定司法鉴定错误之前,需要知道什么是错误。

一、什么是“错误”

“错误”是一个很不好定义的词。因为所针对的对象很复杂,对错误定义的维度可能很多。错误既可以用于描述观念,如“重男轻女的观念是错误的”;错误又可以用于描述行为,如“盗窃行为是错误

---

[26] See NAS, *Strengthening Forensic Science in the United States: a path forward.*, The National Academic Press, 2009, p. 184 – 185.

[27] See PCAST, *Report to the President Forensic Science in Criminal Courts: Ensuring Scientific Validity of Feature – Comparison Methods*, (2016), p. 5, 31 – 32, 49, 98 – 99, 125.

的”;也可以用于描述决定,如“在交通拥堵的时候,走路线 A 的决定是错误的”;还可以用于描述判断,如“我把那个红衣女子错认成了自己的朋友”……可以参与定义错误的维度也很多:事实维度,与事实不一致的命题是错误的;价值维度,与习俗或道德的价值取向不一致的观念或行为可能是错误的;审美维度,缺乏美感的艺术创作是错误的;效用维度,其结果未达到预期目的或效用的决定是错误的;规范维度,违背法律规定或道德规范的某些行为或决定是错误的……

“错误”虽难定义,但我们发现,它一般具有如下特征:(1)用于描述观念、行为、决定、判断、命题、信念、状态;(2)本质上不符合事实状态、不符合价值期待、不正当、不符合标准或规范、未满足预期效用;(3)导致“错误”的心理状态可以是故意的,也可以是非故意的。

二、司法鉴定错误的界定

虽然司法鉴定错误也是“错误”,但是我们不能照搬“错误”的定义来界定司法鉴定错误。因为,与一般错误相比,司法鉴定错误有其独特性,故我们在分析司法鉴定错误的独特性的基础上来定义司法鉴定错误。

(一)司法鉴定错误的适用对象

司法鉴定错误,主要是指司法鉴定意见的错误。司法鉴定意见本质上就是由命题组成的,如“借条上的签名与样本签名是同一人书写”“现场血迹 DNA 与嫌疑人 DNA 相似度达 99.9%”“事故中的车辆与行人 A 发生过接触”“文中的最后一行字迹与其他字迹不是一次打印形成”“在枪创创道内发现烟垢及烧灼痕迹,故持枪者系抵近射击”……虽然,在错误的司法鉴定意见命题的形成过程中,有观念的原因,也有行为的原因,有原理的原因,也有技术、方法的原因等,但这些原因最终导致的错误是鉴定意见的错误,并且鉴定意见的错误会发生法律意义,所以司法鉴定错误所适用的对象是鉴定意见。

同时,鉴定错误还适于描述鉴定行为。任何司法鉴定都需要遵循一定的原理、原则、规程或标准,以及一个标准化的“工作流程”。虽然错误的鉴定行为可能未必导致错误的鉴定意见,但错误的鉴定行为却依然是鉴定错误所关注的对象。所以,即使在鉴定意见碰巧准确地表达了案件事实的状态时,错误的行为也依然会导致鉴定意见不可接受,因为这无法为鉴定意见的正确与否乃至其可接受性提供合理的依据。由于过程是由行为组成的,所以鉴定过程本质上属于行为。

所以,司法鉴定错误适用的对象是鉴定意见和鉴定行为。

(二)司法鉴定错误的本质

1. 司法鉴定错误可以是意见命题的依据不充分

我们可以把鉴定人向法院提供鉴定意见的行为,视为一种向审判法官提供科学知识的行为。知识成立的必要条件是“具有合理解释或证成的真信念”[28]。这一条件可以被解析为:S 知道 p,当且仅当:(1)S 相信 p;(2)p 是真的;(3)S 关于 p 的信念是有证成的。[29] 也就是说,一个可以称为“知识”的东西(命题)或者可以被称为拥有真知的内心状态,必须是持有这一命题的人相信这一命题是真的,同时这一命题的确是真的,同时持有该命题的人相信该命题为真是有理由的。以手印鉴定为例,鉴定人相信“现场手印 a 与 x 的指印是同一人所留”,并且“现场手印 a 与 x 的指印是同一人所留”这一命题是真的,同时鉴定人就“现场手印 a 与 x 的指印是同一人所留”这一命题

---

[28] [美]路易斯·P. 波伊曼:《知识论导论:我们能知道什么?》(第 2 版),洪汉鼎译,中国人民大学出版社 2008 年版,第 90 页。

[29] [美]路易斯·P. 波伊曼:《知识论导论:我们能知道什么?》(第 2 版),洪汉鼎译,中国人民大学出版社 2008 年版,第 90 页。

的成立有充分的理由。这样,就可以说鉴定人向法庭提供了一个可以被称为“知识”的东西(命题),而这样才能够使其鉴定意见具有成为证据的资格。这是从理论上分析作为鉴定意见成立的条件。从实践操作层面来看,虽然呈交给法庭并且作为证据供法官决定是否采信的是鉴定意见,但是法官对于鉴定意见是否采信,并不单纯只看最终意见的表述,同时还要看鉴定意见的依据是否充分。如果得出鉴定意见的依据不充分,那么鉴定意见最终是无法成立的。所以,依据不充分的鉴定意见,本质上也属于鉴定错误。[30]

2. 司法鉴定错误也可以是意见命题 p 不符合本然真相(ground truth)

司法鉴定的主要目标是向法庭或委托方提供关于部分案件事实的意见,但由于种种原因,鉴定人对于案件事实的判断可能并不符合实际的状态,这样就发生了鉴定错误。鉴定意见不符合事实状态的表现形式很多:人或物的个体识别错误,如刑事案件中通过指纹、DNA 鉴定识别犯罪嫌疑人、被害人等发生的错误,通过笔迹识别书写人发生的错误;因果关系判断错误,如车辆碰撞、起火原因鉴定错误,死因鉴定错误;物质或现象是否存在判断错误,如对在射击残留物、书写墨水、土壤中是否存在某种物质或元素的判断发生错误;时序关系判断错误,如朱墨时序、书写与打印时序判断错误;事实程度判断错误,如伤残等级判断错误;证据形成方式判断错误,如打印方式、录音录像及电子数据形成或产生方式判断错误;事件重建错误,如杀人过程、纵火过程、电子数据生成过程解释的错误……从所列举

---

[30] 还可能存在的一种情况是,鉴定意见的依据不充分,但是鉴定意见的表述却碰巧与本然真相一致,这种情况能否属于司法鉴定错误呢?本研究认为,这种情形依然属于鉴定错误。因为所有的鉴定意见都是建立在科学方法、证据、论证的基础上的,只有这样才使鉴定意见具有科学属性。如果鉴定意见的依据不充分,而意见碰巧符合案件真相,这只是一种偶然的结果,而非建立在科学论证基础上的必然结果。如果不将这种情形界定为鉴定错误,那么司法鉴定将有沦为靠抓阄决定真相的危险,这对司法鉴定科学自身的发展来说是极为有害的,实际上也有碍于法官对鉴定意见采信最终决定权的行使。

的这些错误的表现形式上不难发现,他们的共同特点都是意见与事实的实际状态不一致或不相符。这种意义上的错误,是最符合公众对司法鉴定错误的一般想象的,也是我们通常特别加以关注的。

3. 司法鉴定错误还可能是鉴定的实施不符合规范

所谓实施鉴定不符合规范,既包括鉴定的过程不符合技术标准规范,如使用了错误的技术标准或方法;也指鉴定材料的收集及鉴定的实施不符合相关的法律规范,如所使用的鉴定材料未经质证,署名鉴定人并不具备相对应的专业资质等。从实际情况来看,第一种形式的鉴定不符合规范,可能会导致鉴定意见不符合案件事实,但也可能对鉴定意见的正确与否并无妨碍,无论是哪种情况,在这里都应该视为鉴定错误。第二种形式的鉴定不符合规范,可能对鉴定意见是否真实表述了案件事实并无实质影响,但在这里我们依然要将其视为鉴定错误,然而,这类鉴定错误与本研究所采用的认知科学的视角关系不甚密切,所以本研究不对其开展深入讨论。

总之,司法鉴定错误本质上有三种情形:一是意见命题的依据不充分;二是意见命题不符合本然真相;三是鉴定实施不符合规范。

(三)司法鉴定错误并非故意心理所致

故意心理,即有意识地追求或希望某种结果发生的心理状态。我们可以将故意或非故意地追求错误结果和过程的司法鉴定行为,都包含在司法鉴定错误之中。[31] 但在我们看来,故意追求错误结果或

---

[31] 需要说明的是,由于英文中 error 一词还有"误差"之意,所以有的研究者所言的 forensic error 中包含了"误差"的意思。虽然误差也是在非故意的状态下形成的,也是非自主的,但误差的反义词并非"不正确",即使有误差的鉴定结论也常常是正确的。并且,误差是由于鉴定方法、程序、仪器设备的精确度所导致的,是不可避免的,在一定范围内是可以接受的。但无论在什么范围内错误却都是不可接受的。See Itiel E. Dror & David Charlton, *Why Experts Make Errors*, 56 Journal of Forensic Identification 612 (2006); Angi M. Christensen, et al., *Error and Its Meaning in Forensic Science*, 59 Journal of Forensic Sciences 123(2014).

故意不按照正确过程进行的司法鉴定,都不是本研究所涉及的对象。其理由有三。

1. 故意心理下的司法鉴定本质上是虚假鉴定

这样的司法鉴定错误是自主性(voluntary)的,是可以通过主观意愿加以控制的。虽然故意追求错误结果或故意不按照正确过程的司法鉴定当然是不正确的,甚至是严重违反道德、违反法律的行为,这当然是错误的,但是在本研究看来,通过有意识的监管和法律的控制,可以最大限度地减少甚至消除这种“错误”。并且,其导致错误的原因相当清楚明白,相关法律法规、职业伦理已经为防范此类“错误”进行了系统性制度设计。但是,非故意心理下的司法鉴定错误原因很复杂且是未知的,并且这类错误不是通过鉴定人、鉴定机构及其他社会组织的主观努力就可以减少的,这种错误的产生具有“非自主性”(involuntary)。

2. 故意心理导致的司法鉴定错误与认知因素无关

故意心理导致的司法鉴定错误常常是鉴定人在追求不正当利益动机的驱使下所为的,与鉴定人的感觉、知觉、观察、推理、知识等认知因素没有什么关系。由于本研究聚焦于用认知科学来探寻这些认知陷阱,并解释其形成错误的机理,所以这样的司法鉴定错误当然属于非故意心理所致,那么故意心理所致的司法鉴定错误,理所当然地就不应该成为本研究的对象。

3. 非故意心理导致的司法鉴定错误,才是认知科学应当加以关注的对象

非故意心理下的司法鉴定错误有四种情形:第一种是因为鉴定中认知结构性致错风险以及认知偏差导致的错误;第二种与司法鉴定科学的可靠性有关,即采用了不可靠的鉴定方法;第三种与仪器设备的状态有关,也就是仪器设备的损坏或故障导致了鉴定的错误;第四种与鉴定机构的质量管理运行机制有关,鉴定机构质量管理机制

的缺陷导致了鉴定错误。第一种情形与鉴定认知行为包括感觉、知觉、观察、推理等认知因素有直接关系,也可以说这类错误就是鉴定人感知觉、观察、推理上的偏差或缺陷所致。第二种情形虽与上述因素没有直接关系,但这类错误的致错因素本质上也是认知因素,因为科学知识的可靠性本身也是认知问题(当然不属于鉴定人的认知问题,是科学家群体的认知问题),它属于鉴定人知识层面的认知因素,但这类知识层面的认知因素并不是鉴定人对鉴定科学知识学习和掌握上的不完善或缺陷导致的结果,而是鉴定科学本身不完善的结果。这类错误常常表现为"自上而下"的推理模式下的错误,只能从认知的层面加以解析。第三种情形与鉴定人的认知心理状态没有任何关系,所以本研究不加以讨论。第四种情形中包含认知因素:鉴定机构在质量管理机制方面,对鉴定人认知品质改善的机能缺乏或较弱。

通过以上分析,在此我们可以对司法鉴定错误进行定义了,司法鉴定错误需具备以下条件:(1)用于描述鉴定意见或鉴定行为;(2)本质上是鉴定意见依据不充分、鉴定意见不符合案件真相、鉴定不符合规范;(3)由非故意心理状态所致。

第三节　司法鉴定错误的属性与类型

司法鉴定是一种在规范的约束下,对案件中的专门性事实问题提供意见的活动。司法鉴定活动具有多重属性:主体属性、工具属性、事实属性、规范属性,相应地,司法鉴定错误也同样具有这些属性。所谓主体属性,是指司法鉴定错误是因鉴定人在鉴定中的理性与非理性因素共同作用的结果;工具属性,是指司法鉴定错误与鉴定中的工具要素(知识、材料、仪器设备、环境)密切相关;事实属性,是指鉴定人依据一定的事实,达到解决对案件中的专门性事实问题的目的,这一属性与"真"或"事实"密切相关,其错误也可能是与所据事实和试图发现及证明的事实有关;所谓规范属性,是指限制、约束、控制司法鉴定过程的规则或与行为框架有关的属性,这一属性与案件事实中的专门问题的解决无直接关系,但与解决专门问题的过程的可靠性及正当性有关,错误的发生也与不符合规范有一定关联。

一、司法鉴定错误的属性

(一)主体属性

司法鉴定活动中,鉴定人通过感官直接获取关于鉴定材料的基本信息,或者通过仪器设备“扩展”鉴定人的感官间接获取信息,在此基础上,形成对鉴定材料基本特征的分析和提取。之后,将这些特征与一定的参照系(样本、标准品、标准文件等)进行对照比较,确定特征与参照系的异同,对特征的性质进行判断。如果需要对特定个体(人或物)进行识别,对特征与参照系之间的异同的评价,就决定了对个体“身份”的确认。对个体之间存在的时间、空间、因果等关系的判断,也建立在对基本特征的感知与比较上。对事件的重建,即根据事件的要素,结合所有特征信息、个体信息、各种实体与事件要素的关联关系,对符合法律要件所需的事件进行“恢复”。由此可见,这个过程需要感觉、知觉、分析、综合、推理、论证等认知过程,需要借助鉴定人的常识、经验、科学知识等认知要素。那么这些认知过程中出现的错误、偏差、失真等,就很有可能导致鉴定错误。

司法鉴定还是一个作决定和判断的过程。如果感觉、知觉、分析、综合、推理、论证等认知过程是提供关于鉴定意见的事实要素的过程,那么决定或判断是根据这些事实要素进行评价,确定其对特定鉴定意见的贡献度和诊断力(diagnostic capacity),从而形成最后的鉴定意见。这个作决定和判断的过程,也同样会发生错误。

如果我们从信息处理的视角来看待司法鉴定,那么鉴定人的鉴定活动相当于信息处理活动,我们可将其类比为一台可进行司法鉴定的“计算机”:鉴定人的感觉、知觉、分析、综合、推理、论证、判断、决定等则类似于这台“计算机”的程序与算法,当程序与算法发生了计算错误,那么其输出则极大可能会发生错误。

当然,我们把鉴定人在司法鉴定中的这一认知行为视作信息处理的过程,仅仅是为了理论上的方便。更重要的是,鉴定人是“人”,因而在审视鉴定错误的时候,更要从人类的视角来展开。因为,“人类要素(human element)的重要性及其在法庭科学中的关键作用是非常广泛的。这不仅仅局限于与鉴定中做决定相关的问题,如认知偏差,而与鉴定工作大部分阶段有关:从选择和招聘最优秀的人从事这项职业所面临的挑战,到优化训练,到法庭上陈述证据”[32]。鉴定人既然是人,他的信息处理就可能受到作为人的非理性属性的影响,如压力和情绪。在压力和情绪的影响下,鉴定人的认知效能就会发生改变、发生错误。“法庭科学正在着手理解检验鉴定、工作质量、错误管理中的人类因素(human factors),理解和管理人类因素可以改善实验室的质量和技术程序,也可以提高做决定的能力……由于法庭科学家在一个动态环境中工作,不免于共同的工作环境压力和特定行业压力,精神紧张将成为削弱全面错误管理和产出的重要人类因素。”[33]

所以,司法鉴定错误,首先是人的错误,它具有主体性:导致错误的既有信息处理的理性因素,也有作为人类的情绪、压力等非理性因素。

㉜ Itiel E. Dror, *Cognitive neuroscience in forensic science: understanding and utilizing the human element*, 370 Philosophical Transactions of the Royal Society B: Biological Science 255 (2015).

㉝ Mohammed A. Almazroue, Itiel E. Dror & Ruth M. Morgan, *Organizational and Human factors effecting forensic decision - making: workplace stress and well - being*, 63 Journal of Forensic Science 258 (2020).

(二)工具属性

此处所言之“工具”,并非仅指司法鉴定中所需之仪器设备,而是外延更大的、广义的工具,具体包括:知识、材料、仪器设备、环境。

司法鉴定解决案件中的一些专门的事实问题,需要鉴定人运用自己的专门知识。那么专门知识中包括了专业性的科学原理、方法,解决问题的一般性背景性知识以及个人知识。其中一部分科学原理和方法,可能被鉴定技术标准纳入鉴定规范,所以这部分科学原理和方法既属于工具也属于规范。但事实上,科学是不断发展的,鉴定技术标准并不是一成不变的,技术标准文本并不能将实践中所有的鉴定原理和方法纳入其中,甚至技术标准文本常常只粗略地描述了原理和方法的梗概,而不可能对所有技术细节都包揽无余。所以,规范并不能将所有的科学原理和方法纳入其中。一般性的背景知识,是社会成员共同默认为真的“常识”,如在手印鉴定中,无论是专家还是普通人,大概都默认了这样一些背景性知识:人的指掌面上有一些花纹,这些花纹在人接触物体的时候大概可以留在物体上,而专家可以根据遗留的印痕特征来判断留下印痕的人是谁……如果缺少这些背景性知识,人们就很难对手印鉴定意见作为证据之可采性达成共识。因为,“对证据的判断必须依赖一个人对世界的背景性理解(background understanding);如果没有业已存在的信念,事实认定者便不可能对证据做出处理”[34]。此外,鉴定人在执业生涯中积累的所谓经验——个人知识,并非鉴定人职业共同体因共识而得,而是鉴定人个人经验的凝练,它不具有公共属性,仅具私人属性,但作为一种有效的知识工具,在鉴定中是实际存在的。在司法鉴定中,因为知识工具而发生的错误是屡见不鲜的。以英美证据法关于科学证据态度的演

---

[34] [新加坡]何福来:《证据法哲学——在探究真相的过程中实现正义》,樊传明等译,中国人民大学出版社 2021 年版,第 312 页。

变过程为例,[35]可以发现人们日渐关注到鉴定意见错误背后的知识因素。

鉴定材料似乎不应属于工具,而应该属于对象范畴。但司法鉴定的对象,并非鉴定人手之所触、目之所见、耳之所闻的各种物质材料,而是各种需要解决的事实问题,因为鉴定人要回答的是"事实真相是什么"这样的问题。所以,鉴定材料并不属于对象范畴,而是属于解决事实问题所依赖的物质条件,因此也可以纳入工具范畴。

司法鉴定错误为何具有工具属性?是因为司法鉴定错误也可能是由工具所引起。首先,仪器设备的故障或误差可能会导致错误;其次,鉴定人所运用之科学原理不当,或科学原理本身并不科学、不完善,可能会导致错误;再次,科学标准本身存在缺陷,也可能导致错误;最后,鉴定所用之物质材料被干扰、污染、伪装、变造等,同样可能导致鉴定错误,如混合型 DNA 检材的鉴定,就比单一型 DNA 鉴定容易发生错误,伪装笔迹鉴定就比自然书写笔迹鉴定容易发生错误。

(三)事实属性

司法鉴定是一个以解决案件中专门性事实问题为基本目标的活动。鉴定意见作为一种法律所认可的证据形式,也说明了司法鉴定具有对案件中专门性事实提供判断意见的特点。以对部分司法鉴定项目的分析为例,可以更为充分地展现司法鉴定的事实属性:

---

[35] 以美国为例,Frye v. United States, Daubert v. Merrell Dow Pharmaceuticals, Inc. ,General Electric Company. v. Joiner, Kumho Tire Co. v. Carmichael 等案件,都是关于科学证据所依据科学原理的有效性的争议及其判决,在《美国联邦证据规则》中,科学证据的条款也有关于科学原理有效性的规定。近年,美国官方出版的关于改进法庭科学的系列报告中,都不乏关于法庭科学各个分支中科学原理的反思性讨论,See NAS, *Strengthening Forensic Science in the United States: a path forward*, The National Academic Press, 2009; PCAST, *Report To The President Forensic Science in Criminal Courts: Ensuring Scientific Validity of Feature – Comparison Methods*, 2016。

手印鉴定,是通过对检材指印和样本指印特征的观察、分析、比较,基于相同特征和不同特征的区分能力或价值评估,判断检材手印与样本手印是否为同一人所遗留(事实问题)。

DNA 鉴定,是通过对现场、人体或物品上遗留 DNA 与被鉴定人 DNA 特征的提取、观察、分析、比较,基于相同特征和不同特征的区分能力或价值评估,判断这两类 DNA 是否为同一人的 DNA(事实问题),或者这两类 DNA 的供体是否具有特定亲缘关系(事实问题)。

死亡原因鉴定,通过对死者遗体的尸体现象及体表、肌肉、骨骼、内脏的生理、病理、化学、物理等性质的分析,对死者死亡原因(事实问题)进行判断。

朱墨时序鉴定,通过对墨迹和印文色料二者交叉部位微观形貌、颜色等特征的观察,判断墨迹和印文形成的先后顺序(事实问题)。

伤残等级鉴定,通过对伤者组织、器官的结构和功能损害的评估,确定受伤程度(事实问题)。

数字图像真实性鉴定,是对数码图像的相关数据(时间、格式、哈希值、所在系统日志等)及图像视觉属性进行分析,确定数字图像是否伪造或被篡改过(事实问题)。

……不难发现,上述司法鉴定中的事实问题的解决,需要获取和组织一些事实元素作为意见的依据(相当于事实输入),如手印鉴定需要对手印特征的观察、分析、比较,DNA 鉴定需要对 DNA 特征进行观察、分析、比较等,就是为解决特定事实问题获取所需的事实元素,这当然是具有事实属性的。对司法鉴定来说,最终的目的是就部分的案件事实提供判断意见(相当于事实输出),所以最终试图解决的是事实问题。由此,无论其最终解决问题的目标,还是通往目标的途径,都与事实密切相关。

如果这些就事实问题之解决失败或发生错误,或事实要素判断发生错误,都可能导致司法鉴定错误,故司法鉴定错误具有事实属性。

（四）规范属性

与侦查、审判相比，司法鉴定中的事实判断似乎没有浓厚的规范色彩。它更多地接近于对“原初事实”（primary facts）的判断，而它在认识论上有十分浓厚的自然主义色彩。如以信息处理为视角来看待司法鉴定，其自然主义色彩更为浓厚。但它依然具有规范属性，它的规范属性体现为：

1. 鉴定人和鉴定机构的资质的获得和保持具有规范属性

鉴定人资质的获得与普通科学研究人员资质的获得有所不同，普通科学研究者资质的获得，仅需满足专业能力上具备相当的水平条件即可，并不需要特定机构加以严格审查并予以确认，也并没有形式固定的资质赋予和审查的程序，对于鉴定人不适格的情形，还有一些禁止授予资质的规定。[36] 鉴定机构和科研机构也有所不同，鉴定机构除了要具有专业条件，还具有一些作为法律服务机构的基本条件，它的产生同样要通过严格的法律程序，而科研机构的成立依据主要是专业水准。[37]

2. 鉴定材料的获取、准备、保存，具有严格的规范属性

无论是来自案件中作为检材使用的鉴定材料，还是来自案件中特定人员、场所且作为样本存在的鉴定材料，它们的获取、准备、保存，都有相应的法律法规对其加以规定限制。这在诉讼法、证据法乃至一些实体法中都有相对应的规定。以规范司法鉴定为目的的法律规范，就更是属于这方面的法律规定了。

---

[36] 《司法鉴定人登记管理办法》（2005）第12条规定了个人申请从事司法鉴定业务，该条第2、3款规定了相应的专业条件，其他方面的许可性条件和禁止性条件都与专业条件无关。这与普通科学研究人员的资质条件相比，其限制更多。

[37] 具体规定参见《全国人民代表大会常务委员会关于司法鉴定管理问题的决定》《司法鉴定机构登记管理办法》等法律法规。

3. 鉴定的实施过程,也具有规范属性

司法鉴定的每个专业门类,都有相应的技术标准规范,这些技术标准规范对于鉴定的实施过程,都有详细的规定。虽然这些技术标准规范往往只是推荐性而非强制性的,但是鉴定人在实施鉴定的过程中,都要大体遵循这些技术规范。因而,鉴定的实施过程也就具有了规范属性。

4. 鉴定意见本身也具有规范属性

鉴定意见属于一种证据形式,它必须具备证明力和证据资格,具有诉讼证据所应当具备的规范属性:真实性、合法性、关联性。所以,它并不同于普通的事实探究中的证据,法律对其证明效力之产生及发挥有相应的规定。因此,鉴定意见本身当然具有规范属性。

综上所述,我们也可以说:一方面,司法鉴定是用于帮助实现法律规范的;另一方面,司法鉴定又必须受到法律规范的约束。这样司法鉴定就具有了规范属性,相应地,司法鉴定错误也就必然具有了规范属性。

二、司法鉴定错误的类型

不同类型的司法鉴定错误,致错的"病理"当然不同,对其"病理"的解释也必然不同,那么对减少错误的策略来说,最终也不同。所以,对司法鉴定错误类型的讨论是有必要的。但根据不同的分类标准,其类型也必然不同。

(一)根据变量进行的分类

确定鉴定意见是否错误,是由二维变量所决定的:一是鉴定意见的依据是否充分,二是鉴定意见是否符合案件事实。根据这两个变量满足的程度,司法鉴定错误大体可以分为三个大类:假阳性错误(false positive error)、假阴性错误(false negative error)、无结论错误

(inconclusive error)。[38] 但假阳性错误和假阴性错误各自还可以更进一步地细分。

1. 假阳性错误

在出现假阳性错误时,会有三种情形:一是鉴定意见依据不充分的条件下,出具了肯定性鉴定意见,肯定意见符合案件事实;二是鉴定意见依据不充分的条件下,出具了肯定性鉴定意见,肯定意见不符合案件事实;三是在鉴定意见依据充分的条件下,出具了肯定性鉴定意见,但肯定意见却不符合案件事实。我们可以把假阳性错误概括为三个类型:(1)鉴定依据不充分,但肯定意见符合事实;(2)鉴定依据不充分,肯定意见不符合事实;(3)鉴定依据充分,肯定意见不符合事实。

以指纹鉴定为例,鉴定人出具了"现场指印是 A 所留"的鉴定意见,但如果指纹特征数量质量不足以得出这一命题,而实际情况是,指印的确是 A 所留,那么这种错误就属于类型(1);或者如果指纹特征数量质量不足以得出这一命题,且指印也的确并非 A 所留,这种错误就属于类型(2);或者鉴定人出具了"现场指印是 A 所留"的鉴定意见,指纹特征数量质量也足够,但实际上并非 A 所留,错误就属于

---

[38] 需要说明的是,对假阳性错误和假阴性错误的定义,其实有两种视角:一是本体论视角,二是认识论视角。从本体论视角来看,只要是鉴定意见不合案件事实即构成错误:当鉴定人出具肯定意见,但案件事实却并非如此时,就是假阳性错误;反之,则是假阴性错误。认识论视角下的假阳性错误和假阴性错误,是从其意见命题 p 的证成条件来说的。也就是说,肯定性意见必须基于肯定意见的充分必要条件来推出,否则就是错误的肯定性意见,因而也就是假阳性错误;否定性意见必须基于否定意见的充分必要条件来推出,否则就是错误的否定性意见,因而也就是假阴性错误。可见认识论视角的假阳性错误和假阴性错误,是基于鉴定人得出意见命题 p 之理由的充分性而言的,与案件事实无直接关系(因为案件事实属于过去,并不处于鉴定人眼下),仅与鉴定人的认知证成有关。但本体论视角的分类,就只能有假阳性和假阴性两个类型,因为意见命题 p 对事实要么符合、要么不符合,没有程度之分,没有中间状态;这样一来,对于表述为"无法判断"的意见命题 p,则无法纳入其中。所以,本研究所定义的假阳性错误和假阴性错误,既有本体论意义上的,也包含了认识论意义上的。

类型(3)。

对于类型(1),即在依据不充分的情况下,鉴定人勉强作了肯定性判断,而十分碰巧的是,意见正好符合案件事实,即意见命题是“现场指印是A所留”,且实际上现场指印也的确是A所留,但现场指印的特征却不足支持得出这样的肯定意见,这种情形我们认为也属于错误。这可能会引起争议。但前文已论证,鉴定依据不充分的情况下,即使意见命题p是真的,也依然属于鉴定错误,其理由在前文注解中已经加以陈述。所以,假阳性错误不仅仅指意见命题p没有真实表征(represent)案件事实,还包括在不具备推出肯定性意见命题p的条件下,而出具了肯定性鉴定意见。只不过,我们为了表明这些错误发生的前提条件是有所不同的,分别将类型(1)称为“弱假阳性错误”,将类型(2)称为“典型假阳性错误”,将类型(3)称为“强假阳性错误”。但他们都属于假阳性错误。

2. 假阴性错误

同样地,出现假阴性错误也有三种情形:一是鉴定依据不充分的条件下,出具了否定性鉴定意见,意见符合案件事实;二是鉴定依据不充分的条件下,出具了否定意见,但意见不符合案件事实;三是在鉴定依据充分的条件下,出具了否定性鉴定意见,但意见却不符合案件事实。所以,假阴性错误也同样可以概括为三种类型:(1)鉴定依据不充分,否定意见符合事实;(2)鉴定依据不充分,否定意见不符合事实;(3)鉴定依据充分,但否定意见不符合事实。因此,我们把类型(1)称为“弱假阴性错误”,类型(2)称为“典型假阴性错误”,类型(3)称为“强假阴性错误”。

3. 无结论错误

什么是“无结论错误”?“当有足够的信息作出肯定(或否定)的

决定时，却作了无法判断的决定”[39]，就是“无结论错误”。其意思是，当案件中需要鉴定的证据材料所包含的信息质量和数量，足以供鉴定人出具肯定意见或否定意见，但鉴定人因为认知能力的局限或认知偏差的原因，却得出“无法判断”的结论。从本体论视角来看，无法判断的错误似乎并不构成错误。因为，鉴定人根本无法根据鉴定材料对案件中的某些事实问题作出任何判断，既然无法判断，就对案件事实既无所肯定也无所否定，错误何来之有？所以，一些学者并不认为“无法判断的错误”构成一种真正意义上的错误。[40] 但是本研究认为，从认识论意义上来看，任何表示司法鉴定意见的命题 p 都是基于一定理由提出的，这一命题 p 是否为真，不限于它是否准确地代表了案件事实，还在于得出这一命题 p 的理由是否充分；并且我们在定义鉴定错误的时候，也将鉴定依据的不充分视为鉴定错误的一种情形。所以，当鉴定材料中的信息数量和质量足以支持得出“肯定”或“否定”意见的情况下，鉴定人却依然认为“无法判断”或“无结论”，那么这就是无结论错误。

以上分类及其条件，为了更加清晰地呈现给读者，我们将其归纳在表 1－1 中。对于有些涉及事实程度鉴定的鉴定类别，如法医临床鉴定中的伤情鉴定，可能有明确的肯定意见，但无明确的否定意见，所以这类鉴定就并不存在所谓的假阳性和假阴性错误，本分类也就不完全适用于此类鉴定。但这类鉴定中，依然是存在无结论错误的。

---

[39] Itiel E. Dror & Nicholas Scurich, (*Mis*) *use of scientific measurements in forensic science*, 2 Forensic Science International: Synergy 333 (2020).

[40] See Glenn Langenburg, Christophe Champod & Pat Wertheim, *Testing for Potential contextual bias effects during the verification stage of the ACEV methodology when conducting fingerprint comparisons*, 54 Journal of Forensic Science 571 (2009); Alex Biedermann & Kyriakos N. Kotsoglou, *Forensic science and the principle of excluded middle: "Inconclusive" decisions and the structure of error rate studies*, 3 Forensic Science International: Synergy 100 (2021).

表1-1　根据鉴定依据和是否符合案件事实进行的错误分类

	依据充分	依据不充分	依据充分	依据不充分
肯定意见	正确（符合事实）	弱假阳性错误（符合事实）	强假阳性错误（不符合事实）	典型假阳性错误（不符合事实）
否定意见	正确（符合事实）	弱假阴性错误（符合事实）	强假阴性错误（不符合事实）	典型假阴性错误（不符合事实）
无法判断	无结论错误	正确		

（二）根据层级进行分类

司法鉴定的认知，是一个遵循从"微观"到"宏观"的过程。鉴定人需要从客观物质实体上觉知基本的感知觉经验元素，感知觉经验元素借助专门知识和逻辑规则组合成事件组件，事件组件再结合经验知识和逻辑规则进而构建成事件。

图1-2来自一个篡改文件鉴定的案例。其中的a图是需要鉴定的借条。在这一案件的鉴定中，鉴定人观察到"二"字有异常，于是将此处作为重点研究的部位。在显微观察中，发现"二"字附近的其他字的墨迹边缘有毛刺状突起，墨色较为浅淡（b图），而"二"字墨迹边缘光滑平整，墨色较深（c图），"二"字下横画有一半圆状局部墨迹边缘与墨色周围部分有差异（d图）。在此例中，"墨迹""边缘""毛刺""突起""光滑""墨色""浅""深"……这些事实都是依靠视觉而获得的感知觉经验元素（虽然可能需要依靠显微镜，但不妨碍他们是通过视觉获得的），但这些感知觉经验元素的获得并不意味着鉴定已经完成，而仅仅是开始，其他层次事实都依赖感知觉经验元素层次的事实，所以这个层次的事实又可被称为原子事实。

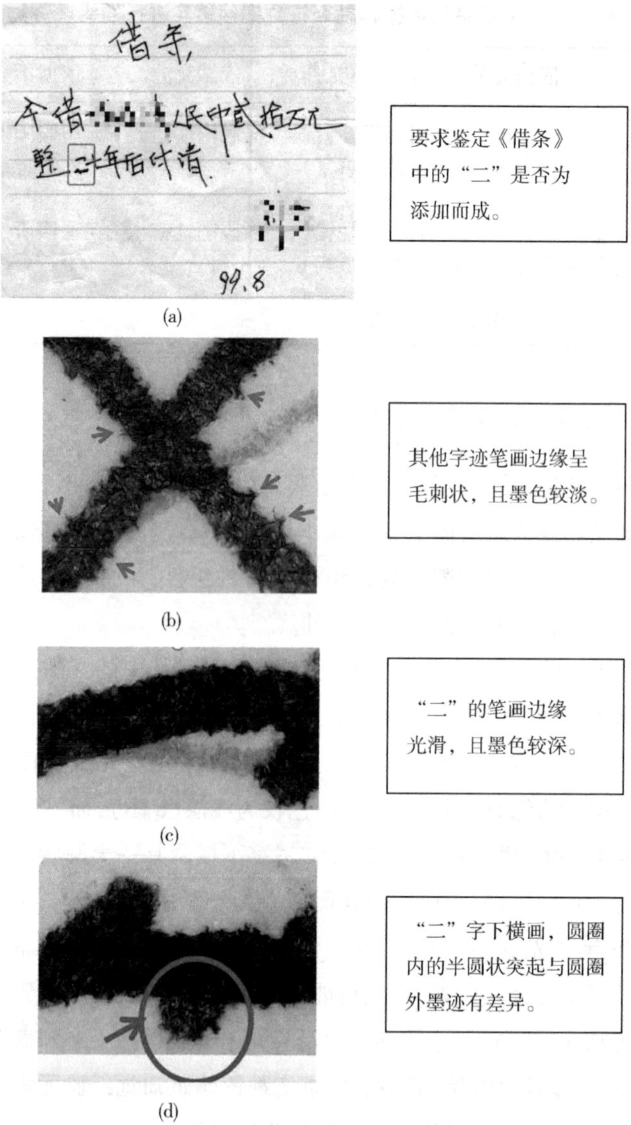

图1－2　篡改借条鉴定中的各层次事实㊶

㊶　彩图见附件：彩图索引表。

我们把图 b、图 c 进行比较可以发现一些事实：二者墨迹边缘形态不同(事实 A)，二者墨色深浅不同(事实 B)。以此为根据我们还可以更进一步地发现一个事实：二者墨迹物质成分不同(事实 C)，因而是不同的墨水(事实 D)。这些事实又比视觉经验元素更复杂，因为他们是以视觉经验元素为基础进行比较才发现的，是多个元素之间的关系，这些关系可以被视为“篡改”事件的“组件”，所以，事实 A、B、C、D 可被称为组件事实。依据事实 A、B 如何推出事实 C、D？根据一条知识规则：墨色不同且在相同纸张纤维上的渗散能力不同的墨迹，不是同种墨水所形成的。根据演绎逻辑规则，这条知识规则是大前提，事实 A、B 是小前提，故而可以推出事实 C，进而推出事实 D。由此可见，组件事实中既有专门知识的成分，也有逻辑规则的成分。[42]

图 d 中，可见圆圈内的半圆状突起的边缘略呈毛刺状，墨色较浅，而圆圈外的墨迹则无此现象；依据一条常识性知识规则：我们在书写借条之类的少量字迹时，写至其中某个字的某个笔画时，一般不会中途临时更换书写工具，后再换回原书写工具继续书写；结合上面的组件事实 A、B、C、D，我们可以判断说：这个“二”是添加而成。“借条中的‘二’是添加而成”，这一陈述句可以被视为关于一个事件的判断，它是原子事实、组件事实之综合推论的结果，所以这类事实可以被称为系统性事实，仅有原子事实、组件事实并不自动形成系统性事实。要构成系统性事实，需要三种组件：事实组件、知识组件(知识规则，包括原理性知识、常识性知识、规范性知识)、推理组件(逻辑规则)。

---

[42] 在系统性事实中，把知识的成分称为知识组件，把逻辑的成分称为推理组件。组建事实的知识成分和逻辑成分在本质上与知识组件和推理组件并无不同，但是知识组件和推理组件比这个层次的知识和逻辑要更多更复杂，为了不至于引起混乱，在组件事实内部层面，就不宜称之为知识组件和推理组件。

相应地,我们把发现最低层级的、感觉经验元素层级的原子事实而发生的错误,称为原子型错误;而多个元素之间或事件组件判断的错误,则被称为组件型错误;将事件层面的系统型事实构建的错误,称为系统型错误。

1. 原子型错误

由于司法鉴定的认知行为都开始于对基本经验元素事实的认知,如对颜色、形状、温度、速度、质量、硬度、响度、频率等基本属性的觉知。对这类基本属性觉知上的失真,就构成了原子型错误。如在图1-2中,对"墨迹""边缘""毛刺""突起""光滑""墨色""浅""深"这类基本经验元素的认知错误,就是原子型错误。这类错误,常常是司法鉴定错误的起点或源头。假如未发现图b墨迹边缘中的"毛刺状突起"及"墨色浅淡",那么图b与图c的差异就无法判断,最终"借条中'二'是添加而成"这一事件判断也就不会正确。当然,即使原子型错误没有发生,也并不必然保证组件型错误和系统型错误不发生,因为组件层次的错误来源不仅仅在事实层面,还有经验知识和逻辑的层面。由于原子型错误常常发生在极为微观的层次,故往往不易察觉。

2. 组件型错误

图1-2中,b与c之间的关系,是"借条中的'二'是添加而成"这一系统性事实的组件(这意味着,仅有这一组件并不足以构成系统性事实)。如果将图b与图c进行比较,会发现二者之间存在差异关系:(1)二者墨迹边缘形态不同;(2)二者墨色深浅不同。如果这一差异关系没有被发现或者判断错误,那么根据形态学特征判断借条中的"二"字是否添加将不会有效或者将发生错误。因此,这一差异关系的判断错误,就构成了组件型错误。但是,组件型错误并非仅限于事实层面的错误。从下面系统性事实分析来看,系统性事实中包括的组件就不仅仅是事实组件,所以组件型错误中还包括了知识组

件的错误，即关于原理性、方法性等知识规则的理解、选择、适用错误，以及推理组件上的错误，即逻辑与论证形式上的错误。

3. 系统型错误

前面已经知道，陈述句“借条中的‘二’是添加而成”，这一命题表达的其实是一个事件，当然也是一个系统性事实。系统性事实在最微观的层次上当然离不开原子事实，在中观层面离不开组件事实。当这些事实与知识和逻辑彼此严密“编织”在一起，就形成一个系统性事实的命题或命题系统。[43] 假如这个系统性事实命题，即“借条中的‘二’是添加而成”，与本然真相——借条中的“二”并非添加而成不一致，那么这就是系统型错误。由此可见，系统型错误是关于事件层面的、综合性的错误。司法鉴定实践中，系统型错误是具有直接的证据意义的错误，因为系统型错误表现为最终鉴定意见的错误，它会影响意见采信者对于其他法律事实的认定。

这三种类型的错误中，原子型错误往往具有根源性，但某个特定的原子型错误并不必然导致系统型错误，特别是探知原子事实的路径为多个时。比如，在图 1－2 的案例中，虽然对于借条是否被添加篡改，这一问题如果仅从形态学上进行解决，那么原子事实都是关于形态学的特征；但这一问题也可以从物质成分这一路径进行解决，如同时采用了光谱分析的方法，那么对于“二”的墨迹物质成分进行分析，其原子事实则是关于物质成分的光谱特征。因而，即使形态学上的原子事实有错误，但光谱分析的原子事实则未必会发生错误，这样最终也不一定会发生系统性错误。这一论证同样适用于原子型错误和组件型错误之间的关系。

---

[43] 虽然系统性事实可能仅仅用一个命题来表达，如“借条中的‘二’是添加而成”就仅仅是一个命题，但系统性事实的完整呈现则需要更多数量的命题来实现，其数量的多少往往取决于我们对系统性事实呈现的分辨率，也就是系统性事实呈现如果越详细，那么所需命题就越多，这样数量庞大的命题就构成了一个命题系统。

此外,系统型错误中,也未必有原子型错误。我们会遇到这样一种情况:就是对于原子事实的判断都是正确的,但是最后鉴定意见却发生了错误。在图1-2的案例中,"二"与其他字迹的墨迹边缘特征和墨色浓淡特征都被发现了,但仍然有可能没有发现事实b与事实c之间的差异关系,也可能最终会认为"借条中的'二'不是添加形成"。这样,虽然发生了系统型错误,但原子型错误并没有发生。然而,系统型错误中一定有组件型错误,因为系统型错误是基于论证过程的错误。司法鉴定的论证总体上依然是回溯论证:在知识组件为大前提、事实组件为小前提,回溯逻辑为推理组件,推出系统性事实。回溯论证是非必然性论证,也就是结论为真,则前提不一定为真。系统性事实探知错误,那么组件则一定存在错误:既可能是事实组件错误,也可能是知识组件错误,还可能是推理组件错误。

小　结

认知科学是研究意识的本质、结构和运作机制的学科群。哲学、心理学、逻辑学、语言学、神经科学、计算机科学等学科都不同程度地与意识探究有关。因而,认知科学的发展以跨学科为基本路径或基本框架,认知科学的范式是"科学的",以此与单纯的认知哲学相区别,认知科学不是一种单纯概念与理论的推导,而是基于现实的观察。司法鉴定是一个认知过程,也是一种认知行为。认知在司法鉴定中具有核心地位,且司法鉴定以感觉、知觉、判断、推理为基本途径,因而,用认知科学来考察司法鉴定,就具有一种必然性:认知科学是探究司法鉴定认知行为的有力工具,可以为司法鉴定错误提供"病理解剖",从而为减少司法鉴定错误提供认知科学方案。

司法鉴定错误一般具备以下条件:(1)用于描述鉴定意见或鉴定行为;(2)本质上是鉴定意见依据不充分、鉴定意见不符合案件真相、鉴定不符合规范;(3)由非故意心理状态所致。司法鉴定错误具有主体属性,也就是导致错误的既有信息处理的理性因素,也有作为人类的情绪、压力等非理性因素;具有工具属性,司法鉴定错误也可能是由认知工具所引起;具有事实属性,司法鉴定需要立足于观察事实,同时对事实作出判断;具有规范属性,司法鉴定用于帮助规范的实施,同时又受规范的约束。根据导致错误的变量划分,可以将司法鉴定错误分为:假阳性错误、假阴性错误、无结论错误;按照错误的层次不同,司法鉴定错误又可以分为:原子型错误、组件型错误、系统型错误。

明确了认知科学对于司法鉴定的意义,描述了什么是司法鉴定错误,透视了司法鉴定错误的属性,并对司法鉴定错误进行了分类。接下来,我们就可以对司法鉴定认知行为这一复杂的现象展开解剖了。

第二章　司法鉴定的认知结构
——逻辑基础与知识要素

司法鉴定是一种运用科学知识的认知行为，但从本质上说，司法鉴定与科学探究的认知行为并不相同。虽然卡尔·波普尔等人从根本上否定了归纳法在科学探究逻辑中的地位，但事实上，科学探究认知行为中，归纳法也是获取科学假说（hypotheses）的途径之一。并且，从认知行为的运作过程来看，科学探究是从具体的科学事实、材料、现象、数据（data）出发，追寻科学原理，遵循的是“从特殊到一般”的过程。然而，司法鉴定认知行为的运行过程却截然相反，司法鉴定认知行为是获取事实、现象、材料、数据等特殊的现象，并根据科学原理去解释这些现象，从而获得与案件有关联的“事实”。这一过程遵循的是“从特殊到特殊”的过程，这一过程的论证模式也可以被称为“回溯三段论”。

具体来说，回溯逻辑三段论是从一个特殊事实或现象出发，结合一个普遍命题，获得另一个特殊事实的过程。如观察到“地是湿的”（特殊事实），结合“如果天下雨，地上会湿”（普遍命题），所以得出结论“天下雨了”（特殊事实）。司法鉴定认知行为，大体上就是这样一种运用反演绎推理或回溯推理的三段论逻辑过程。

从认知科学的路径来探究司法鉴定错误，对司法鉴定认知行为的内在逻辑的分析，无疑是无法绕开的必经之路。那么，对司法鉴定认知内在的逻辑分析，无疑也应当从这两个前提入手，也即透过对作为科学原理的大前提与作为案件中已知事实的小前提进行的深入解析,来透视司法鉴定认知行为的内在逻辑结构,因而就可以为进一步分析司法鉴定错误风险提供依据。

第一节　司法鉴定的认知逻辑基础

我们先来看一些实例。

实例1——指纹鉴定专家A,需要判断某刑案现场发现的指印b,是否为嫌疑人C所遗留。指纹专家A通过对现场指印b和嫌疑人C十指指印特征的分析、比较,最后根据特征的相同和不同,提供意见:"现场指印b是嫌疑人C所遗留"或"现场指印b不是嫌疑人C所遗留。"

实例2——法医病理专家D,在解剖一具尸体时发现:死者喉部有严重软组织挫伤,皮下严重淤血,死者眼角膜有出血点,肺部有出血点,喉部软骨骨折,但未见U形索沟……法医病理专家D判断:"死者系机械性窒息(扼死)。"

实例3——枪弹痕迹专家E,在枪击现场死者身上发现一枪创,创口呈星形破裂,创口周围无射击残留物,死者手部、手臂衣袖未检出射击残留物,现场遗留一把手枪,手枪上有死者潜在手印而无其他人手印,枪弹痕迹专家E因此判断:"此案系他杀伪装为自杀。"

实例4——交通事故痕迹专家F,在某交通事故现场发现事故车辆前挡风玻璃凹陷破裂,破裂纹中嵌有少许毛发,驾驶人声称驾驶时车上方掉落不明物体打击挡风玻璃使其破裂,同时严重干扰其驾驶,使其误撞行人。专家F对挡风玻璃凹陷处仔细检验,发现毛发断端齐整且发色与被撞行人发色一致,专家F判断:"此凹陷状破裂系撞击行人头部所致,并非不明物体打击所致。"

实例5——文检专家G,对一借条上的签名进行检验,发现书写速度缓慢、笔画弯曲抖动、墨迹分布均匀平实，行笔中途停顿等，且与真实签名样本进行比对，作出判断："此借条上签名系摹仿形成。"

从实例1到实例5，我们不难发现它们都具有以下共同点：首先，鉴定专家对具体问题所需的具体事实进行观察（专家A需要观察提交给他的指印b，专家D需要解剖尸体发现创伤及病理改变特征，专家E需要观察枪弹创形态及射击残留物的分布，专家F需要观察挡风玻璃凹陷破裂及毛发嵌入其中且断端齐整，专家G需对借条签名具有书写速度缓慢等特征进行观察）；其次，鉴定专家拥有解决特定问题的专门知识（专家A拥有指纹科学的知识，专家D拥有法医病理学的知识，专家E拥有枪弹痕迹学知识，专家F拥有交通事故现场勘验方面的知识，专家G拥有文件检验方面的知识），当然结合所需解决的具体问题，鉴定专家还需从特定领域知识挑选具体的原理，如从指纹科学知识中挑选具体的原理包括"指纹人各不同""指纹终身不变"及指纹特征识别分析的原理；最后，专家们使"对具体事实的观察"和"原理性知识"二者相结合，从而提出了自己的鉴定意见。

那么，"对具体事实材料的观察"和"原理性知识"又是如何结合的？以实例2为分析样本进行分析。

法医病理专家对某一具尸体进行了观察，发现：

> 某一死者喉部有严重软组织挫伤，皮下严重淤血，死者眼角膜有出血点，肺部有出血点，喉部软骨骨折，但无"U"形索沟等。

同时，该法医病理专家拥有原理性知识：

> 任何死者死亡原因系机械性窒息（扼死），那么喉部有严重软组织挫伤，皮下严重淤血，死者眼角膜有出血点，肺部有出血点，喉部软骨骨折，但无U形索沟等。

不难发现，观察与原理性知识二者间有"重叠"之处：喉部有严重软组织挫伤,皮下严重淤血,死者眼角膜有出血点,肺部有出血点,喉部软骨骨折,但无U形索沟等。

因此,借助这一"重叠",观察与原理性知识二者得以结合在一起,故而可以得出结论:那么该死者死亡原因系机械性窒息(扼死)。

一、对实例的形式化

实例2中的"对于任何人,如果死亡原因系机械性窒息(扼死),那么喉部有严重软组织挫伤,皮下严重淤血,死者眼角膜有出血点,肺部有出血点,喉部软骨骨折,但未见'U'形索沟等"。我们可以将这一原理性知识形式化为"对于任意x,如果x是A,那么x是B"。其中"任意x"即"任何人";"那么x是A"即"那么死亡原因系机械性窒息(扼死)";"如果x是B"即"喉部有严重软组织挫伤,皮下严重淤血,死者眼角膜有出血点,肺部有出血点,喉部软骨骨折,但未见U形索沟等"。对于某一具体死者则相当于"任意x"之一,可以将其定义为x_1。只要某一死者符合以上尸体特征,即满足了"如果x_1是B",那么就有"x_1是A",即他(她)的"死亡原因是机械性窒息(扼死)"。

我们可以将实例2中法医病理学家对某一死者死亡原因的探究过程抽象为如下形式:

对于任意x,如果x是A,那么x是B

因为x_1是B

所以,x_1可能是A

这一推理形式便是回溯推理三段论,也可称为反演绎二段论,因为它是从一个事实描述的小前提和一个表示一般规律的大前提来推出一个事实结论。只不过,回溯推理是通过结果来推知原因,虽与演绎推理很像但所肯定的是大前提的后件(x是B),所以也被称为反演推理。

在上述回溯推理中,“对于任意 x,如果 x 是 A,那么 x 是 B”是大前提,从“任意 x”这样的表述,我们知道这是适用一类而非某一具体对象的,具有普遍性或普适性,对于实例 2 来说是法医病理专家拥有的法医学原理性知识。“x_1 是 B”是小前提,从 x_1 仅属于“任意 x”之一可知,其属于某一特定个体所具有的特征。这一个体所具有特征与原理性知识所述性质相符(或相似),即 x_1 具有性质“B”,所以,这一个体就可能具有另一性质“A”,所以“x_1 是 A”。

除了实例 2,以上所举实例都可以采用回溯推理的形式来加以描述,没有任何例外。因而,司法鉴定往往都是从观察事实出发,追溯导致该观察事实的原因。

二、推理形式适用范围之推广

不难发现,上述推理形式的目的不是用于对一般规律的发现(虽然也可以用于对一般规律的发现,但此处的目的不在于此),即对大前提的发现,而是对于某一个体具有某一性质的说明或解释。它是欧内斯特·内格尔所谓之“个别事件的说明”,即“被说明项是某一个别事件的发生”①。内格尔认为,“个别事件的说明”虽然“被说明项是某一个别事件的发生”,正如我们所列举的所有实例中所有需要鉴定专家解决的问题,都是关于“个别事件”的。“对于一个被说明项是某一事件的发生或性质为特定对象所具有的一个演绎的科学说明来说,它必须满足两个逻辑条件:首先,其前提必须包含至少一个全称定律……其次,前提也必须包含适量的初始条件。”②其中,“初始条件”是“一些单称陈述,这些陈述断言某些时间已在指定的地点

① [美]欧内斯特·内格尔:《科学的结构》,徐向东译,上海译文出版社 2005 年版,第 31 页。

② [美]欧内斯特·内格尔:《科学的结构》,徐向东译,上海译文出版社 2005 年版,第 33 – 34 页。

和时间发生,或断言特定对象具有确定的性质"③。

这一推理形式,可以适用于法庭上所有科学证据的生成过程。"回溯推理,通常被称为最佳解释推理,是从既定数据到形成假设以解释数据的推理。回溯推理在法庭科学证据中非常普遍。"④科学证据之产生过程,是对案件中就某一事实问题运用科学技术或其他专门知识进行的解答,属于典型的"个别事件的说明"。我们前面所列举之各个实例,无一不是关于"个别事件之说明"。

国内外的一些立法例也可以作为佐证。《美国联邦证据规则》第702条规定:"如果科学技术或者其他专门知识将会帮助事实审判者理解证据或者确定争议事实,则因知识、技能、经验、训练或者其他教育而仅有专家资格的证人,可以以意见或其他的形式就此作证。"从第702条的措辞来看,这一规定是用于确定专家证人之资格。但其资格产生之必要条件是专家证人应当具备的"科学技术或其他专门知识",而这实际上要求专家证人应当拥有关于某一专门问题的"全称定律"命题,因而才能具备准备回溯推理大前提之能力。接着,《美国联邦证据规则》第703条又规定:"专家意见或推论所依据的特定案件中的事实或者数据,可以是该专家在庭审时或庭审前就意识到或者知晓的事实或数据。"由此可见,专家证人所提供之证言,并不天然因为其仅具有"科学技术或其他专门知识"即可,因为"仅有一般原理还不能决定个别事例"⑤,而是还需要他对"特定案件中的事实和数据"的知悉。这一要求,实际上要求他必须拥有一些"单称称述",以"断言特定对象具有确定的性质"。由此可见,《美国联邦证

③ [美]欧内斯特·内格尔:《科学的结构》,徐向东译,上海译文出版社2005年版,第33页。

④ Dauglas N. Walton, *Abductive Reasoning*, The University of Alabama Press, 2005, p. xiii.

⑤ [美]欧内斯特·内格尔:《科学的结构》,徐向东译,上海译文出版社2005年版,第33页。

据规则》第702条、第703条正是关于回溯三段论大、小前提之创设的条件。

我国2018年修正之《刑事诉讼法》,并未对与司法鉴定有关的知识条件、案件知悉条件进行详细规定。但司法部2016年修订的《司法鉴定程序通则》第2条规定“司法鉴定是指在诉讼活动中鉴定人运用科学技术或者专门知识对诉讼涉及的专门性问题进行鉴别和判断并提供鉴定意见的活动”。这一规定是对司法鉴定的定义,其中明确提出了“运用科学技术或者专门知识”,对“诉讼涉及的专门性问题”进行解决,这当然意味着司法鉴定需要具备回溯三段论之大、小前提。

对回溯三段论之大、小前提之创设,其目的当然是在于保证三段论在获得科学证据时得以有效运用,作为提供科学证据的一种行为,司法鉴定当然也就必须遵循回溯三段论的推理形式。所以,可以说回溯三段论是司法鉴定认知行为逻辑最为基本的模式。

三、回溯推理具有动态性

当然,以上是从总体上进行的静态分析得出的结论,但与司法鉴定类似的“个别事件的说明”的推理过程是动态的。它的动态性体现为,作为大前提之科学原理的准备,与作为小前提之证据材料之观察,二者并非彼此孤立进行,而是互相促进、互相渗透的。

也就是说,一方面,大前提之准备,并不是鉴定专家接手具体的鉴定案件时就已完成,也并不是鉴定人已经想好自己的鉴定中必然会运用的原理性知识,而是先需对案件材料进行初步的观察研究,才能决定所需原理性知识的大致范围。随着对案件材料逐步深入观察研究,才能最终决定所依据的具体原理性知识是什么。另一方面,小前提之准备,也并非不需理论的参与。纯粹理论无涉的观察,是不存在的。观察总是渗透着理论。观察首先需要概念作为组织感知觉材料的基本工具,当我们看到一个苹果时,感知觉获得的材料包括“圆的”“红的”“香的”“甜的”……但如果我们不具备“苹果的概念”时，这些感觉、知觉的材料将毫无意义，它们无法为认知提供任何帮助。如遇更为复杂的观察，则更需要理论为观察指示方向，为感知觉所获材料之间的关系提供定义的工具，为解释感知觉材料的有效组织提供“建筑框架”，而感知觉材料通过填满这些框架，才能形成有意义的观察。所以，“观察总是有选择的。它需要选定的对象、确定的任务、兴趣、观点和问题……对于科学家来说，规定他着眼点的，则是他的理论兴趣、特定的研究问题、他的猜想和预期以及他作为一种背景即参照系、‘期望水平’来接受的那些理论”⑥。

然大小前提各自之准备，其实并非截然可分的两个步骤。二者是相互结合的关系，是相互渗透的关系，鉴定人是在科学理论选择和证据材料之观察之间彼此成就、彼此促进。“我们选择的任何特殊假设在它前面都将有过一些观察——诸如他们打算解释的一些观察。但是这些观察反过来又预先假定已经采纳了一种参考框架，一种期望的框架，一种理论的框架。”⑦

这与法律事实之发现有异曲同工之处：裁判者需要根据一定的案件事实选择适用的法条（相当于确定大前提），而又需要根据法条来进一步提炼、选择、定义案件事实（相当于确定小前提）。“作为陈述的案件事实并非自始‘既存地’显现给判断者，必须一方面考量一致的事实，另一方面考虑个别事实在法律上的重要性，才能形成案件事实。”⑧所以，司法鉴定的回溯推理过程，并不是机械地遵从既定步骤从科学原理到证据材料的观察，最后才得出意见或推断，实际上也

---

⑥ ［英］卡尔·波普尔：《猜想与反驳：科学知识的增长》，傅季重等译，上海译文出版社2005年版，第66－67页。

⑦ ［英］卡尔·波普尔：《猜想与反驳：科学知识的增长》，傅季重等译，上海译文出版社2005年版，第67页。

⑧ ［德］卡尔·拉伦茨：《法学方法论》，陈爱娥译，商务印书馆2003年版，第160页。

是呈现出“科学原理”与“证据观察”二者之间“眼光的往返流转”的动态性。

四、谁更基础——与贝叶斯推理相比较

在本研究提出了回溯三段论是司法鉴定的逻辑基础之前，Evett 在《皇家学会哲学会刊 B》(*Philosophical Transactions of the Royal Society B*)发表了一篇题为“法庭科学的逻辑基础：迈向可靠知识”的文章，文章提出了贝叶斯定理是法庭科学推理的逻辑“框架”的论断。在文章摘要中，他指出“无论是在科学还是在法律上，在严肃认真的思想者中，存在一种广泛共识，(法庭科学)的逻辑框架是贝叶斯推理所搭建的”⑨。显而易见，Evett 认为法庭科学的逻辑基础是贝叶斯定理。但是，在本研究中，我们认为司法鉴定的逻辑基础是回溯推理。

那么，我们把 Evett 所主张的贝叶斯推理框架分析一下，看它与回溯三段论何者更“基础”。Evett 认为，贝叶斯定理要求作为鉴定人的科学家必须提出两个问题：①如果指控命题(prosecution proposition)成立，他的观察成立的概率是多大？②如果辩护命题(defence proposition)成立，它的观察成立的概率是多大？提出这两个问题，构成一个法庭科学家控辩均衡的推理模式。要实现这个模式，需遵循如下原则：

> (1)科学家必须提出一对命题：一个代表指控立场，一个代表辩护立场。
>
> (2)科学家必须考虑，反过来如果两个命题各自为真时，科学观察成立的概率。

---

⑨ Ian Evett, *The logical foundations of forensic science: towards reliable knowledge*, 370 Philosophical Transactions of the Royal Society B 20140263(2015).

(3)这两个概率,取决于两个命题,也取决于案件的环境信息(I)。

(4)这两个概率的比值决定了证据将被赋予的证明力(weight)。[⑩]

以上原则背后的思想就是贝叶斯推理。如果将指控立场的命题表述为H_p,辩护立场的命题表述为H_d,科学观察为E;科学家要考虑如果H_p和H_d各自为真时,结合案件环境信息时,E成立的概率,也就是$Pr(E|H_p,I)$和$Pr(E|H_d,I)$二者概率的比值。与$Pr(H_p|I)$和$Pr(H_d|I)$之间的比值一起,这将决定$Pr(H_p|E,I)$和$Pr(H_d|E,I)$的比值,而$Pr(H_p|E,I)$和$Pr(H_d|E,I)$的比值最终会决定对H_p和H_d的取舍。

其中,$Pr(H_p|I)/Pr(H_d|I)$又被称为先验概率,也就是在不考虑观察事实的一般情况下,这两类假设成立的概率比。拿实例2来说,"喉部有严重软组织挫伤,皮下严重淤血,死者眼角膜有出血点,肺部有出血点,喉部软骨骨折,但未见'U'形索沟等"相当于I,H则相当于"死亡原因系机械性窒息(扼死)"。法医学从理论上已经发现以上症状对证明机械性窒息(扼死)具有决定性意义,与任何案件无关,故称先验概率。但对某一特定死者来说,需要法医鉴定专家对于尸体现象进行观察,假定死者为机械性窒息(扼死),与机械性窒息(扼死)一般症状I的相类似的尸体现象E出现的概率之比,即为似然比,也即$Pr(E|H_p,I)/Pr(E/H_d,I)$。这二者的乘积,也就是$[Pr(H_p|I)/Pr(H_d|I)] \times [Pr(E|H_p,I)/Pr(E/H_d,I)]$,才是两种假设各自成立的概率之比。

以上分析可能有些复杂,但对理解贝叶斯推理是必要的。我们

---

⑩ Ian Evett, *The logical foundations of forensic science: towards reliable knowledge*, 370 Philosophical Transactions of the Royal Society B 20140263(2015).

必须承认，贝叶斯推理对于法庭科学证据的意义十分重大。它的确可以成为法庭科学证据推理的“逻辑框架”，但并非其“逻辑基础”。因为，如果我们进一步追问 $Pr(H_p|E,I)$ 和 $Pr(H_d|E,I)$ 各自从何而来，回答显然是各自源于 $Pr(H_p|I)$、$Pr(H_d|I)$ 和 $Pr(E|H_p,I)$、$Pr(E/H_d,I)$。但我们不难发现 $Pr(H_p|I)$、$Pr(H_d|I)$ 就是回溯推理所需的司法鉴定科学理论，因为它是先验的，与任何具体案件无关，是大前提成立的概率；$Pr(E|H_p,I)$、$Pr(E/H_d,I)$ 是回溯推理所需的对于证据材料的观察，是鉴定专家对于证据事实的研究，是小前提成立的概率。只不过，贝叶斯定理考量了同一问题的正反两方面解答，进行了至少两次回溯推理，但其本质上离不开回溯推理。所以，我们可以说，正是因为有了回溯推理，才有贝叶斯定理在司法鉴定中的用武之地，具体来说，回溯推理才是司法鉴定的逻辑本质，而贝叶斯定理则提供了应用回溯推理的场景。因而，二者相比之下，是回溯推理支持了贝叶斯定理，而回溯推理更为基本，故而回溯推理才是法庭科学或司法鉴定的逻辑基础。

当然，贝叶斯推理作为“逻辑框架”的地位并不因此而受到影响，因为在我们看来“框架”显然比“基础”更具有操作性，更具方法论意义。

对于从认知科学的视角研究司法鉴定错误，其根本性的出发点应该是其认知的逻辑结构。如果司法鉴定认知行为的基本逻辑结构是回溯推理，那么司法鉴定的错误就必然与回溯推理的两个前提有密切关系，也就是说，发生错误的来源也与这两个前提的真值有关。因为，“‘通向专家最终意见之径’穿越了专家所依赖的大前提和小前提。就‘基础’一词的广义而言，专家的最终意见‘基于’大前提和小前提。对于生成最终意见的三段论推理过程而言，这些前提是有所不同，但又同样是必不可少的组成部分”⑪，所以，研究司法鉴定意

---

⑪ [美]爱德华·J. 伊姆温克尔里德：《科学证据的秘密与审查》，王进喜等译，中国人民大学出版社 2020 年版，第 8 页。

见发生错误的机制，就要从这两个前提入手，而对于司法鉴定意见或专家证言的审查，也应该从审查这两个前提入手：一方面，看司法鉴定意见所依据科学原理是否可靠，以确保大前提的可靠性；另一方面，看司法鉴定专家对于鉴定材料的观察是否准确。至于，何为“可靠”，何为“准确”，是我们将继续讨论的问题。

第二节　司法鉴定的知识要素

我们已经明确提出，司法鉴定回溯推理的大前提是专家所拥有的科学技术或专门知识，也就是在第一章所提到的“知识组件”。司法鉴定回溯推理的大前提必须具有可靠性，也就是鉴定专家所拥有的科学技术或专门知识应当具有可靠性。那么，何为科学技术或专门知识的“可靠性”？对这个问题的回答，涉及知识的定义及知识的证成等深刻的认知哲学讨论。

一、什么是知识

很长时间里，一般认为，知识就是“有理由的真信念”（justified true belief，JTB）。这几乎是自柏拉图以来，西方哲学关于知识定义的共识。这一定义可以具体描述如下：

（1）S 相信 p；

（2）p 是真的；

（3）S 关于 p 的信念是有证成的。[12]

这就是所谓 JTB 成立的“三要素”条件。也就是说，某人 S 相信一个命题 p，此即一个信念（belief）；命题 p 是真的，此即为真信念；并

[12] ［美］路易斯·P. 波伊曼：《知识论导论：我们能知道什么？》（第 2 版），洪汉鼎译，中国人民大学出版社 2008 年版，第 90 页。

且 S 关于 p 的信念是有证成(justified)的,也就是说,S 能够为相信 p 之所以为 p 提供依据或理由;所以,这样的信念就是“有理由的真信念”。这就是当初关于知识的定义。这也大致相当于我们通常所言之“知其然,并且知其所以然”。“知其然”就相当于“相信 p,且 p 是真的”,“知其所以然”则相当于“相信 p 为真是有理由的”。比如,我们相信“地球有引力”这一命题,且实际上地球的确是有引力的,所以“地球有引力”这一命题是真的,同时我们相信“地球有引力”这一命题为真是有理由的:如月球围绕地球公转,空中的物体会落下,脱离地球的物体需要达到第一宇宙速度等。这样,只有满足了上述条件,“地球有引力”这一命题对我们来说才算知识,也就是我们真正知道“地球有引力”。

但盖梯尔(E. Gettier)却因此提出了两个反例,为了行文的简洁,我们不打算将反例照搬过来。这里仅引用盖梯尔反例的形式:

(1)S 相信 p;

(2)p 是真的;

(3)S 的信念 p 是有证成的;

(4)p 是从某一命题 q 大致推知的;

(5)S 有证成地相信 q;

(6)q 是假的,

因此,

(7)S 不知道 p。[13]

盖梯尔反例完全满足了 JTB 的三要素条件,但其中的 p 之证成是从 q 得到的,且 S 有相信 q 的理由,而 q 却是假的。用通俗的话来说,我们所相信的东西是真的且有理由,而且甚至我们相信的理由也

---

[13] [美]路易斯·P. 波伊曼:《知识论导论:我们能知道什么?》(第 2 版),洪汉鼎译,中国人民大学出版社 2008 年版,第 91 页。

是成立的，但是理由的理由却是假的，所以我们所相信且为真的东西，并不能构成知识。

我们不妨也举一反例：如医生 A 相信病人 B 得了某种皮肤病，病人 B 的确得了某种皮肤病，医生是根据病人皮肤上的红色斑点相信病人得了某种皮肤病，因为红色斑点是该皮肤病的症状之一（p 是从命题 q 推知的），医生相信自己所看到的是作为这种疾病症状的红色斑点，但这红色的斑点只不过是病人因恶作剧而造假的结果（q 是假的），那么医生是真的“知道”病人得了皮肤病吗？显然，这一反例满足了 JTB 的三要素，但很难说医生真正“知道”病人是否真正得了这种皮肤病。

当然，盖梯尔并没有否定 JTB 作为知识定义的意义，只是“他的反例的力量只是说，三要素分析也许是知识的必要条件，但不是知识的充分条件”⑭。也就是说，仅仅满足了 JTB 三要素条件，未必是知识，但未满足它们，则必然不构成知识。然而，盖梯尔没有想到的是，他的反例几乎毁掉了认识论哲学家们对于重建知识之标准或条件的信心。所有试图通过拼凑更多条件来重建知识之标准的努力，基本上没有获得大家的满意。“那种对知识进行合取分析的希望已近乎偃旗息鼓；任何通过创设其必要且充分条件来分析该概念的努力，现在都被许多人认为是徒劳的。”⑮对此，罗素早已认为，知识是一个程度问题，也就是说，不同程度确定性的知识其构成的条件有所不同：“知觉到的事实和非常简单的论证”是确定性最高的，鲜活的记忆次之，相互构成逻辑整体的信念更加可信，一般性的推论不及其例证更加明显。所以，对知识被明确的可能性罗素也表示了由

---

⑭ ［美］路易斯 · P. 波伊曼：《知识论导论：我们能知道什么？》（第 2 版），洪汉鼎译，中国人民大学出版社 2008 年版，第 91 页。

⑮ ［新加坡］何福来：《证据法哲学——在探究真相的过程中实现正义》，樊传明等译，中国人民大学出版社 2021 年版，第 124 页。

衷的失望："我们还要记住'"知识"是什么意思？'这一问题并不是一个具有确定和毫不含糊的答案的问题，正像'"秃"是什么意思？'那个问题一样。"⑯

由此可见，给知识下简单明确的定义并不容易。但 JTB 三要素条件，可以作为知识的最低标准。也就是说，我们需要记住：知道满足了这一标准的所谓"知识"，可能并非可靠的知识；但不满足这一标准，则一定不是可靠的知识。

我们上面所讨论的知识，并不单纯指科学知识。它既包括事实性知识，也包括规律性知识；既有作为回溯三段论大前提的一般性规则，也有作为其小前提的观察；既有关系离散的常识性经验，又有体系严密的科学知识。但我们这里所需要讨论的，显然是作为大前提的、规律性的科学知识。因为，作为司法鉴定回溯推理的大前提，我们当然希望大前提更加牢固、可信、可靠，经得起推敲，可靠的大前提是作为结论的鉴定意见保真的必要条件。所以，我们此处应当讨论的是科学知识，而非一般知识。

二、什么是科学

回答"什么是科学"，其本质上也是在回答科学知识的可靠性的问题，也就是科学知识如何才能可靠，因为不可靠的知识当然不能被称为科学知识；所以，回答什么是科学知识，其实很大部分是在回答科学的可靠性的问题。其实，我们在回答"什么是知识"这一问题时，已经部分提供了一些知识的"标准"，也实际上是在回答知识的可靠性的问题，当然这实际上也等于部分讨论了科学知识的可靠性问题，但我们知道，这远远不够。因为，一方面，科学知识只是知识的一种，而前文我们说了，我们很难对知识有一个明确的定义，那么科学知识

---

⑯ [英]罗素：《人类的知识：其范围与限度》，张金言译，商务印书馆 1983 年版，第 195 页。

也不例外；另一方面，科学知识的可靠性之标准，又比一般性知识的标准更为特殊，更为严格。

那么，什么是科学？什么是科学知识？什么是科学的？这些问题，本质上都是对科学之本质的追问，但这也同样是一个众说纷纭的话题。和一些哲学基本范畴如正义、正当、真、善、美等一样，如果不假思索，也会觉得"科学"简单明了，触手可及。但细想起来，"科学"却是很难定义的词。"科学，到底什么是科学？带着这个问题，如果我们去问某一位具体的科学家，那我们碰到的情景也许是会和古希腊时苏格拉底先生的遭遇差不多：在公元前五世纪的雅典中心广场，哲学家苏格拉底为了弄清楚'能干'的含义是什么，曾去问一位很'能干'的著名鞋匠。他得到的回答是，一个能干的人好比一个聪明的鞋匠，他为别人制作的鞋正合适，既不太大，又不太挤脚。对这类答案，哲学家并不满足。苏格拉底解释说：我们知道的并不是什么样的鞋匠称得上能干，而是'能干'本身是什么。"⑰也就是说，苏格拉底认为，什么样的鞋匠称得上能干很容易说清楚，而"能干"本身是什么很难说清楚。同样，什么知识属于科学也可能很容易说清楚，比如我们很容易说出一些属于科学的知识门类，如物理学、化学、生物学等，但什么是"科学"却很难说清楚。

"科学"这个词本身的用法和含义也是难以捉摸的。有时它作为名词指称一些具体的知识门类；有时它是作为形容词来描绘某些计划、行为、效果等是否符合某些目的，如"这个开关的设计不科学"；有时对一些观点来进行比较，如"A 的说法比 B 的更科学"；有时还把原本不属于科学范畴的，却冠以科学的名头，如人文科学、历史科学等。"科学的"这个词，在很长时间里被我们认为其意义是好的、进步的、积极的、向上的，但后来"科学主义"这一词出现以后，我们才发现

---

⑰ ［德］汉斯·波塞尔：《科学：什么是科学》，李文潮译，上海三联书店 2001 年版，第 2－3 页。

"科学的"有时还代表着工具,代表着机械、冷冰冰,代表着缺少脉脉温情和人文关怀,甚至还可能代表着与人类的终极关怀背道而驰。因而,我们对"科学"这个词和科学本身充满着矛盾和迷惑。"我们对科学能做什么,不能做什么及如何做什么感到迷惑不解;我们对科学与文学或艺术相区别迷惑不解;我们对科学是否对宗教构成威胁迷惑不解;我们对科学在社会中的角色及社会在科学中的角色迷惑不解。甚至我们对科学的价值也是模棱两可的。"⑱

尽管如此,波普尔依然试图描述科学的一些特征。在《科学发现的逻辑》一书中,他将"经验理论"也就是我们所说的"经验科学"⑲若干要素进行了罗列,他认为"科学理论应该是全称陈述",能够对某一些事件进行因果性解释及预见;有可证伪性或可检验性,即能够以现实的手段来找到反对某一理论的证据;有经验基础,也就是这个理论体系的基本材料来自感觉知觉,可以通过实验来验证;有一定的简单性;用概率表述等。⑳

但是,波普尔并未获得最后的成功。尽管法律界人士在科学证

---

⑱ Susan Haack, *Defending Science—within reason: between scientism and cynicism*, Armhesrt: Prometheus Books, 2007, p. 33.

⑲ 一般来说,哲学所称谓的"经验科学",是指这些理论材料的最初来源是我们对客观世界的觉知而非纯粹的概念性推导。如物理学的知识基础一定是对物理世界的观察和测量,即基本物理量长度、质量、时间、力等都通过实际观察和测量得来,所有物理定律的提出都应该基于实验而非纯粹的理论推导,即使理论物理学的结论也需要实验来证实或证伪,所以物理学也是"经验科学"。我们偶尔听人说:"某某学科是经验科学",但"物理学是真正的科学而不是经验科学"这样的表述。这种所谓"经验科学"的知识仅仅来自生活经验或常识,这个时候"经验科学"意指那些不太精确的"科学",追求精确的科学反而不是"经验科学"了。为了研究上的严谨以及基于哲学上的共识,本研究所有的"经验科学"均指对客观世界基于感知觉进行的观察、测量并进行检验的知识体系,与其精确与否无关。

⑳ 波普尔在《科学发现的逻辑》第三章"理论"、第四章"可证伪性"、第五章"经验基础问题"、第六章"可检验度"、第七章"简单性"、第八章"概率"中分别讨论了"经验理论"所应当具备的要素。See Karl Poper, *The Logic of Scientific Discovery*, Routledge, 2005.

据可靠性设置条件时对其可证伪性有所吸纳，但是“科学史家的论据：科学家的研究活动并不像波普尔在其文章中描写的那样，他们不是设法寻找反证，试图证明自己的假设是错误的。相反，科学家要做的和想做的，恰恰是设法证明自己的假设是正确的”[21]。事实上，麦克斯韦电磁理论和爱因斯坦的相对论，都是不能绝对证伪的。对于经验理论需要有经验基础来说，也不能视之为绝对，因为，“科学中的每门学科都含有先验陈述。这类陈述的有效性是该门学科得以成立发展的前提，我们无法通过经验检验他们是否正确。这类陈述通常以‘惯例’‘公理’‘规则’形式出现。也就是，他们是(人为的规定)。约定俗成，因而不再受到检验”[22]。对于理论的解释模式，亨佩尔和奥本海姆部分吸收了波普尔的思想，提出了“亨—奥模式”——“根据什么原始条件以及什么规律陈述出现了事态 E。回答是：以原始条件 Aj 为前提，结合普遍定律 Gi，可以引申出对事态 E 的解释。”[23]当然，“亨—奥模式”也一样因为适用范围狭窄而并未被广泛接受。

托马斯·库恩对科学史的研究中发现：科学的发展并不是知识的简单积累，而是科学发展到一个时期，之前盛极一时的解释框架因为解释力不够，而突然被抛弃，代之以新的解释框架，从而实现所谓“范式转换”(paradigm shift)。当一个科学门类进入稳定发展的时期时，这个时候的科学可被称为“常规科学”，常规科学常常有较为明确的问题领域，有专门的期刊，建立了专家学会，这个专家群体用共同的术语、概念、思维来研究相同的问题，就成了常规科学的“范式”。但有一天会出现“反常”，“即始于认识到自然界总是以某种方法违

[21] [德]汉斯·波塞尔：《科学：什么是科学》，李文潮译，上海三联书店 2001 年版，第 96 页。

[22] [德]汉斯·波塞尔：《科学：什么是科学》，李文潮译，上海三联书店 2001 年版，第 22 页。

[23] [德]汉斯·波塞尔：《科学：什么是科学》，李文潮译，上海三联书店 2001 年版，第 32 页。

反支配常规科学的范式所做的预测。于是,人们继续对反常领域进行或多或少式扩展性的探索。这种探索直到调整范式理论使反常变成与预测相符时位置”[24]。但旧范式的调整是有极限的,当旧范式的调整再也无法适应新问题的解决,而反常又愈加突出,这时常规科学就会面临一场危机。“因为它要求大规模的范式破坏,要求常规科学的问题和技巧有重大转变,所以在新理论突现之前,一般都有一段显著的专业不安全感时期。”[25]但对待危机的方式有三种:第一种是旧有范式可以解决“反常”带来的新问题;第二种是无法解决新问题,但将问题留给后人,也不改变范式;第三种是放弃旧范式,采用新范式。第三种对待危机的方式,往往意味着旧范式的终结和新范式的开启,而危机也就慢慢终结。“危机可能随着范式的新候补者的突现(着重号为引用者所加)以及为接受他所做的斗争而终结。”[26]这样的新范式的“突现”,则是所谓的“科学革命”。科学革命所具有的共同点是,“其中的每一次革命都迫使科学共同体抛弃盛极一时的科学理论,而赞成一种与之不相容的理论。每一次革命都将产生科学所探讨的问题的转移,专家用以确定什么是可以接受的问题或可算作是合理的问题解决的标准。而且每一次革命也改变了科学的思维方式(着重号为引用者所加),以至于我们对将需要做这样的描述,即在其中进行科学研究的世界也发生了转变”[27]。既然每一次革命都改变了“科学的思维方式”,似乎意味着科学并没有一以贯之的思维方式,

---

㉔ [美]托马斯·库恩:《科学革命的结构》,金吾伦、胡新和译,北京大学出版社2003年版,第49页。

㉕ [美]托马斯·库恩:《科学革命的结构》,金吾伦、胡新和译,北京大学出版社2003年版,第62页。

㉖ [美]托马斯·库恩:《科学革命的结构》,金吾伦、胡新和译,北京大学出版社2003年版,第78页。

㉗ [美]托马斯·库恩:《科学革命的结构》,金吾伦、胡新和译,北京大学出版社2003年版,第5-6页。

那么也就没有关于科学的统一定义。

波普尔主张科学是可证伪的,其发展是累积式的;库恩认为科学不是累积式的,而是因为“范式转换”而突变的。但保罗·费耶阿本德(Feyerabend)认为科学既不是累积式的,也不是突变的。他的主张更为“离经叛道”——他根本上就反对一切对科学的定义,“科学和其他形式的研究之间并不存在划界(demarcation)”㉘,他认为一切科学的方法论都可能有将科学关入牢笼的危险,他甚至将其著作命名为《反对方法》(*Against Method*)。他认为科学和人类社会的价值一样,应该是多元的,丰富多彩的,呆板的科学方法论根本无法应对纷繁复杂且时时流变的大千世界。通过与科学和神话的比较,费耶阿本德认为,科学与神话都是对世界的解释,都可以指引人们的行动,都存在彼此的团体。既然科学与神话都如此相似,科学与非科学之间哪里会有边界呢?那么编织一套所谓的科学方法论用于显示科学的特殊身份又有什么意义呢?所以,他这样描述人类意识世界:“这是一个不断扩张的、彼此不相容观点的海洋。每一个理论、每一个传说、每一个神话都是这个整体中的一部分,这个整体迫使其他人进入更为宏大的叙事,而他们所有的人通过这个竞争过程,都为我们意识的发展做出了贡献。”㉙所以,费耶阿本德的主张被冠以“认识论无政府主义”(epistemology anarchism)。不用说,费耶阿本德的论调极富冲击性,他的主张可能不会为一些主流观点所兼容。其实,费耶阿本德本人也是一个立场多变的人。“这表明,他既不是一个被某些评论者所描绘的那样:他是科学最可怕的敌人,他也不是某些专业人士所批评的那样是个反理性主义者。他只是怀疑知识的基础,并且是一

㉘ Kelly M. Pyrek, *Forensic Science Under Siege*, Elsevier Academic Press, 2007, p. 9.

㉙ Paul K. Feyerabend, *Against Method*, 4th edition, Verso, 2010 p. 14.

个狡猾的修辞学家,知道如何有效运用古老的怀疑比喻。”[30]

从认识论哲学、科学哲学、科学史等的研究,我们似乎可以认为:和“什么是知识”这一问题一样,关于“什么是科学”这一问题的答案也很难有定论。但在哲学中没有答案的问题,并不意味着在法律中没有答案,毕竟哲学和历史研究是站在终极追问的制高点对人类根本性问题的深远关怀。其关怀深远,却往往又难如人愿。法律又往往以“满足必要条件”为最低目标的动机来解决问题,正义、正当之类的范畴在哲学、伦理学上并没有确切答案,然而,在哲学家和伦理学家以学术研究的姿态开始严肃地讨论正义之前,法律早已在人类社会存在了许多个世纪。由此可见,问题在哲学中没有答案,不等于在法律中没有答案。

三、法律如何看待科学

(一)科学进入法律之简史

法律和科学都有悠久的历史,但科学出现在法律实践中的历史不怎么悠久。虽然 1247 年宋慈的《洗冤集录》已经成书,被部分学者认为是“现存最早的系统法医学著作”[31]。但对《洗冤集录》比较熟悉的学者应该不难发现,这部著作虽内容多与法医学相关,但其知识组织状态未成体系,多为经验、事实之罗列,实际上很难称为现代意义上的科学,并且由于与西方交流的障碍,《洗冤集录》对世界法医学发展几乎没有显著的影响。

如果把文艺复兴作为真正意义上的科学叩开法律之门的时期,那么 1532 年神圣罗马帝国议会通过加洛林刑法(Constitutio Crimina-

---

[30] Matteo Motterlini, *Paul Karl Feyerabend*, in Sahotro Sakar& Jessica Pfeifer eds., The Philosophy of Science: An encyclopedia, Taylor & Francis Group, LLC, 2006, p. 309.

[31] 郭景元主编:《现代法医学》,科学出版社 2000 年版,第 21 页。

lis Carolina)，就是欧洲最早关于现代医学进入法律实践的记载。《加洛林新刑法典》规定需要医学参与的内容包括人身伤害、杀人、自杀、杀婴、堕胎、伪装妊娠、缢死、溺死、中毒、精神异常等，涉及的医学问题十分广泛。参与检验的人员主要是外科医生和助产士。[32] 1560年，第一个科学学会才在意大利建立。[33]

1782年的Foks v. Chadd案，可能是英美法中最早适用科学证据的判例。此判例是关于英格兰诺福克北部某处海港因淤塞而妨碍船只航行引起的民事诉讼。案中控方认为海港淤塞是由于附近大面积开垦农田所致，而辩方却又认为与此无关，于是延请了一位当时有名的民用工程专家作为证人来回答这一问题。但控方认为这个专家并没有在当地生活过，并不具备作为证人的资格。但该案主审法官裁决说："海港淤塞的原因也是科学上的事，挖掉海港附近的堤岸是否有益更是关于科学的事，这样的事只有如斯密顿先生（Smeaton，即延请的著名民用工程专家——作者注）一样的人才能做出判断，因此，我们认为他的判断，是根据事实做出的，是非常正确的证据。"[34]

1795年弗朗兹·约瑟夫·加尔（Franz Joseph Gall）在其《证据法学》第4版中正式将专家证人作为讨论对象，这本书提到了科学的好处，但也提到了需要注意医生们容易犯的错误。[35]

1807年，爱丁堡大学设立了第一个正式的法医学教职，并建立了法庭科学研究所。1811年，法国儿科医生、化学家皮埃尔·奈斯顿（Pierre Nysten）发表了关于尸僵（rigor motis）的研究。他提出了尸僵

---

[32] 郭景元主编：《现代法医学》，科学出版社2000年版，第25页。

[33] See Katherine Ramsland, *Beating The Devil's Game: A History of Forensic Science and Criminal Investigation*, NY: Berkley Books, 2007, p. 25.

[34] Tal Golan, *Laws of Men and Laws of Nature: the history of scientific expert testimony in England and America*, Harvard University Press, 2004, p. 5 – 6.

[35] See Katherine Ramsland, *Beating The Devil's Game: A History of Forensic Science and Criminal Investigation*, NY: Berkley Books, 2007, p. 27.

的“奈斯顿定律”:尸僵开始于面部肌肉,然后逐步下行转向四肢,其希望这一定律有助于他确定死亡时间。英国医生约翰·达维(John Davey)将水银温度计置于尸体内测量尸温,结合奈斯顿定律推断死亡时间。这些都是现代法医学的奠基性工作。[36]

1813年马修·奥尔菲拉(Mathieu Orfila)出版首部系统阐述毒物学的专著。奥尔菲拉的实验证实了砷从胃部转移到躯体其他部位的机制,因而人们知道了在胃部未检出砷无法证明死者没有砷中毒。奥尔菲拉还多次在法庭上就毒物学问题与专家对质,其“还被认为是第一个在刑事审判中提供可靠科学证据的专家”。也同样是在奥尔菲拉负责的一个案件中,出现了辩护方专家证人。[37]

1880年,苏格兰医生亨利·福尔兹(Henry Faulds)发明了用粉末法显现潜在指纹,并且通过指纹比对,成功地在一起盗窃案中排除了一名嫌疑人且找到了真正的罪犯。后来他在著名科学期刊《自然》(*Nature*)杂志上发表了题为“论皮肤—手之纹理”(On the skin – Furrows of the Hand)的论文,在文中他分别对血手印、油脂手印、灰尘手印进行了分析。与他同时代的弗朗西斯·高尔顿于1892年出版《手印》(*Finger Prints*)。[38]

1891年,奥地利检察官汉斯·格罗斯(Hans Gross)首创德文“Criminalistik”一词,意在用科学知识和科学方法为犯罪侦查分析物证,并出版《犯罪侦查》一书。[39]

---

[36] See Katherine Ramsland, *Beating The Devil's Game: A History of Forensic Science and Criminal Investigation*, NY: Berkley Books, 2007, p. 26 – 28.

[37] See Donna Wielbo, *History: Forensic Science*, in Jay Siegel eds., Encyclopedia of Forensic Sciences, Academic Press, 2000, p. 1071.

[38] See Hilary Moses Daluz, *Fundamentals of Fingerprint Analysis*, Boca Raton: CRC Press, p. 19.

[39] See Donna Wielbo, *History: Forensic Science*, in Jay Siegel eds., Encyclopedia of Forensic Sciences, Academic Press, 2000, p. 1072.

1910年,艾德蒙·洛卡德(Edmund Locard)在里昂成立欧洲第一个刑事警察实验室,实验室位于现国际刑警组织总部。著名的洛卡德交换原理(Locard's Exhange Principle),即"每次接触都会留下微量物质"(Every contact leaves a trace),成为法庭科学的基本信条(tenet)。[40]

1937年,保罗·柯克在加州大学建立第一个物证鉴定专业。1950年,美国法庭科学研究会(The America Academy of Forensic Science)成立,随后第一本综合性法庭科学期刊——《法庭科学杂志》(*Journal of Forensic Science*)开始发行。

1985年,阿列克斯·杰弗里斯爵士(A. Jeffreys)在《自然》杂志上发表DNA图谱分析技术,在1986年的一个刑事案件中,他首次使用了DNA图谱分析技术。

……

了解这些重要的历史事件,是理解科学进入法律世界的历程所必需的。从这一历程中我们可以发现:进入法律之门的科学门类,是一个由少到多、由窄而宽、由简单到复杂的过程;形成与法律有关的证据科学知识体系,是从离散化到系统化的过程,也一般是将部分成熟的学科运用于解决法律中的专门问题;人员从跨学科逐渐走向专门化。这说明,即使哲学并未解决"什么是科学"这一问题,科学也依然在发展,也依然在解决法律中的专门问题。看起来,"什么是科学知识"这一问题似乎并未给法律界人士带来困扰,但实际情况并非如此。

(二)科学证据面临的挑战

现在来看,科学证据遭遇的挑战来自三个方向:一是对"科学主

---

[40] See Donna Wielbo, *History*: *Forensic Science*, in Jay Siegel eds., Encyclopedia of Forensic Sciences, Academic Press, 2000, p. 1072.

义”的反思;二是新型科学证据的不断涌现;三是因为科学证据而导致的司法错误。

1. 对“科学主义”的反思

科学主义是对科学之力量的夸大性认知,认为科学可以解决形而上学中的一切问题,比如社会正义的科学解决方案,善与美的科学定义。科学主义是科学对形而上学的入侵。然而实际上,科学的力量是有限的,科学的领地是有边界的,科学也并非完全客观的。对科学客观性进行怀疑的“社会建构理论”(social constructionism),就是对科学主义反思的代表之一。最初,社会建构理论是从对社会科学的反思开始的,社会建构理论认为存在一些制度事实,如货币币值、象棋规则、法律制度等,它们看起来是“客观的”但实际上是社会建构的产物。这一思潮后来蔓延到对自然科学的审视,建构论针对科学的客观性、确定性提出了完全相反的看法。在建构论者看来,即使最成熟的科学和数学真理也不过是“社会解释”(social explanation)。确实,基本的物理量如长度、质量、时间、电流、热力学温度、物质的量、发光强度,它们中的每一个,其实都是科学家之间的约定,都不过是人类自己创造出来丈量自然的概念。

基于对一个生物化学研究所的观察,建构论者拉图尔(Latuor)和伍尔加(Woolgar)把他们对科学家们的研究行为比喻为人类学家对神秘土著的研究。这种土著拥有奇奇怪怪的知识和语言,用一些奇奇怪怪的工具,举行奇奇怪怪的仪式。二人把“事实”称为人类学的“建构”,科学中“A 是 B”这样的陈述句,不过是脱去了环境的指称和语义的不确定性,最后成为事实。“科学家并不是开始于他们试图建立的事实;相反,科学家提出一系列临时的且经常有争议的‘替代符号’,以防止其竞争者对它们的‘解构’,只有争议被平息,事实才获得超然地位,才脱去其早期引人瞩目的、不确定性和偶然性的外衣。‘事实’的谱系被置于‘替代符号’(用语言、文学的描述)的长链之中,在长链的尽头,事实被安放于此并在自然中获得其地位。"[41]最后,拉图尔和伍尔加甚至提出更具颠覆性和挑衅性的口号"现实是结果,而不是原因"[42]。

实际上,费耶阿本德的方法论多元主义或认识论无政府主义本质上是对科学方法的解构,是对知识和真理的怀疑主义立场。本质上,费耶阿本德的立场也是对"科学主义"的反叛。

由于对"科学主义"的反思,尤其是对科学所谓客观性的信心发生动摇之后,人们对于科学证据可靠性信心的动摇,其背后的逻辑是一致的。因为,如果科学证据赖以立身的、庞大的现代科学大厦发生了动摇,那么科学证据的可靠性又从何说起呢?虽然社会建构论者或方法论多元主义者的所作所为是为科学"祛魅",而并非从根本上否定科学之于人类社会的重大意义,但其副作用则是人们对科学证据的信心也岌岌可危。

2. 新型科学证据的涌现

新型科学证据不断涌现,是20世纪司法的一大特点。从1900年到1999年,百年间涌现了血型分析技术、毛发分析技术、文件检验技术、枪弹痕迹检验技术、声纹鉴定技术、测谎技术、DNA分析技术,以及包括中子活化、质谱、扫描电镜－能谱、气相色谱、X射线能谱等在内的绝大部分物理、化学分析技术,统统在法庭上找到了用武之地。新型科学证据的特点是越来越专业化,越来越为大众所不熟悉。它们如潮水般涌现于司法实践,必然会引起大众对新型科学的担忧:它们真的可靠吗?更进一步的追问是:它们背后的原理是什么?这些原理是科学的吗?特别是原生于犯罪侦查和司法审判场景的司法

---

[41] Michael Lynch, *Social Constructionism*, in Sahotro Sakar& Jessica Pfeifer eds., The Philosophy of Science: An encyclopedia, Taylor & Francis Group, LLC, 2006, p. 776－777.

[42] Bruno Latour & Steve Woolgar, *Laboratory Life: The Construction of Scientific Facts*, Princeton University Press, 1986, p. 186.

个体识别科学(forensic identification science)证据,如指纹、笔迹、工具痕迹、枪弹痕迹、毛发或纤维、牙痕、声纹、血迹形态分析等,它们的产生纯粹是由于现代犯罪侦查的兴起,并非如DNA一样是成熟的生物科技在司法领域中的运用。这些科学证据理论的发展,其实并没有经历大多数典型自然科学发展的历程,也没有被同行之间长时间反复质疑和挑战,其运用场景也仅仅是局限于法律诉讼领域。传统司法个体识别科学中的专业门类,其背后理论假设都是"独特性假设":也就是大自然中的每个个体都是彼此不同的,他们各自的反映物之间如果存在相似,那么这些反映物背后的个体一定是同一个体。以指印鉴定为例,指印鉴定就是基于一种独特性假设:全世界每个人的指纹都是不相同的,既然如此,如果有两枚指印的特征存在相似之处,那么它们一定来自同一个人的手指。

但是,普通社会公众乃至专业的法律人士,对于新型科学的原理、理论根据并不是都很了解,甚至有一些科学证据仅在很小的专业人士圈子为人所知。为了保证新型科学证据最为基本的可靠性,防止专业人士将"伪科学"引入法庭,一些国家规定在对科学证据进行质证时,需要满足一些最为基本的科学性审查要求。如美国1939年Frye v. United States [293 F. 1013(D. C. Cir. 1923)]案,该案证据中因为使用了测谎技术,而测谎技术在当时是一项全新的证据技术,公众乃至法律人士都对此不甚了了。因此,该案创设了著名的"弗赖伊规则",即科学证据所依据的科学原理应当"在其所属的领域获得普遍接受"。此后近半个世纪,Frye案成为美国几乎各州都接受的专家证言质证及审查的主导性规则。因此,在法律诉讼中,终于有了一个对科学证据科学性进行挑战、审查的初步标准,科学证据从此不再具有证据资格审查的豁免权。因此,Frye案开启了一个新时代——法律人对科学证据及其原理,甚至科学知识、科学方法本质进行思考的时代。

3. 科学证据导致司法错误

科学主义的一个典型特征,就是认为科学代表着确定性,科学不会犯错误。既然这样,人们认为科学证据也不会导致司法错案。但现实却与人们的想象严重不一致。

Saks 和 Koehler 发表的题为《司法个体识别科学即将到来的范式转换》一文中,参考了卡多佐法学院的"无辜者援助计划"(the Innocent Project)案例数据,根据这些数据,Saks 和 Koehler 发现:在所有 86 例导致错误定罪(wrongful conviction)且使用 DNA 证据证明被告清白的案件中,导致错误的因素按照其相关性排列为:目击证人的错误、法庭科学证据、警方不当行为、检控不当行为、法庭科学家的虚假或误导性陈词、线人不诚实、不称职的辩护代理、外行证人的虚假陈词、虚假供述。其中与法庭科学证据有关的因素分别居于第二位和第五位。[43] 还有多名研究者也做了类似的研究,[44]并且得出了相似的结论:法庭科学在一定程度上是促成错误定罪的因素之一。[45]

美国国家科学院国家研究委员会在其发布的著名报告《美国法庭科学的加强之路》中指出:"几十年来,法庭科学学科提供了有价值的证据……然而,这些进步也揭示出:在某些案件中,基于有瑕疵的法庭科学分析的重大信息和证言,可能会促成无辜者被错误定罪。这一事实表明,对于不完美的检测和分析所产生的证据和证言而言,

---

[43] See Micheal J. Saks & Jonathon J. Koehler, *The Coming Paradigm Shift in Forensic Identification Science*, 309 Science 892(2005).

[44] See Brandon L. Garrett, *Judging Innocence*, 108 Columbia Law Review 55 (2008); Emily West & Vanessa Meterko, *DNA exonerations 1989 – 2014: Review of Data and Findings from the First 25 years*, 717 Albany Law Review 79(2015/2016).

[45] 也许是由于这些研究产生了广泛的社会影响,法庭科学界和司法界在改进法庭科学证据方面取得了一定的成效,对于法庭科学证据的审查制度也有所改进,因而研究者也发现法庭科学在导致错误定罪方面的贡献度出现了下降。See CatheringL. Bonventre, *Wronful convictions and forensic science*, 3 WIREs Forensic Science e1406 (2021).

赋予其过度的证明力存在潜在危险。此外,不准确或者夸大的专家证言在有些时候也会促成对错误的或者误导性的证据的采纳。”㊻

在总结近一百年对错误定罪的研究史时,Gould 和 Leo 二人详细梳理了研究者们几乎达成共识的、导致司法错误的一些因素,在这些因素清单中,法庭科学证据也赫然在列。Gould 和 Leo 还特别指出,在通过 DNA 确定的一些错误案件中,指纹、毛发分析、血清学分析所提供的法庭科学证据都显著导致了错误。㊼

科学证据导致司法错误,对社会的冲击巨大。这一方面导致了公众对司法公正的信心发生动摇,另一方面几乎改变了人们对科学的观感。因为导致司法错误而给科学证据带来的挑战,其严峻程度远超“反科学主义”(anti – scientism)对科学权威性之解构带来的威胁,以及新型科学证据导致的公众疑虑。因为,反科学主义的拥趸,只局限在极为小众的学术圈子,公众也许会认为这不过是学者们的标新立异,社会并不因为对科学反思的思潮而直接对科学证据存在的问题感到不安;对新型科学证据疑虑的产生,也只是因为科学发展越来越专门化,其速度越来越快,公众对新型科学证据的陌生感;所以,这两种挑战都是来自想象的。但科学证据导致的司法错误却是现实的,甚至是触手可及的,它会带来严重的社会信任危机。面对这样的挑战,法律必须做出回应。

(三)法律对科学证据的回应

我们知道,无论是科学家还是哲学家,其实很难回答“什么是科学”。但是,法律不能因此而告诉公众:由于科学不可定义,科学证据

㊻ NAS, *Strengthening Forensic Science in the United States: a path forward*, The National Academic Press, 2009, p. 4.

㊼ See John B. Gould & Rrichard A. Leo, *One Hundred Years Later: Wrongful Convictions after a Century of Research*, 100 Journal of Criminal Law & Criminology 825 (2010).

的科学性、可靠性也因此不可定义。因为，现实中法律已经离不开科学，科学证据已经成为现代诉讼中不可或缺的证据类型。“科学证据是现代诉讼不可回避的面相。”[48]如果法律放弃试图限定科学证据的任何努力，其后果将十分严重：要么将会出现伪科学混进法律殿堂的危险局面，要么真正可靠的科学证据或将遭驱逐，这几乎可以让现代司法制度招致毁灭性打击。因而，法律人必须勇敢承担起明示科学证据如何才可靠的责任，虽然这一责任异常艰巨。

1. 弗赖伊规则：普遍接受标准

前面提到的 Frye v. United States 案，其实已经尝试了建立最低科学标准的科学证据规则，即“普遍接受”规则。然而，“普遍接受”规则既是一个过低的标准，也是一个过高的标准：一方面，被普遍接受的东西未必是科学，某些伪科学如占星术在社会公众中的接受度可能远比科学高，因此标准显得过低；另一方面，现代科学的高度专门化，使某些科学问题仅在极少数人之间讨论，比如真正理解量子理论的人数远比物理学界的总人数少很多，因而这一标准就显得过高。在 1975 年《美国联邦证据规则》第 702 条的规定中，却没有提到“普遍接受”这一标准。[49] 并且，在 1975 年《美国联邦证据规则》生效以后，弗赖伊规则就被《美国联邦证据规则》第 702 条取代了。

2. 道伯特“三部曲”

如果 Frye 案还只是初步的尝试，另外三个案例则在科学证据规则的建立过程中极为关键：道伯特案(Daubert v. Merrell Dow Pharmaceuticals)、乔伊那案(General Electric Co. v. Joiner)、锦湖轮胎案

---

[48] Erica Beecher-Monas, *Evaluating Scientific Evidence: An interdisciplinary framework for the intellectual due process*, Cambridge University Press, 2007, p. 4.

[49] 1975 年《美国联邦证据规则》第 702 条规定：如果科学、技术或其他专门知识有助于事实审理者理解证据或裁断争议事实，专家因为其知识、技能、经验、训练或教育具有成为证人的资格，可以以意见或其他形式作证。参见[美]迈克尔·H. 格莱姆：《联邦证据法》(第 4 版)，法律出版社 1999 年版，第 252 页。

(Kumho Tire Co. v. Carmichael)。这三个案例在英美法中被称为“道伯特三部曲”(Daubert Trilogy)[50]。因为,这三个案例都是紧紧围绕着科学证据可靠性的审查来展开的,并且后两个案例都是对道伯特案关于科学证据的补充和完善。

道伯特案是一个关于药品副作用的诉讼案件。梅里尔·道药品公司生产的bendectin是一种缓解孕妇晨吐的药物,但是被使用者指控这种药品会导致婴儿的畸形。道伯特(Daubert)便是众多畸形婴儿之一。道伯特案件中聘请了流行病学专家对药物是否导致婴儿畸形做了调查,从而提供了专家证言。案件最后上诉到最高法院。最高法院对此案的判决意见中,除了重申一些已经在1975年《美国联邦证据规则》第702条关于专家作为证人的资格的问题的规定,还创设了一些关于专家证据的规定,如法官必须作为“看门人”承担审查专家证言的职责,专家证言除了要具有相关性,还需具有可靠性。其中,道伯特案对于专家证据可靠性审查的意见具有关键性意义。因为,在1975年《美国联邦证据规则》中已经规定专家证据必须可靠。但什么才是“可靠”?为了回答这个问题,道伯特案的判决意见列出一个非排他性(non-exclusive)的清单:

> (1)判断一个理论或技术是否为科学知识在于它是否能够被检验[法官在意见中列明:理论的可检验来自格林、亨佩尔(Hempel)、卡尔·波普尔的思想];
>
> (2)理论或技术是否接受了同行评议(peer review)并且公开发表;
>
> (3)法院还应当考量科学技术已知的或潜在的错误率;
>
> (4)仍然要考量科学技术是否被普遍接受。[51]

---

[50] Federal Justice Center, *Reference Manual on Scientific Evidence*, 3rd edtion., The National Academies Press, 2011, p. 12 – 36.

[51] Daubert v. Merrell Dow Pharmaceuticals, Inc., 509 U. S. 579 (1993), at 593.

然而,在开列这个清单之前,法官以十分审慎的口吻写道:“在研究中要考量许多因素,而我们不保证设立了一个确定(definitive)的清单或标准。”[52]这种审慎是必要的。因为法官知道,他们对能否彻底解决哲学家不能解决的问题并没有十足的把握;因而,他们所设立的标准并非必然能够确保送到事实裁判者手上的就是绝对可靠的科学证据。清单中的第1项是从理论上描述了“科学知识”应当具有的一个特征——可检验;第2、3项则是从程序性操作层面确保理论或技术的基本可靠性、安全性,第4项仍然作为最低标准加以参考,但其强制口吻已经比Frye案的标准降低了。但这个清单并没有直接且明确回答什么是科学,也没有试图要给科学一个明确的定义。但法官认为,如果满足了这个清单,至少能保证科学证据最基本的可靠性。所以,本质上,道伯特案的清单,其实是列举了一些关于科学知识可靠性的必要但非充分条件。

乔伊那案是关于专家证言中的方法和结论,何者应当成为审查的焦点。乔伊那经常修理变压器,变压器中的冷却液经常含有二氯联苯(PCBs)。后来他被确证患有小细胞肺癌。于是,他把变压器生产商通用电气公司(以下简称通用电气)告上法庭,理由是接触他们的变压器冷却液导致了肺癌。而证据表明,乔伊那有八年烟龄,家族有与持续吸烟有关的肺癌病史。乔伊那聘请了几位专家,进行了动物实验,证明PCBs会导致肺癌。但区法院排除了这项证据,理由是仅仅依靠动物实验不足以支持PCBs导致了原告的肺癌。上诉法院认为区法院滥用排除证据裁量权。后通用电气申请将案件上交最高法院审理。乔伊那一方认为根据道伯特案件的用语:专家证言审查的焦点应当仅仅集中于原理和方法上,而不是其结论上,只要原理合适就应当采纳。按照这个理由,区法院错误排除了乔伊那一方的专

[52] Daubert v. Merrell Dow Pharmaceuticals, Inc., 509 U. S. 579(1993), at 593.

家证言,因为乔伊那一方专家的动物实验方法并无不当。最高法院对此的回应是,“结论和方法并不是彼此截然不同的。训练有素的专家通常都是从现存数据中进行推测。但是无论是道伯特案还是联邦证据规则,都没有要求区法院仅采信由专家亲口说的与现存数据有关的意见证据。法院也可以判断,所提供意见和数据之间在分析上难以衔接”[53]。乔伊那案是对道伯特案的补充,因为道伯特案中所建立的科学审查标准重在方法而不是结论上,虽然最高法院的法官认为,在道伯特案中他们默认的方法其实既包括了原理,也包括了结论。从道伯特案的4条审查标准来看,确实容易让人误以为审查只集中于原理方法,而不是结论。但乔伊那案对这个“漏洞”进行了修补。

锦湖轮胎案进一步明确:专家证言的范围不应当仅局限于“科学”知识,而是所有科学、技能、经验等知识领域的专家,都具有提供专家证言的资质。锦湖轮胎案中,Patrick Carmicheal 驾驶的车辆轮胎爆炸导致翻车事故,一名乘客死亡,其他人受伤。死者代理人和生者集体起诉轮胎生产商锦湖轮胎,理由是爆炸的轮胎在生产时有缺陷。起诉方请了一名轮胎故障分析人员丹尼斯·卡尔森(Dennis Carlson)作证。卡尔森仅仅通过视觉和触摸检查了事故轮胎,就认为轮胎存在故障。一审法院没有采纳卡尔森的证言,理由依然是卡尔森的证词无法通过道伯特案的“四要素”检验,因而他的检验方法不可靠。第11巡回法庭认为一审法院应当适用道伯特规则,因为道伯特规则仅仅适用于科学知识,而不是一般性的经验。最高法院则纠正了第11巡回法庭的意见,认为道伯特规则可以适用于工程师或其他非科学领域的专家。虽然道伯特案中仅仅提到了“科学”知识,是因为当时案件中争议的主要是科学问题,但道伯特案背后的基本理

[53] General Electric Co. v. Joiner, 522 U. S. 136(1997), at 146.

念并不局限于科学知识。而且,《美国联邦证据规则》第702条、第703条也并未规定专家仅仅指科学家。更为重要的是,科学知识和其他知识之间并没有清晰的分界线。"对于运用证据规则的法官,即使并非不可能,也很难依据'科学'知识和'技术'或'其他专门'知识之间的区别履行'看门'职责。因为不存在清晰的边界线可以区分彼此,也没有足够的必要性做如此区分。"[54]

道伯特三部曲是具有划时代意义的。因为,它们开启了法律界对科学证据本质大讨论的时代,研究专家证言的法学家纷纷将目光投向科学哲学和科学社会学领域,也促使法学界纷纷用科学哲学作为反思科学证据的理论工具。传统上被视为理所当然的法庭科学证据类型,如指纹、笔迹、火器与工具痕迹、声纹、鞋印、毛发与纤维等,都先后被拿出来接受道伯特规则的检验,加上被媒体曝出的因法庭科学证据而导致的司法错案,这甚至引发了一场法庭科学的信任危机。对于科学证据的讨论,不仅仅在法学界掀起了巨浪,同时还在科学界和哲学界引起了关切,一些哲学家也拿起笔参与到讨论科学证据可靠性的论战中来。此外,除美国以外的一些国家也同样出现了类似的判例或立法。[55] 但是,道伯特三部曲也同样带来了许多问题,包括程序性问题和实体性问题。甚至有些科学家担心,如果按照道伯特案的要求,那些本来是基于科学方法和程序的证据能否得以被采信。[56]

---

[54] Kumho Tire Co. v. Carmichael,526 U. S. 137(1999),at 148.

[55] 如加拿大1994年R. v. Mohan案、英格兰1999年R. v. Sally Clark案都涉及科学证据的讨论,澳大利亚1995年制定证据规则时几乎照搬了1975年《美国联邦证据规则》第702条的内容,新西兰高等法院结合美加英澳四国的经验及本国的先例,设立了一个最低可靠性的门槛。参见Federal Justice Center,*Reference Manual on Scientific Evidence*,3rd edtion.,The National Academies Press,2011,p. 11 – 14。

[56] See Federal Justice Center,*Reference Manual on Scientific Evidence*,3rd edtion.,The National Academies Press,2011,p. 36.

3. 法律人的基本策略

从以上法律对科学证据的理解以及法律对科学证据可靠性加以限定的尝试来看,实际上,法律人也不可能完成科学家和哲学家所不能完成的任务。因为,“并不存在单一(monolithic)而有效的科学方法……也不存在包揽无遗的一套规则可以适用于判断科学的有效性”[57]。因而,法律人也难以径行回答“什么是科学”这一问题。从弗赖伊规则和道伯特三部曲可以看出,法律人所采用的基本策略是:(1)规定可靠性的底线而不是上限(如弗赖伊规则就试图这么做,虽然实际上效果并不理想);(2)不直接回答什么是科学,但间接描述所谓可靠的科学方法大致所具有的特征;(3)不规定构成科学方法的充分条件,因为什么是科学方法的充分条件也难以说清,但以底线原则规定科学方法的必要条件(如科学必须开放接受批评);(4)不从整体上构建审查科学可靠性的规则,而是从具体学科讨论具体的局部性原理;(5)不完全从理论层面解决科学可靠性问题,因为汗牛充栋的哲学文献已经表明,这是一个目前看不到尽头的任务。因而,更重视从程序操作或实践层面去保证科学证据最基本的可靠性,比如通过同行评议、错误率、具体学科中的基本原理的充分研究、鉴定人的能力验证等。这些基本策略不一定正面回答了什么是“可靠的”科学证据,但从侧面描绘了“不可靠的”科学证据具有何种面相。

总之,作为司法鉴定回溯推理的大前提,知识或科学的可靠性,是这一推理可靠性的基本条件之一。哲学家们虽未成功地赋予知识和科学明确的定义,但法律对这一问题有所回答,虽然法律回答也并不完全令人满意,但是哲学的思考和法律的实践有助于对这一问题有更深入的认识。也许抽象地、一般性地解决这一问题是不可能的,

---

[57] Erica Beecher - Monas, *Evaluating Scientific Evidence: An interdisciplinary framework for the intellectual due process*, Cambridge University Press, 2007, p. 36.

但是具体到法庭科学或司法鉴定科学中的具体门类，审查其原理的可靠性，虽然看起来是不太聪明的办法，但极可能是有效的。因为，发现法庭科学证据导致一些司法错案的最终手段依然是科学——“无辜者援助计划”中发现的司法错案，都是将DNA作为关键证据的。这说明，DNA证据在公众和司法界具有可靠性极高的形象，事实上“单一来源的DNA样品分析已经成为侦查和起诉中法庭科学的‘黄金标准（gold standard）’”[58]。既然DNA证据可靠性有如此高的声誉，同样，DNA证据所依据的原理、方法作为回溯推理的大前提，其可靠性是如何得到保证的？能否对存在争议的法庭科学证据所依据的原理、方法逐一进行可靠性审查或研究？事实上，已经在开始这么做了。美国“总统科技顾问委员会”（The President's Council of Advisors on Science and Technology，PCAST）将可靠性定义为“基础有效性（foundatioal validity）”，而基础有效性的标准如下：

> （1）有可复制且一致的程序用于：（a）识别证据样品中的特征；（b）比较样品之间的特征；（c）基于样品之间的相似性判断是否样品应当被宣布来源同一（“相符规则”）。
>
> （2）来自多个独立研究的经验检测：（a）假阳性率——也就是两个来源不同的样品被认为是来源同一的可能性的经验检测；（b）方法灵敏性——也就是宣布来源同一的样本实际上来自同一来源的可能性。[59]

因为这一标准的明确性和可操作性，根据这一标准结合应用有效性（applied validity与此处关系不甚密切，故从略），可以对常规的、

---

[58] PCAST, *Report to the President Forensic Science in Criminal Courts: Ensuring Scientific Validity of Feature - Comparison Methods*, 2016, p. 26.

[59] PCAST, *Report to the President Forensic Science in Criminal Courts: Ensuring Scientific Validity of Feature - Comparison Methods*, 2016, p. 48.

传统的法庭科学或司法鉴定科学逐一进行检视和完善。[60] 所以,纯理论上解决不了的全局性问题,从局部的、实践的、程序的层面或许是可以解决的,至少是可以部分解决的。

在分析了司法鉴定作为认知过程的逻辑要素和知识要素之后,我们就可以对鉴定认知行为的结构进行解析。

小　　结

表面上看,司法鉴定是对科学原理的应用,所以一般认为司法鉴定是演绎三段论推理。也就是:作为大前提的科学原理,与作为小前提的观察事实相结合,结论则是另一个事实,这是一个"从特殊到特殊"的推理过程。的确,司法鉴定的三段论中,大前提确实是科学原理,小前提也的确是观察事实,但小前提肯定的是作为条件句大前提的后件。其形式如下:

对于任意 x,如果 x 是 A,那么 x 是 B

因为 x_1 是 B

所以,x_1 可能是 A

但这一推理形式并非真正的演绎推理,而是回溯推理或反演绎推理。回溯推理中,作为大前提的科学原理之选择以及观察事实之选择,二者是相互影响、相互促进的。贝叶斯推理是回溯推理的精确应用,相比之下,回溯推理更具有基础性。

由于大前提是科学原理,那么司法鉴定认知的另一要素是知识要素。什么是知识的形式化标准?知识最初的定义是"可证成的真信念(JTB)",但盖梯尔反例却发现这一定义并不足以涵盖所有知识

---

[60] See PCAST, *Report to the President Forensic Science in Criminal Courts: Ensuring Scientific Validity of Feature - Comparison Methods*, 2016, p. 67 - 123.

成立的条件。经过各种争议,对于“什么是知识”这一问题,目前似乎没有具有高度共识的答案。但“可证成的真信念”并非因此失去意义。它可以成为知识的必要条件,但并非充分条件。也就是满足了该定义的要求,并非一定是可靠的知识,但不满足这一条件,则一定是不可靠的知识。

科学作为知识的一种,和一般知识相比更具有严格性,但不幸的是,科学也同样面临着难以定义的尴尬局面。因而,哲学并没有为一般知识和科学知识定义充分必要条件,但法律人无法接受这一局面。从弗赖伊规则到道伯特“三部曲”可以看出法律人的策略:(1)规定可靠性的底线而不是上限(如弗赖伊规则就试图这么做,虽然实际上效果并不理想);(2)不直接回答什么是科学,但间接描述所谓可靠的科学方法大致所具有的特征;(3)不规定构成科学方法的充分条件,因为什么是科学方法的充分条件难以说清,但以底线原则规定科学方法的必要条件(如科学必须开放接受质疑);(4)不从整体上构建审查科学可靠性的规则,而是从具体学科讨论具体的局部性原理;(5)不完全从理论层面解决科学可靠性问题,更重视从程序操作或实践层面去保证科学证据最基本的可靠性。比如通过同行评议、错误率、具体学科中的基本原理的充分研究、鉴定人的能力验证等。法律人的策略虽依然没有从理论上一劳永逸地解决科学知识的标准问题,但他们提供了一个鉴别科学知识可靠性的实践程序。

第三章 司法鉴定的认知结构
——认知行为解析

从整体上来看,司法鉴定本质上也是一种系统性的、复杂认知行为,因为这种认知行为本身又是由其他一些认知行为所组成的。司法鉴定虽然是一种专门性的认知活动,但是鉴定人的认知依然无法脱离人类的普通认知行为而存在,所以司法鉴定认知行为既具有普通认知行为所必需的因素,也具有专门认知行为的因素。而且,这些因素彼此混合,共同构成了司法鉴定认知行为的不同形式。这些认知行为之间,并不是离散的、彼此孤立的关系,而是存在着一种特殊的关系。并且,这些认知行为也存在各自的内在结构,这些行为的内在结构还颇为复杂,因此,我们把司法鉴定作为认知行为进行了解析,之后对各层级的认知行为进一步进行了结构分析,称为"再解析"。通过这样的二次解析,我们对司法鉴定作为认知行为之本质的透视可以更加全面而深入。

第一节 司法鉴定认知行为及其关系

作为一种认知行为,司法鉴定活动看起来是很复杂的。从司法鉴定的项目类别以及各项标准来看,司法鉴定意见的表述形式多种多样,似乎很难用一个统一的描述框架来加以概括。诚然,实践中的司法鉴定行为确有其复杂性,但从总体上,我们也不难梳理出一个司法鉴定作为认知行为的大体“轮廓”，这个“轮廓”由五种认知行为组成：特征识别、特征比较、个体识别、关系推断、事件重建；并且，这五种行为彼此之间大体上是一种层级结构关系。

一、特征识别

鉴定人的认知，必须建立在对鉴定材料基本感知的基础之上。鉴定人要作出任何形式的判断，必须基于对鉴定材料的观察，因而无法脱离人类的普通感知觉行为：看、听、触、嗅等，有时还需借助科学仪器进行观察。这些观察既有简单的，也有复杂的；既有分析的，也有综合的；既有局部的，也有整体的……其中特征识别就是一种简单的、分析的、局部的认知活动，它是对司法鉴定材料进行不同复杂程度认知的基础，是司法鉴定中获取基本事实信息的行为。我们可以从具体的鉴定门类中体会到特征识别在司法鉴定中的基础性和普遍性。

在法医病理学检验中，需要对尸体现象进行观察。如尸体保持姿势，尸体肌肉是否松弛，尸体温度，尸斑颜色深浅、分布位置、大小及边缘形态，眼球是否变软、深陷，手指掌面是否下陷，是否有巩膜黑斑，角膜是否浑浊，眼睑是否有出血斑，是否有组织变软，肺检验是否发现异物等。如果没有对尸体的基本现象的这些观察，则无法对死者的死因、死亡方式、死亡时间等进行判断或解释。对这些尸体现象的观察就是法医病理学检验中的特征识别。

在指纹鉴定中，需要对指纹的花纹类型进行识别，因此就要观察中心花纹的形状，指纹三角的数量；对指纹细节特征进行分析，就需要观察每根纹线的起始与终止的位置和形态，两根以上的纹线的结合与分歧，以及出现的眼状线、棒状纹线、点状线、桥状线……还包括这些细节特征的形态、位置及相互关系。在对这些最基本层次的特征进行观察的基础上，才能对指纹进行其他方面的识别和鉴定。

在笔迹鉴定中，需要对字的单个笔画进行运笔特征观察、分析

(如起笔、行笔、收笔、笔力等特征),需要对单个笔画之间的交叉、搭配、连接关系进行观察分析,需要对单个字的形状、大小、倾斜方向进行观察,需要对字间距、行间距、页边形式、字体、书写的熟练程度等进行观察。在对这些特征的全面观察和分析的基础之上,才能完成对书写人的判断。

在微量物证的鉴定中对物质的理化检验,需要观察物质颜色、形貌、质地,闻气味,尝味道,称量重量,测量温度、密度、浓度、溶解度等,通过化学实验中的放热、沉淀、气泡、变色等反应状态判断物质的种类,或分析物质的质谱、光谱、色谱、能谱,通过光学显微镜或电子显微镜进行微观形貌观察等,只有通过这些特征分析,方可对物质进行定性、定量判断。

在语音鉴定时,要对录音进行听辨,对语音的声强、频率、波形进行提取、观察,对单个语音音节的三维语谱图进行基频、共振峰提取,其中共振峰还分为不同频率的共振峰,共振峰的间距、共振峰的形态、不同音节之间共振峰的关系等。

在 DNA 鉴定中,需要对 DNA 物质进行萃取,用酚和氯仿混合液进行脂肪、蛋白溶解,离心处理后,上层水相清液中是否含有 DNA 物质,加入乙醇如有乳白色丝状沉淀物,则是 DNA。DNA 的含量还要达到一定量的标准(如高分子 DNA 要达到 100—500ng),需要对其含量进行测定。用限制酶切割 DNA 片段时,要确定酶切割是否彻底,在琼脂糖电泳、溴乙啶染色后,在紫外灯下观察电泳轨迹的形态,以确定酶切割是否彻底。最后,制作出的图谱显示片段数和片段位置作为进行相关鉴定的依据。其中的“乳白色”“丝状”“沉淀”“含量”“轨迹”“片段数”“片段位置”等,都是 DNA 各种类型鉴定中所需要的最基本的特征,对它们进行识别是 DNA 鉴定的基础。鉴定人需要识别这些特征,为其后的 DNA 鉴定意见提供最基本的根据。

……

我们可以发现,以上情形都有一个共同点:它们都属于特征识别行为。司法鉴定中,特征识别这一行为无处不在。可以说,每一个司法鉴定项目的实施,每一个鉴定意见的提出,都以特征识别为根据,它为其他的司法鉴定认知行为提供最原始的、最基本的素材。离开特征识别,其他司法鉴定行为都将无从谈起。

二、特征比较

特征比较是对鉴定材料之间特征相似性的判断,它是"基于相似特征,检验者试图判断证据样品(如来自犯罪现场)是否与来自某个来源的样品(如来自某个嫌疑人)存在联系"。①

指纹鉴定,就是把现场指印和嫌疑人的特征进行比较,从而用于判断现场指印和嫌疑人指印是否来源相同。鞋印、赤脚印的鉴定,也是通过现场鞋印、赤脚印与嫌疑人鞋印、赤脚印的比较来完成。枪弹痕迹鉴定中,发射枪支的同一认定,是通过将现场提取的弹头弹壳与嫌疑枪支试射的弹壳相比较来完成的。笔迹鉴定、DNA 鉴定、说话人识别、部分工具痕迹鉴定、轮胎痕迹鉴定、咬痕鉴定,以及通过分离痕迹判断分离体是否原来属于同一整体,都需要进行特征比较。

可以这样说,传统意义上的司法鉴定,都是基于特征比较来进行的。现代司法鉴定中,并非每个项目类别都有特征比较,但是绝大多数司法鉴定项目也都离不开特征比较。因为,在司法鉴定中,"科学家们寻求并试图理解相关的、适当的自然规律,把自然规律运用于图像,把图像彼此进行比较,判断图像的内容。图像里的细节被仔细检查,通过比较彼此的特征,来判断他们在形状、顺序、结构上是否相符"②。当然,司法鉴定中的特征比较,不能仅仅局限于图形的比较,虽然有些

---

① PCAST, *Report to the President Forensic Science in Criminal Courts: Ensuring Scientific Validity of Feature - Comparison Methods*, 2016, p. 23.

② John R. Vanderkolk, *Forensic Comparative Science: Qualitative Quantitative Source Determination of Unique Impressions, Images, and Objects*, Elsevier Academic Press, 2009, p. 2.

比较可能是转化为图形进行的,如说话人识别就是把声学特征可视化来完成的,但图形比较只是特征比较的一种形式。

物质种类认定中是否需要进行特征比较?实际上也是需要的,无论是单纯判断某一种物质所属种类,如判断某种白色粉末是否为海洛因,还是仅仅判断两种以上物质是否属于同一种类,如判断两种白色粉末是否都为海洛因,都需要进行特征比较。前一种情况,是根据鉴定人的记忆和理解掌握的物质特征来进行的比较,也就是鉴定人通过分析获得的物理、化学性质特征,与记忆中所掌握的特征所进行的比较,或者与"标准物"特征进行的比较;后一种情况,是对两种以上的物质的物理、化学属性都进行分析,并且比较异同,从而比较二者种类是否相同。

事实上,特征比较并不是司法鉴定的专属认知活动。"特征比较是一个普遍的科学活动,科学有明确的标准判断这种方法是否可靠。特别是,特征比较方法完全属于计量科学(metrology)——关于测量的科学及如何运用测量的科学。"③也就是说,只要存在测量的地方,就可能存在特征的比较。所以,特征比较并不意味着必须发生在两个或两个以上的对象之间。

三、个体识别

一般认为,个体识别是一个限缩个体范围的认知过程,④"如果

---

③ PCAST, *Report to the President Forensic Science in Criminal Courts: Ensuring Scientific Validity of Feature - Comparison Methods*, 2016, p. 44.

④ See Christophe Champod, *Identification/ Individualization: Overview and Meaning of ID*, in Jay A. Siegel eds., Encyclopedia of Forensic Sciences, Academic Press, 2000, p. 1078. 但也有人认为:"个体识别的目标是推断一个唯一的共同来源,也即两个客体如果曾经系同一个整体或者如果两者出自同一个唯一的来源,因此就可以被判定为有共同来源。" See Keith Inman & Norah Rudin, *Principles and Practice of Criminalistics: The Profession of Forensic Science*, CRC Press, 2001, p. 123. 虽然二者表述上有所不同,前者重在"限缩"个体范围,后者重在强调不同客体有"共同来源",但二者背后的目标是一致的——确定唯一个体。所以,两种表述并无根本性不同。

一个客体能够被归类于只有一个成员的类别之中,那就是说这个客体被'个体识别'了"[⑤]。因而,个体识别根据某些特征来确定某一个体。如从一群人中,寻找符合某些特征的个体,但最后发现,在这群人中,完全符合这些特征的人却只有一个,那么这个过程其实就是个体识别。个体识别和种类识别存在联系:在个体物这一对象范围内,种类识别可以被视为个体识别的未完成形态,或者说"个体识别只是种类识别的逻辑扩展"[⑥],通过种类识别也可以实现个体识别,二者都是限缩个体范围的认知过程。二者也存在一些区别:种类识别的对象既可以是个体物,也可以是非个体物,而个体识别只能针对个体物进行;种类识别可以是从多个种类确定某一个种类,也可以是在一个大的种类中确定更小的种类,还可以通过多个种类识别实现个体识别,而个体识别是从不确定数目个体中确定唯一个体。

无论是个体识别还是种类识别,所面对的个体集合可以分为:开放集合(open set)和封闭集合(close set)。开放集合意味着"地球上所有的人或物体都被考虑作为潜在来源"[⑦]。比如,通过指纹的个体识别,其开放集合就是全世界所有人的指纹,因而通过指纹个体识别,就意味着从全世界所有人的指纹中找到唯一一个符合条件的指纹出来。开放集合只是理论上的,因为事实上个体识别根本无法从

---

⑤ Max M. Houck & Jay A. Siegel, *Fundamentals of Forensic Science*, Elsevier Academic Press, 2015, p. 53.

⑥ Max M. Houck & Jay A. Siegel, *Fundamentals of Forensic Science*, Elsevier Academic Press, 2015, p. 53.

⑦ Christophe Champod, *Identification/ Individualization: Overview and Meaning of ID*, in Jay A. Siegel eds., Encyclopedia of Forensic Sciences, Academic Press, 2000, p. 1078. 但也有人认为:"个体识别的目标是推断一个唯一的共同来源,也即两个客体如果曾经系同一个整体或者如果两者出自同一个唯一的来源,因此就可以被判定为有共同来源。" See Keith Inman & Norah Rudin, *Principles and Practice of Criminalistics: The Profession of Forensic Science*, CRC Press, 2001, p. 123. 虽然二者表述上有所不同,前者重在"限缩"个体范围,后者重在强调不同客体有"共同来源",但二者背后的目标是一致的——确定唯一个体。所以,两种表述并无根本性不同。

“地球上所有的人或物体”上进行，所以通过开放集合的个体识别只是一个理论上的假设，实际上无法具体实施。封闭集合则意味着，“对照组物体或人仅仅局限于特定的一组可疑来源”⑧。通常，封闭集合意味着借助一定的特征，可以大致确定一个可以合理参考的个体范围，而此时个体识别仅仅通过这一个体范围来展开。在犯罪侦查中，封闭集合往往通过一定的案件线索、犯罪情报等途径来确定；在民事诉讼中，封闭集合的确定更为容易，往往是争讼双方或者利益相关方。

个体识别既可能通过种类特征（class characteristic）实现，也可能通过个体特征（individual characteristic）实现。“种类特征是可以把一个体归入特定类别的特征，如识别一双运动鞋属于哪个品牌。”⑨种类特征是基于客体属性的某些相似性来加以定义的。理论上，某一特定个体具有无数属性，有些属性是该个体独有的，而有些属性却是与其他个体所共有的，而与其他个体所共有的特征则是种类特征。当符合多个种类特征的个体集合中仅有一个个体时，虽然我们发现它是通过种类特征完成的，但却达到了个体识别的目的。“个体特征是特定客体所独有的特征。”⑩个体特征，是个体的唯一性标记，它就像个体所拥有的身份证或唯一的序列号，通过它我们可以有效地识别个体。个体特征的形成是随机的、偶然的。个体特征可能是自然形成的，也可能是人为形成的，还可以是熵增或无序化的结果。⑪

---

⑧ Christophe Champod, *Identification/ Individualization: Overview and Meaning of ID*, in Jay A. Siegel eds., Encyclopedia of Forensic Sciences, Academic Press, 2000, p. 1078.

⑨ Andrew R. W. Jackson & Julie M. Jackson, *Forensic Science*, 4th edition, Pearson Education Ltd., 2017, p. 9.

⑩ Andrew R. W. Jackson & Julie M. Jackson, *Forensic Science*, 4th edition, Pearson Education Ltd., 2017, p. 10.

⑪ See Keith Inman & Norah Rudin, *Principles and Practice of Criminalistics: The Profession of Forensic Science*, CRC Press, 2001, p. 125.

个体识别是基于特征识别和特征比较的。也就是说，没有特征识别提供特征，没有特征比较来判断特征的异同，那么个体识别就无法进行下去，当然种类识别也无法进行下去。

四、关系推断

在司法鉴定中，有些时候仅仅识别特征、比较特征、识别个体并没有最终完成任务，而是还可能需要通过推理、论证确定一些关系。比如人与人的物理接触关系，人与物的关系，物与物的接触关系，人与场所的关系，物与场所的关系等。这样一些关系，可以用"四维链接理论"（Four - way Linkage Theory）模型和洛卡德交换原理（Locard's Exchange Principle）来加以涵盖。

"四维链接理论"是一个模型，用于解释刑事案件中物证、被害人、嫌疑人、犯罪现场之间的关系。这一模型可以用图 3 - 1 表示。从这个模型示意图中，我们不难发现：物证、被害人、嫌疑人、犯罪现场四要素彼此之间存在联系，这些联系或是直接的，或是间接的；而且，这个模型表明，这四个要素如果齐备了，那么一个刑事案件就可能得到解决，而通过其中一些要素还可以推断出其他要素。"如果两个或两个以上的要素——现场、被害人、嫌疑人、物证——之间的关系能够得到建立，那么这个案件就可以得到侦破。建立关系越多，成功破案的可能性就越大。"[12]在这个模型中，物证常常是突破口，因为被害人、犯罪现场、嫌疑人之间的关系往往是等待侦查人员或鉴定人去确定的，所以通过物证鉴定，这些要素之间的关系就可能得到确认。

虽然"四维链接理论"模型的提出仅仅用于解释刑事案件中的关系推断之可能性，但实际上这一模型可以毫无障碍地扩展到其他性

---

[12] Keith Inman & Norah Rudin, *Principles and Practice of Criminalistics*: *The Profession of Forensic Science*, CRC Press, 2001, p. 125.

质法律诉讼中的关系判断。通过对物证的鉴定、现场的勘验,案件中的相关要素之间的关系可以得到建立。当然,作为一个法律事件,其要素可能不止这四个方面,但它可以概括地解释这些要素之间存在关系,以及这些关系的推断是可能的。

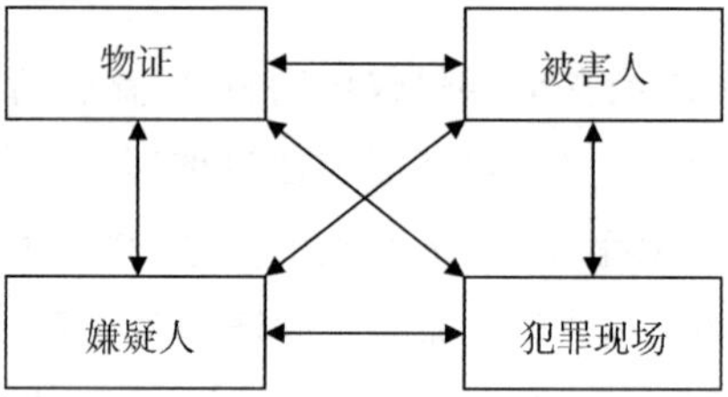

图 3-1 "四维链接理论"模型⑬

如果"四维链接理论"模型从宏观上解释了各要素之间关系存在的形式,那么洛卡德交换原理则从微观层面揭示了要素关系存在的现实基础。在第二章第二节介绍"科学进入法律之简史"时,我们已经提到洛卡德交换原理。洛卡德交换原理,因法国物证专家艾德蒙·洛卡德得名。洛卡德在1923年曾说:"用犯罪所需的力量(大小)实施(犯罪)行为时,没有人能够不留下一些标记(印痕);要么是犯罪人(重罪、轻罪、攻击者)在犯罪现场留下一些标记,或者相反,随之带走一些——在身体或衣物上——这会显示他去过哪里或者做过什么。"⑭

洛卡德这段话的意思是物质会在犯罪现场和犯罪人之间发生转移:既可以从犯罪现场转移到犯罪人身上,也可以从该犯罪人身上转移到犯罪现场(其实,当然也可以在其他客体之间发生转移)。洛卡德的说法,应该是一种对经验的概括,够不上被当作一个十分精确的

---

⑬ See Henry C. Lee, *Henry Lee's Crime Scene Handbook*, Academic Press, 2001, p. 114.

⑭ See Keith Inman & Norah Rudin, *Principles and Practice of Criminalistics: The Profession of Forensic Science*, CRC Press, 2001, p. 93.

理论。但是,洛卡德交换原理后来却被以讹传讹为“每一次接触都会留下痕迹”(every contact leaves a trace)⑮。应该说,洛卡德原理描述了一个大概率的现象,而不是一个绝对的定律,它解释了人、物、场所彼此之间存在关系的可能性。因而,特定的司法鉴定中可能需要解答:特定的关系是否存在,其理由是什么?

那么,什么是关系?也许关系是不计其数的,要在一般性理论上穷尽所有关系,既不可能,也无必要。但是无论什么样的关系,本质上都可以且有必要抽象概括为关联性(relevance)。如果我们能够证明客体之间存在关联性,那么就给我们实际发现关系提供了基本条件。因而,作为一般性的理论来说,我们只需要将关系总体上概括为关联性即可,不必细细列举各种名目的关系。而且,事实上,无论是什么证据,它作为证据的前提,是必须具备关联性。因而,推定关系其实就是确定关联性。那么什么是关联性,关联性是证据的一种倾向(tendency),当论及某一证据与特定事实的关联性时,有此证据比没有它更能有利于证明此事实,该证据与该事实之间就是有关联性的。“无风不起浪”,有风更容易鼓起波浪,无风则不大可能有浪,因此“风”与“浪”就具备了关联性。至于风是如何鼓起波浪的,我们可以不细究,但首先我们得确定是不是“因风起浪”。

因而,关系推断实际上可以被还原为确定关联性。因此,许多司法鉴定行为可能与关系推断有关:要么最终演变为关系推断,要么必须先有关系推断。特征识别、特征比较、个体识别最终可能是为关系推断而做准备,“来源判断仅仅是导向关系推断链条的第一步”⑯,特征识别、特征比较、个体识别都可能是为了确定物证来源。交通事故鉴定中,确

---

⑮ Suzanne Bell, *Encyclopedia of Forensic Science*, Infobase Publising, 2008, p. 234; Everett Baxter, Jr., *Complete Crime Scene Investigation Handbook*, CRC Press, 2015, p. 223.

⑯ See Keith Inman & Norah Rudin, *Principles and Practice of Criminalistics: The Profession of Forensic Science*, CRC Press, 2001, p. 170.

定油漆碎片的来源,就是通过死者衣物上的油漆碎片来建立死者和肇事车之间的关系,就需要先后经历特征识别和特征比较:分析死者衣物上的油漆碎片和车辆上油漆的颜色、分层、红外图谱属性等,这些实际上都是特征识别,将二者的颜色、分层、红外图谱属性等进行对照就是比较,如果二者一致那么死者和肇事车辆之间的关联性就得以建立。通过现场指纹和嫌疑人指纹的比对,其直接目的是进行个体识别,最终的目的是要建立现场和嫌疑人之间的关系。通过 DNA、语音、视频信息等进行的个体识别,其最终目的也都是确定关系……

五、事件重建

司法鉴定所面对的事件,可能不是特别规模宏大的事件,但这种事件即使规模不够宏大,在司法鉴定中也依然可能需要对这些事件进行重建。如文件检验中的篡改文件检验、朱墨时序鉴定,法医病理学中的死亡方式鉴定、死亡时间鉴定,枪弹痕迹检验中的枪击过程分析,交通事故鉴定中的碰撞方式、人车运行状态分析等,这些其实都是事件重建。

关系推断往往是在两个或多个客体之间进行的。然而,如果大量的关系在一起的时候,是不是就可以"还原"出一个事件的面貌?有些时候,需要鉴定人来确定一些事件是如何发生的,特别是发生的时间顺序、空间顺序如何。这个过程就是所谓的"事件重建"。"重建是根据物证确定事件的相对空间和时间顺序。"⑰

司法鉴定科学的体系中有许多专门的分支:法医学、痕迹学、笔迹学、文件检验、微量物证、生物物证、多媒体和电子数据等,每一个门类都是十分复杂的,但是每个学科都只能解决某一个或某一类专门问题。然而,对这些专门问题的回答,却并不能自动呈现出事件发生的过程。在某车辆爆炸案件中,爆炸物专家分析了爆炸物引爆装

---

⑰ Keith Inman & Norah Rudin, *Principles and Practice of Criminalistics: The Profession of Forensic Science*, CRC Press, 2001, p. 178.

置,现场勘查人员在车辆停放的地方找到一个黑色塑料袋,微量物证专家从塑料袋上找到了残留的炸药颗粒,指纹专家从塑料袋上找到了指纹,视频分析专家从停车场附近的监控视频分析中确定了嫌疑人……虽然这些专家所提供的意见可能都是准确、可靠的,但没有一个意见可以单独回答我们“事情是如何发生的”。因为,这每一个分析意见,都只是进行了一些局部的关系推断,而对整个事件构成元素之间是如何“编织”在一起的,却并没有加以解答。这时需要将这些专家意见综合在一起,形成对整个事件的“重现”。那么,司法鉴定中就需要解决这类将所有推定的关系综合在一起的问题。

> 科学的犯罪现场或事件分析和重建,是把若干科学“解释”符合逻辑地连结在一起,意在提供对事件发生顺序的理解,这些事件留下了一些可能成为物证的“材料”。每一个解释的提出、建立关系和评估,都是对这些可获得的“材料”运用了“相关性分析的科学方法”。这个过程需要设计、检验、评估与这些事件有关的物证之间的解释性联系。分析的目的仍然是提出和评估替代性解释,并在可获得“材料”的支持下,最终决定这些相关事件“最佳的科学解释”。[18]

当然,所有的最终解释都是建立在前面所提出的特征识别、特征比较、个体识别、关系推断的基础之上的,没有前面这些阶段提供基础或材料,事件重建就是空中楼阁。“根据物证进行的犯罪重建是一个漫长而又有条理过程的终点。它是每一个物证从现场被识别出那一刻起,所经历的分析历程中的最后一步。”[19]

由于事件是有层次的,重建也并不仅指整个事件的全面重建,还有局部的重建。因此,司法鉴定中的重建可以是局部的重建,也可以

---

[18] Jon J. Nordby, *Scientific Foundations of Crime Scene Reconstruction: Introducing Method to Mayhem*, CRC Press, 2017, p. xxix.

[19] W. Jerry Chisum & Brent E. Turvey, *Crime Reconstruction*, Elsevier Academic Press, 2007, p. xv.

是全面的重建。当然,侦查和司法审判中也有事件的重建,但此类事件重建依据的不只是物证分析或鉴定意见,所有类型的证据都可能成为重建的材料,其范围和规模可能会比司法鉴定中的事件重建更大,然而,其作为“科学”意义上的重建,专业性和严格性远不如司法鉴定中的事件重建。

六、认知行为的层级结构关系

特征识别是一切司法鉴定活动的基础,也是所有司法鉴定认知行为的第一环节,没有特征识别,特征比较、个体识别、关系推断、事件重建都无从谈起。特征识别为其他认知行为提供基本材料,因此特征识别行为是其他司法鉴定认知行为的基础。

特征比较介于特征识别和个体识别之间。因为特征比较是在特征识别完成之后发生的,而如需进行个体识别,那么又必须以特征比较为前提。实际上,有些特征比较在特征识别之时就已经开始了。要进行个体识别,就必须在至少两个个体的特征之间确定相似度,而确定特征相似度的时候,就是在做特征的比较。

个体识别以特征比较为基础,而如果要进行关系推断,则可能需要以个体识别为基础。我们认同个体识别的目的是确定唯一的来源,来源确定,但未必自动确定了关系。比如,在某甲衣物上发现血迹,而这些血迹确定与某乙的 DNA 相同。这一方面可以说是通过 DNA 进行了被害人个体识别,另一方面可以说通过 DNA 确定了衣物上血迹的来源。然而这并不意味着某甲一定接触了乙,更不必然意味着某甲杀害了某乙,因为某甲与某乙之间还可能存在多种可能关系:他人穿着某甲的衣物杀害了某乙,或者某甲因为偶然的原因与死后的某乙接触,或者某甲可能抢救过某乙所以衣物与某乙有接触……故而,就需要对某甲与某乙之间的关系进行确定,而此时关系的确定又以个体识别为前提。

事件重建本质上是无数关系的综合。关系推断只是局部的、零散的;而事件重建则是许多关系综合在一起的结果。因而,事件重建又以关系推断为基础。

所以,从上述分析不难看出,特征识别、特征比较、个体识别、关系推断、事件重建之间的关系是从局部到整体、从微观到宏观、从分析到综合、从简单到复杂的过程,这些认知行为之间的关系是一个层级结构关系。这个层级结构关系,可以用图 3－2 来表示。

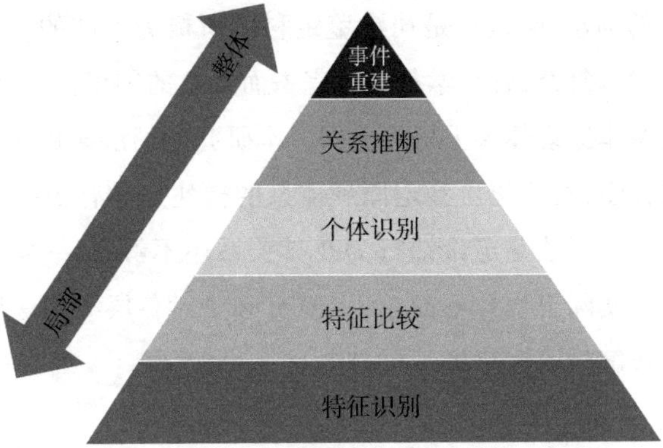

图 3－2　司法鉴定认知行为层级结构关系模型

需要说明的是,司法鉴定认知行为之间的层级结构关系,并不意味着所有司法鉴定项目或活动都必须逐一经历这五个层级。有可能有些鉴定认知行为,仅仅在较低层级阶段就已经达到目标,不必发展到较高的层级。如笔迹鉴定、指印鉴定,可能只需达到个体识别的阶段即可,而不需要进行关系推断或事件重建。但如果进行高层级的认知行为,则离不开低层级的认知行为的支持。如事件重建则可能需要特征识别、特征比较、个体识别、关系推断等层级的行为的支持。另外,这个模型也并不意味着,高层级的认知行为必然需要其下级的全部认知行为,而可能只需要其中部分认知行为;比如事件重建,可能只需要特征识别、特征比较和关系推断,而不一定需要进行个体识别。

司法鉴定认知行为的研究对司法鉴定认知结构的分析具有十分

重要的意义,因为司法鉴定认知是不能脱离具体行为而存在的。虽然逻辑结构、知识条件是其结构中必不可少的部分,但是这些逻辑要素和知识要素必须以具体的认知行为为载体。然而,确定司法鉴定有哪些认知行为以及它们之间的关系,却是颇具挑战性的任务。因为,这一任务具有高度的概括性,其内容几乎构成了对司法鉴定基本原理框架的构建,而这正是司法鉴定科学所极为欠缺的。司法鉴定学科门类纷繁复杂,各个学科都有完备而复杂的知识体系,但唯独在司法鉴定基本原理体系上极为薄弱。本研究对司法鉴定认知行为及其关系的探索,对于司法鉴定原理体系的构建是具有积极意义的。[20]但仅仅确定了司法鉴定认知行为及其关系还不够,每一层次的行为其内部关系实际上也并不简单,因而有必要对各层级司法鉴定认知行为进一步解析或再解析。

第二节　司法鉴定认知行为再解析

每一层级的司法鉴定认知行为,并不是最为简单的认知行为。实际上,各层级的认知行为,分别有着自己独特的内部结构。理解其

---

⑳ 虽然,Inman 和 Rudin 提出的"统一的法庭科学范式"中,将物证鉴定的过程分为:识别(identification)、分类和个体识别(classification and individualization)、建立关系(association)、重建(reconstruction),但他们没有将这些内容确定为不同的司法鉴定认知行为,还缺少了特征识别和特征比较,并且没有确立它们之间的层级结构关系。See Keith Inman & Norah Rudin, *Principles and Practice of Criminalistics: The Profession of Forensic Science*, CRC Press, 2001. Chisum 和 Turvey 将传统的法庭科学家的任务分为:识别/分类(identification/classification)、比较(comparison)、个体识别(individuation)、解释/重建(interpretation/reconstruction)。但 Chisum 和 Turvey 的框架中缺少特征识别和关系推断,并且没有将这个框架定义为认知行为,至于它们之间的关系也不甚清楚。See W. Jerry Chisum & Brent E. Turvey, *Crime Reconstruction*, Elsevier Academic Press, 2007. 本研究并未参考以上两种方案,而是在研究过程中查阅资料时,偶然发现以上方案与本研究有不谋而合之处,但本研究提出的认知行为框架与以上方案有显著不同之处:本研究明确确定了认知行为,并且更为全面,同时还明确描述并论证了它们之间的层级结构关系。

内部结构,对深入理解司法鉴定的结构性错误风险是必不可少的,因为:进一步探索这些认知行为的结构,有助于理解各层级行为的内在缺陷,而这些内在缺陷,可能是结构性错误风险的来源。

一、特征识别的认知解析

鉴定人所识别的特征大体可以分为两大类:一类是原生特征,另一类是派生特征。原生特征完全依赖认知者的感官知觉材料,如颜色、形状、气味、声响、软硬、冷热等外部刺激。对这些外部刺激的接收、挑选、处理,是通过认知者所既有的普通概念来完成的,大多数原生特征没有专门性。原生特征的识别是一种知觉(perception)活动。鉴定人需要以"五觉"——视觉、触觉、嗅觉、听觉、味觉——为基础,依靠它们在鉴定材料中寻找可以被称为"特征"的东西。当然,并非所有这"五觉"都必须同时运作,在不同的鉴定类别或项目中,侧重有所不同。从信息处理的视角来看,"五觉"所接受的外部刺激信号分别是:光信号、声信号、运动信号(触觉)、化学信号(嗅觉、味觉)。但是这些刺激信号本身并不会直接转化为"特征"。同一枚指印放在非专业人员眼前,他们无法发现任何指印特征,但在指纹专家眼下,可能发现许许多多特征。普通人和专业人士的眼睛在结构功能上并无不同,视网膜接收的都是相同的光信号,但普通人不能发现"特征",而专业人士可以发现"特征"。由此可见,知觉需要对各种刺激信号进行挑选、重组、解释。[21] 但对于特征识别来说,特征本身的性质也会决定特征将如何被挑选、重组和解释。

---

[21] 根据 Marr 从信息处理的立场来看,知觉对信息的处理分为三个层次:第一层次是知觉任务层或计算问题层,是从感觉刺激信息中定位生命体所需的情景信息;第二层次是算法(或程序)层,规定代表每种信息的格式,并且厘清信息彼此转化的具体方案或策略;第三层次是执行层(或硬件层),大脑的生理学过程如何实现算法。See Casey O' Callaghan, *Peception*, in Keith Frankish & William M. Ramsey eds. , The Cambridge Handbook of Cognitive Science, Cambridge University Press, 2012, p. 73 – 91.

派生特征的情况更为复杂。派生特征是人类干预、约定的结果，如速度、硬度、浓度、溶解度、易燃性、伤残等级这类特征的判定，并不以认知者的感官为充分必要条件，但需借助人们共同认可的程序或方法。一杯液体是否透明，我们用眼睛观察一下即可；是否有咸味，用口尝一下即可。这是对原生特征的识别。对此，无须科学共同体制定或认可的程序或方法。但这杯液体是否属于食盐溶液，需要用食盐的化学知识去判断；液体中食盐的浓度，则需要用浓度的计算公式去计算。食盐的化学知识和浓度计算公式，则是科学共同体制定或认可的判定程序或方法。当然，派生特征中也可能包含有原生特征的成分，如对速度的描述，虽遵循"速度 = 距离/时间"的计算程序，但是物体的运动及其快慢，并不受约定的影响，只是对快慢描述的方式和精确度会受到约定的影响。派生特征还可以分为两种情形：一是借助科学观察手段将原生特征信号转码或信号增强，以新的信号格式呈现出来的特征，如将声音信号转化为图像信号，将分子结构信号转化为光谱带信号，用显微镜将微观结构放大，用 X 射线对物体内部结构进行透视等；二是完全由人们之间的约定而产生，与原生特征信号无关，如溶解度、浓度、压强、电流、电压、磁场等。

无论原生特征和派生特征，二者的识别都离不开一个基本工具，那就是概念。只不过二者所依据的概念，其生成机制有所不同。[22]

---

[22] 对概念生成机制的解释分为两个方向：第一个方向专注人工范畴学习理论，通常用一些数学模型来代表学习过程，受到一些关于学习理论的基础研究的影响，比如条件反射理论，这部分理论主要用各种范畴来检验各种学习的理论，但对日常概念不太关注；第二个方向关注真实世界中的概念，特别关注高级知识在概念发生中的作用。本研究更关注现实的证据特征与概念的关系，因而倾向于接受第二个方向的解释理论。但第二个方向也有多种理论上的分野。See Gregory L. Murphy & Aaron B. Hoffman, *Concepts*, in Keith Frankish & William M. Ramsey, eds., The Cambridge Handbook of Cognitive Science, Cambridge University Press, 2012, p. 151 – 170.

(一)原生特征的识别

对原生特征的识别,所依据概念的产生来自归纳过程。原生特征的识别其实是普通的、非专门的认知。如颜色、形状、气味、味道、软硬等,这些特征是认知个体自出生以来,在成长过程逐步获得的概念。获得概念主要依靠归纳:(1)多次同类型、同性质信号的刺激,如反复看到同样的颜色,闻到同样的气味,尝到同样的味道,触摸同样的硬度……于是在心理上将重复接收到的刺激信号归入同一类别,这就是归纳;[23](2)因为这种归纳而形成一个稳定的心理接受模式,此即概念;(3)将概念与新的同类刺激信号相对照;(4)如概念与新的刺激信号存在相似,那么就可以用概念接纳新的同类刺激信号。

举例来说,法医病理专家是如何识别尸斑的"红色"?这需要事先有通过归纳而进行的概念准备:因为多次反复接受"红"信号的刺激,并将"红"信号的接收作为一个稳定的心理模式,从而形成"红"的概念。这个过程是理解或把握了"红"的真实所指或所谓,而并非仅仅知道"红色"这一名词(患红绿色盲者也知道"红色"这一名词,但并不知道"红"的真实意谓,因为患红绿色盲的人并未经历真实的归纳过程,并未真正把握"红"的真实所指或所谓)。这一过程其实是"自下而上"(bottum - up theories)和"自上而下"(top - down theories)两种认识操作程序共同作用的结果。[24] 其中,多次同类型信号反复刺激,形成稳定心理接受模式(概念),这就是"自下而上",而将已固定的心理模式去接受新的同类型刺激信号,也就是"自上而下",这

---

[23] 如果刺激信号足够强烈,则可能不需要反复的刺激信号,仅仅一次刺激就可以形成一个稳定的心理接受模式。

[24] 参见[美]Robery J. Sternberg:《认知心理学》,杨炳钧等译,中国轻工业出版社 2006 年版,第 94 – 105 页;Philips G. Zimbadro & Gerrig J. Richard, *Perception*, in Daniel Levitin ed., Foundations of Cognitive Psychology: Core Reading, MIT Press, 2002, p. 133 – 247。

也完成了原生特征的识别。从信息处理的解释框架来看,“自下而上”与“自上而下”,相当于原生特征识别的算法程序。

金岳霖先生在《知识论》中提出的“得自所与与还治所与”的理论,[25]其实也等于解释了这种普通的知觉过程如何形成。在金先生所处的年代,“所与”也许还无法理解为刺激信号(因为计算主义认知科学在彼时还未诞生),但“所与”其实就是外界刺激信号。“得自所与”即反复从同类刺激信号中获得一个稳定心理接受模式,相当于“自下而上”;而“还治所与”,则是用既定心理接受模式去接受新的同类型刺激信号。这个过程也许很复杂,但是普通认知活动乃至司法鉴定中的特征识别,却是在一瞬间完成的事。这里面,除了有熟能生巧的原因,还因为原生特征的识别是下意识的、顿现的知觉过程,因而无须复杂的推理过程。

但是,还有些时候,仅仅知觉到颜色、形状、气味、味道、质地,并没有完成原生特征识别的全过程。法医病理学家看到尸体低下部位有红色不规则斑块,并不会仅仅报告说“看到红色不规则斑块”,而是说发现了“尸斑”。那么法医病理学家为何将其称为“尸斑”,而外行人则为何仅仅“看到”红色不规则斑块?这是因为,法医病理学将这类“红色不规则斑块”命名为“尸斑”。因而,在法医病理学家的概念中,除了有自己归纳形成了一套概念,还有从病理学知识中又接受了另一套概念,但这一套概念不是归纳所得,而是学习所得。所以,原生特征的识别,有时也离不开专业知识提供的概念框架,否则,对这类原生特征无法识别,也无法知晓其真正的意谓或背后真正的原因。

(二)派生特征的识别

用于识别派生特征的概念,并非由作为个体的认知者自行建立。

---

[25] 参观金岳霖:《知识论》,商务印书馆1983年版,第384-385页。

派生特征的概念体系之建立,是若干群体共同努力的结果。这是因为,派生特征的概念体系实际上来自科学知识而不是一般的经验常识。比如,我们仅仅通过肉眼已经无法观察到纸张、油漆、金属、炸药的微观形貌,或者我们仅仅通过感官觉知,已经无法判断中毒者血液中毒物的含量是否超出了致死量。我们需要借助电子显微镜来进行极为微观层次的形貌观察,需要对中毒者血液中的毒物浓度进行测定、计算。无论是借助电镜观察,还是计算血液中毒物的浓度,都有特定的程序,这个程序不是由单个的鉴定人自行独立建立的,而是由法医毒物学家、化学家、物理学家及其他工程技术人员共同努力且相互约定的结果。鉴定人通过知识传递获得这些概念。当然,鉴定人要通过实践加深对这一概念的理解,这一过程并不是鉴定人通过感官觉知反复接受同类型刺激信号通过归纳而获得,而是通过学习而获得。鉴定人获得的这些概念,可以用于接收、理解、解释新的感知觉信号,但如果这些概念并不对应实际的感知觉刺激信号时,则更多的是把这些概念用于计算、推理、论证。如对血液中毒物浓度的获得,需要测量血液样本中毒物物质的量以及血液的体积,通过计算公式"浓度 = 物质的量/液体体积"来获得血液样本中毒物的浓度,这是用浓度概念来接受、理解、解释血液中毒物的浓度,这一过程也可以说是"自上而下"的过程。但此处的"自上而下",不是通过感知觉对客体特征与概念的相似性比较来完成的,而是通过计算、推理、论证来完成的,很多时候计算、推理、论证过程的复杂程度会远超计算公式"浓度 = 物质的量/液体体积"的复杂程度。如红外光谱、拉曼光谱、气相色谱、X 射线能谱等精密分析工具,对物质成分或性质的计算、推论会更为复杂。所以,对派生特征的"自上而下"的认知过程并非顿现的,而是通过严格程序、精确计算、严密推理论证来实现的,其中可能需要高深的科学原理和复杂的技术。可以说,科学发展越精细,派生特征体系就越庞大而复杂,对派生特征的识别技术就越复杂而精密。

通过以上分析,我们不难发现:原生特征的识别是“自下而上”和“自上而下”二者的结合,并且原生特征的识别过程是简单的、下意识的、顿现的,无须推理过程;派生特征的识别,则主要是“自上而下”的过程,而且这一过程需要计算、推理、论证等。但我们提请读者注意:并非原生特征的识别就完全不需要专门的科学知识,原生特征中有些时候仅仅需要一些经验常识就足够,但有些时候也需要科学知识,而这些科学知识是简单的,运用它们无须特殊的推理过程;派生特征的识别过程则必须有科学知识的参与,并且自始至终参与,必须有严格的计算、推理过程。它们之间的共同之处是,无论是原生特征的识别还是派生特征的识别,都离不开概念,概念是特征识别的必要条件。

二、特征比较的认知解析

特征比较是非常复杂而解析难度较大的问题,在生物识别技术中,特征比较也是其技术核心。特征比较可以是通过记忆模板的比较,也可以是通过实物样本的比较;可以是一对一的比较,也可以是一对多的比较;比较的方法也多样,如形态学比较(图形重叠、拼接、特征点关系、特征点对照)、数据比较、动作模式比较等;并且,特征识别的效果会直接影响特征比较的效果。特征比较还可能是基于明确的、可量化的特征的比较,也有特征定义不明确的、量化程度低的特征的比较。在现有可供生物识别的媒介中(指印、掌印、人脸、虹膜、步法、耳郭纹、语音、签名、掌形、牙痕、血管网形态等),每一种媒介的特征比较都有所不同,可见特征比较的方法种类很多,且算法复杂程度不等。[26] 所以,要将所有特征比较的方法一一列举出来,显然无此

---

[26] See Anil K. Jain, Patrick Flynn & Arun A. Ross, *Handbook of Biometrics*, Springer, 2008, p. 1 – 270.

必要。但我们从这些特征比较方法中,可以抽象归纳出一些共同之处。

无论什么样的特征比较,其核心思想都是确定特征之间的相似性。这个相似性,可以是宏观的,也可以是微观的;可以是形态的、模式的,也可以是数字的、逻辑的。相似性可以作为筛选的工具,也可以作为最后判断的根据。在一对多的比较中,特征比较的目的是从众多样本找到一些较为相似的样本,这个时候的比较,往往是对较为宏观的种类特征进行比较,而一般不会从微观的个体特征进行比较(即使在算力强大的智能识别系统中,从微观个体特征开始的一对多比较,将极大增加系统计算负担,占用更多计算资源,因而也不会采用以微观个体特征为主的特征比较)。在一对多的比较筛选了一些高相似度的样本之后,就会对这些检材和样本进一步比较,这时就会逐步转到对相对较为细节的特征的比较。直到逐一排除不一致的样本之后,仅剩一个样本时,就进入了一对一的比较了。此时的特征比较就是全面的:既有宏观的,也有微观的,并且最后的决定以微观特征的相似性为主要根据。

然而,无论是哪个层次的特征比较,我们都可以把这个比较的关系抽象为如下结构。

如果 A 与 B 之间特征体系存在如下关系:

f_1与 f'_1、f'_2、f'_3… f'_n之一相符(或不相符)

f_2与 f'_1、f'_2、f'_3… f'_n之一相符(或不相符)

f_3与 f'_1、f'_2、f'_3… f'_n之一相符(或不相符)

……

f_n与 f'_1、f'_2、f'_3… f'_n之一相符(或不相符)

所以,A 与 B 来源相同或不相同

当相符合的特征达到一定的标准,㉗才可以判断说:A 与 B 的种类相同,进而达到可以进行个体识别的程度。通过这个过程,我们可以发现特征比较具有类比推理的特点:基于同类相似特征进行推理。㉘ 并且,特征比较是从特征有限数量相符合(或不相符)"跳跃"到无数潜在的特征之间可能相符(或不相符),是一个从个别到一般的过程,因而它具有归纳属性。

三、个体识别的认知解析

(一)个体识别的认知预设——"个体独特性"

个体识别是基于一个认知预设,即"个体独特性"(individual uniqueness)预设。所谓"个体独特性",是指客体具有一些与其他所有同类客体完全不同的属性。弗朗西斯·高尔顿 1892 年出版的《手印》一书中,用统计学方法证明两枚指印所有细节特征完全相同的概率是 $1:2^{36}$。根据这个概率,如果要发现完全相同的两枚指纹是不可能的,全球人口总数要达到 160 亿,每个指纹都是独一无二的。㉙ 自那以后,几乎所有登上法庭的物证,都纷纷强调自己具有类似指纹的独特性。如枪管内壁制造膛线时,金属加工的纹线是有独特性的,因

㉗ 这个标准在指纹鉴定中,可能为细节特征的个数,或者根据相似特征的个数为相似度评分,如采用公式:$Score = k/[(m+n)/2]$,其中 k 是特征符合的数量,m + n 是检材和样本特征数之和。See Davide Maltoni, Dario Maio, Anil K. Jain & Jianjiang Feng, *Handbook of Fringerprint Recognition*, 3rd edition., Springer, 2022, p. 233. 而在其他类别的鉴定中,可能没有明确的个数,因为有些时候可能存在所谓的特征质量,也就是特征的独特性和稀缺性,所以这种鉴定中的判断和决定有一定的主观性。

㉘ See Levi B. Larkey & Arthur B. Markman, *Processes of similarity judgment*, 29 Cognitive Science, 1061(2005).

㉙ See Fransis Galton, *Finger Prints: The Classic 1892 Treatise*, republished by Dover Publications, Inc., 2005, p. 111.

而膛线痕迹也像指纹一样是独一无二；[30]赤足的足底花纹是有独特性的，鞋的外底是有独特性的；[31]牙齿印痕是有独特性的；[32]每个人的笔迹是有独特性的；[33]每个人说话的声音是独一无二的；[34]每个人的DNA 碱基对排序是独一无二的；[35]甚至不同地方的土壤属性也是独一无二的……[36]因而，所有的物证要展示自己的证据价值时，都必须声称或证明自己的独特性。当然，这些物证关于独特性的声明，有些

---

[30] "这些缺陷和膛线常规的排列模式，当然会在弹头上以凹陷痕迹的形式被观察到。长期以来，已经证明，存在这种随机产生的缺陷，显微镜下可以看见是整齐的平行线，有点像商品包装上的条形码，它们和人的指纹一样，是独一无二的。" See Tom Warlow, *Firearms, the Law and Forensic Ballistics*, CRC Press, 2005, p. 117.

[31] See William J. Bodziak, *Forensic Footwear Evidence*, CRC Press, 2016, p. 323 – 339, 409.

[32] "因为人类牙列的属性，牙痕鉴定已经取得成功…… 人类牙列对每个特定的人来说都是独一无二的。这包括了牙冠部、牙根部的形态、牙髓腔的形状与曲度等形态学特征，以及它们与周围结构的关系……加上对一系列解剖特征的牙科人工修复，因而可以作出独一无二的识别。" See C. Michael Bowers, *Forensic Dental Evidence: An Investigator's Handbook*, Elsevier Academic Press, 2011, p. 74.

[33] "和指纹鉴定相类似，笔迹鉴定假定了每个人的笔迹都是独一无二的。" See Heddi H. Harralson & Larry S. Miller, *Huber and Headrick's Handwriting Identification: Facts and Fundamentals*, 2nd edition, CRC Press, 2018, p. 81.

[34] "在涉及电话威胁或录音带留言时，侦查人员可能需要声纹分析部门的技能，将语音与特定嫌疑人联系起来。结果，大量案件都用声谱仪来处理，声谱仪是一种仪器，它将语音转化为视觉可见的声纹(voiceprint)。这项技术作为人身识别的手段，其有效性依赖这样一个前提，即言语中产生的声音模式对每个人都是独一无二的，而声纹展示了这种独特性(uniqueness)。" See Richard Saferstein & Tiffany Roy, *Criminalistics: An Introduction to Forensic Science*, 13rd edition, Pearson Education, Inc., 2021, p. 13.

[35] "据估计，人们之间绝大多数 DNA 碱基对排序(超过 99.7%)是相同的。我们只有小部分 DNA(大约 0.3% 或 1 亿多核苷酸)是人各不同的，这使得我们成为独一无二的个体。随着越来越多人类基因组排序的完成并彼此进行比对，新发现的基因组信息将便于更好理解人类差异性。人类基因组的多样性赋予了用 DNA 信息进行人身识别的能力。" See John M. Butler, *Fundamentals of Forensic DNA Typing*, Elsevier Academic Press, 2010, p. 29.

[36] "土壤证据的终极鉴定价值取决于其在犯罪现场的独特性(uniqueness)。" See Richard Saferstein & Tiffany Roy, *Criminalistics: An Introduction to Forensic Science*, 13rd edition, Pearson Education, Inc., 2021, p. 368.

是经过数学、逻辑和实证的研究。如弗朗西斯·高尔顿在他的著作中,专用一章的篇幅来证明指纹具有独特性,后来美国联邦调查局在指纹档案中检索,没有发现两个人的指纹是完全相同的,并且在120多年世界各国运用指纹的历史中,没有发现一例两枚指纹是完全相同的。DNA证据也进行过个体独特性的统计学研究,因为应用广泛,从而获得了“证据黄金标准”的地位。笔迹也进行过个体独特性的研究,[37]但未获得广泛共识。其他类型的法庭科学证据在个体独特性上的研究规模都极小,或者没有研究过个体独特性。所以,个体识别背后的“独特性”,并不是对所有个体进行的实证研究而得出的结论,而只是一种假设——“个体独特性”假设。

“个体独特性”假设源于一种意识形态。这种意识形态最初的目的在于证明上帝之存在,而“自然的无穷多样性”(nature’s infinite variation)则是证明上帝存在的证据,因为只有上帝才能创造大千世界的五彩缤纷,林林总总;而如果世界是人类创造,那么因其自身的局限性,他们所创造的世界则可能发生重复。因而,如果不承认自然的无穷差异,则等于不承认上帝无所不能的伟力。随着人本主义的复归,这一意识形态逐渐式微。但在20世纪,个体独特性思想又回潮了,20世纪是个体性觉醒的世纪。人们认为只有承认人类个体之间的独特性差异,才能承认作为个体的价值,而承认共性就会抹杀个体价值。因而,20世纪的个体独特性假设是一种社会思潮。不过20世纪的个体独特性假设,不是基于上帝全知全能,而是基于人类属性的复杂性和多样性。罗素指出:“一个‘人’的实例除了人性以外还有其他性质:他是白人或黑人,法国人或英国人,聪明或愚笨,以及其

[37] See Sargur N. Srihari, Sung - Hyuk Cha, Hina Arora & Sangjik Lee, *Individuality of handwriting*, 47 Journal of Forensic Sciences 856 (2002); Sargur N. Srihari, Sargur N. Srihari & Lisa Hanson, *Development of individuality in children's handwriting*, 61 Journal of Forensic Sciences 1292 (2016).

他等等。他的护照列举了他的一些特点，足以使他与其余人类区别开来。这些特点当中每一个人都被假定存在于许多其他实例身上。有些幼小的长颈鹿具有他的护照上所说的那种身高，并且有些鹦鹉和他的生日相同。只是性质的集合才使这个实例具有唯一性。每个人事实上都是由这样一个性质集合来确定的，在这些性质中人性仅仅是其中之一。”[38]罗素主张的人的个体独特性，在于人具有各种各样的属性，这些属性彼此叠加，而每个人的所有属性都叠加起来，就成了每个人作为个体唯一性的根据。

如果意识形态的、哲学的理论论证没有为法庭科学个体独特性假设提供充分的证据，那么“雪花综合征”也许是这一假设的“实证”证据。一名年轻农场主声称用新型的照相术研究了雪花形态，他拍摄了 5381 张显微照片，但没有发现有两片完全相同的雪花。[39] 但更让人坚信不存在两片完全相同雪花的理由，是平均每片雪花大概有 10^{15} 个水分子，数量如此庞大的水分子组成的雪花完全有理由彼此不同。雪花的彼此不同，慢慢成了法庭科学著作经常引用的理论论据，甚至被称为法庭科学的“雪花范式”（snowflake paradigm）。[40]

（二）个体识别的认知结构

前面已经提到，个体识别是一个限缩个体范围的认知过程，而个体识别与种类识别本质上并无不同。个体识别实际上遵循着多元属性叠加的认知结构，也就是说，个体并不是由某个单一属性所定义，一个具体的人不能够仅仅以身高来定义，因为相同身高的人很多；相

㊳ ［英］罗素：《人类的知识：其范围与限度》，张金言译，商务印书馆 1983 年版，第 357 – 358 页。

㊴ See C. Michael Bowers, *Forensic Testimony: Science, Law and Expert Evidence*, Elsevier Academic Press, 2014, p. 149.

㊵ See John I. Thornton, *The Snowflake Paradigm*, 31 Journal of Forensic Science 399 (1986).

反,个体是由多个属性的叠加来定义的。如具体的个人可以包括姓名、性别、年龄、身高、体重、肤色、发型、衣着等无数特征,通过多个特征的叠加,我们才能确定一个具体的人。个体识别,正是在这样的逻辑前提下展开的,个体识别的认知逻辑结构也根据个体特征的多元性叠加来展开。

我们可以对个体识别作这样的结构性分析:假设在一个样本集中有 N 个样本,它们具有特征 a、b、c、d……但这些特征不是所有样本所共有的特征,每个特征可能各自对应多个样本,或者某个样本同时拥有这些特征。特征 a、b、c、d……来自哪里呢?当然是来自某个案件中可能会成为物证的东西,如某个案件现场提取的指纹、生物检材、照片、声音等。当进行个体化或个体识别时,将特征 a 作为分类依据,假设在样本集中发现集合 $\{N_a\}$ 有特征 a;再将特征 b 作为分类依据,则发现有集合 $\{N_b\}$ 符合特征 b。但如果要同时具有特征 a、b 的样本集合,那么这个集合应当为 $\{N_{ab}\}$。显然,集合 $\{N_{ab}\}$ 可能小于等于 $\{N_a\}$ 或 $\{N_b\}$。如果继续根据特征 c、d 来确定样本,那么毫无疑问,各自的集合分别为 $\{N_c\}$、$\{N_d\}$。如果要同时满足具有特征 a、b、c、d……的条件,那么集合为 $\{N_{abcd\cdots}\}$,这个集合比任何一个其他样本子集都要小。当这个集合中只有一个样本的时候,也就是 $\{N_{abcd\cdots}\}=1$ 的时候,我们就说确定了唯一一个完全符合条件的对象,也就实现了对某一对象的个体识别。这也就是所谓"个体识别被理解为将痕迹物证的可能来源,限缩为宇宙中唯一的客体"[41]。个体种类识别同样是在样本集中筛选符合预定特征的样本,只不过最终符合预定特征的样本数量并非唯一的。也就是说,个体种类认定的本质是符合特征 a、b、c、d……这一条件的样本子集中,其样本数量

---

[41] Simon A. Cole, *Forensic without Uniqueness, Conclusions without Individualization: the new epistemology of forensic identification*, 8 Law, Probability and Risk 235 (2009).

大于1,即$\{N_{abcd\cdots}\}>1$。也就是说,全部具有这些特征的个体不止一个。

四、关系推断的认知解析

一份合同上的签名,被认定为是某甲所写(E),那么可以推断这份合同与某甲存在关系:某甲签署了这份合同(H),但如果没有认定某甲签名($\bar{E}$),那么仅仅通过所签署的姓名无法证明某甲签署了这份合同。这说明如果通过签名来证明某甲与合同的关系,那么认定签名为某甲所写,则更有利于推断某甲与合同的关系。

在死者的衣物上发现一些羊毛纤维,经鉴定这些纤维被认定与某乙的毛衣纤维颜色、质地、表面形状等特征一致(E),那么因为有E的存在,有助于推断:某乙与死者可能有过接触(H),但如果死者衣物上没有发现这些羊毛纤维,或者没有认定这些纤维与某乙毛衣纤维的相似特征($\bar{E}$),则推断某乙与死者之间可能存在接触关系的根据被削弱。

在某丙的鞋底上发现一些泥土,经鉴定这些泥土被认定与某现场的泥土纤维形态、物质成分高度相似(E),因而这有助于推断:某丙的鞋曾经被人穿着步入该现场(H),但如果没有发现这些泥土,或者没有认定这些泥土与现场泥土之间的相似性($\bar{E}$),则推断某丙与现场之间关系之根据被削弱。

……

这些例子其实都是"四维链接模型"的实例:人与物的关系、人与人的关系、人与现场的关系。这些关系的推断或证明,要么是通过个体识别来实现的(如签名),要么是通过种类识别来实现的(如纤维、泥土),当然它们都必须经历特征识别和特征比较。

这些例子中,当鉴定提供某一肯定性意见时,即提供了一个证据,表示为E;反之,则缺乏这样的证据,因而表示为$\bar{E}$。分别在E或

$\bar{E}$ 的条件下,我们对关系推断 H 成立的确信度是不同的:在 E 条件下,推断关系 H 成立的确信度高;在 $\bar{E}$ 条件下,推断 H 成立的确信度低;或者,也可以反过来说,在 $\bar{E}$ 条件下比在 E 条件下更容易证明 H 不成立的确信度更高。总之,只要在二者取其一的条件下,更容易或更不容易证明 H 成立,可以证明 E 或 $\bar{E}$ 与 H 有关联,但不能对 H 是否成立不产生任何影响。

如果我们用条件概率来表示这样的推理,也许更容易理解。H 是否成立,所依据条件是 E,在结合案件的其他信息 I 的情况下,可以表示为 $Pr(H|E,I)$。它的含义:在案件其他信息 I 不变的情况下,如果有证据 E,那么 H 成立的概率。同样对于 $\bar{E}$ 且案件其他信息不变的条件下,H 成立的概率也可以表示为 $Pr(H|\bar{E},I)$。H 是否成立就取决于这两个条件概率值了:要么前者概率值大于后者概率值,要么小于后者概率值。但二者不能相等,也就是 $Pr(H|E,I) = Pr(H|\bar{E},I)$:因为,在这种情况下等于无论是 E 或 $\bar{E}$,都不是 H 成立的条件。所以,关系推断本质上等同于证明 $Pr(H|E,I) \neq Pr(H|\bar{E},I)$,这意味着证据 E 是否存在,对于 H 成立的概率是有影响的。

如果熟悉《美国联邦证据规则》第 401 条对关联性的表述,“关联证据就是指,证据具有使任何对于决定诉讼结果的事实之存在,比没有该证据时更有可能或更无可能的趋势”,那么,不难发现,这里对关系的定义与对关联性的表述,二者内涵是一致的。如果要确定司法鉴定中客体之间关系是否存在,那么我们也主要是试图证明这两个条件概率值是否相同。当然,事实上鉴定人未必进行了这样的计算,但是他们不自觉地运用了这样的思想。所以,$Pr(H|E,I) \neq Pr(H|\bar{E},I)$ 不但定义关系或关联性,同时也为关系推断提供了认知基本框架。

当然,证明 $Pr(H|E,I) \neq Pr(H|\bar{E},I)$ 是关系推断的基本认知框架,至于如何在这一框架下推断关系,归纳逻辑、演绎逻辑、回溯推

理、科学原理、生活经验等都可能提供具体方法,如何应用这些关系推断的方法,不符合本研究进行一般性探究的目的,无须一一详述。

五、事件重建的认知解析

事件重建,并不是要把已经发生的事件重新呈现于物理世界中。已经发生的事件已经“往而不返”,无论如何也不可能将其真正重新呈现出来。所谓重建,有一些隐喻的味道:它有些像把打碎的瓷器碎片重新拼合起来,试图“还原”这件瓷器原来的面貌。然而,瓷器一旦打碎,它原来的面貌实际上是不可能真正复原的,而拼合起来的碎片,可能不同程度地接近于原貌,但不等于原貌。事件重建也不过是试图利用已有的、离散的证据,对事件发生的时间顺序、空间顺序进行的解释。犯罪现场的重建,是一种典型的事件重建,它的步骤能为揭示事件重建的认知解析提供一些参考。

根据 Ogle 和 Plotkin 的描述,犯罪现场重建包括如下步骤:

> (1)识别对重建必不可少的物证;
>
> (2)准确记录物证;
>
> (3)正确采集物证;
>
> (4)对重建必不可少的物证进行实验室检验;
>
> (5)分析来自现场的资料和实验室检验的资料;
>
> (6)将所有的资料综合(synthesis)为一个融贯的(coherent)假设;
>
> (7)一旦假设形成,用逻辑分析或实验判断是否所有已知事实可以被假设所解释。[42]

以上步骤(1)(2)(3)可以视为一个收集信息“碎片”的过程(包

---

[42] Ogle, R. R., Plotkin, S. L., *Crime Scene Investigation and Reconstruction*, 4th edn., Hoboken: Pearson, 2018, p. 320.

含有特征识别,也可能有特征比较),步骤(4)是对这些信息碎片进行甄别(包括有特征识别、特征比较和个体识别)的过程,步骤(5)则是对所有信息碎片之间的关系进行分析(关系推断),步骤(6)是把所有信息碎片"拼合"在一起形成一个对事件的假设性描述,步骤(7)则实际上是用于验证假设的。

以上对犯罪现场的重建的步骤,基本上也适用于在物证层面的微观事件之重建。在第一章图 1-2 中的案例,展示的就是一个微观事件的重建过程,在那里我们提出了原子事实、组件事实、系统性事实的概念,其实已经暗含了事件重建的思想在其中。如果我们把这一案例与上面犯罪现场的重建进行比较,会发现二者其实都是一致的。

总之,我们可以将事件重建的认知过程进行一般化:获取重建所需的信息材料—逐一分析每一个可能用于重建的信息材料—建立这些信息材料之间的关系(时间线关系、空间关系)—综合所有的关系形成对事件的假设性解释。这个认知过程可以用图 3-3 表示。

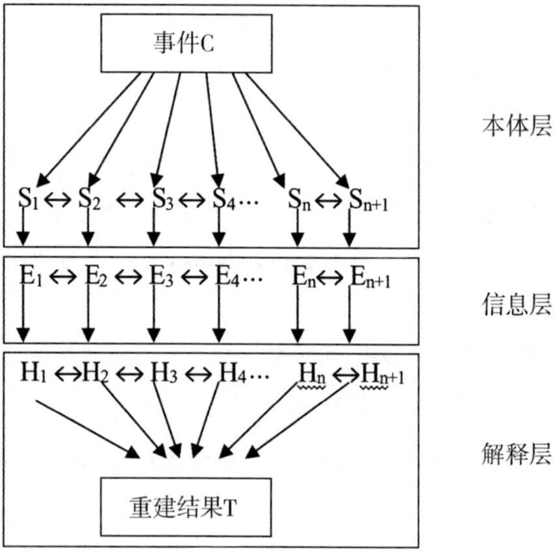

图 3-3 事件重建的认知结构模型

图3－3中我们把重建的结构为三个层：本体层、信息层、解释层。本体层即事件本身及其所遗留信息所在的时空；信息层则是从各种信息源中提取出的信息（包括证据）；解释层则是根据这些信息（证据）对事件的推论。图3－3中的S序列代表不同的证据来源，它们是事件C所产生的，相当于在犯罪现场遗留信息材料的各个时空位置，它们属于本体层。E序列表示证据、信息材料，它既可以是物证，也可以是物证的特征，还可以是犯罪现场发现的证人证言，总之，其种类很多，它们属于信息层。E和S的关系，表明各种证据、信息材料不同的来源，S序列的箭头其实代表着信息材料的搜集阶段。H序列相当于由各种信息材料推断出的各种关系，只不过这些假设是分散的，彼此之间还没有进行综合。最后的T才是对H序列的综合，它们属于解释层。所以，从总体上来说，事件重建就是利用信息层，提出解释层，并且力图使解释层能够符合本体层。

现实中的事件重建，毫无疑问会比这个模型更为复杂，不同序列之间并不一定是一一对应的关系，还可能是交叉网状结构。这个模型既可以被视为事件在时间线上不同时间节点的“切片”，也可以用于描述事件全貌重建的认知过程。

从这个认知结构模型可以看出，解释层内部的逻辑关系是一个归纳推理的过程：将多个关系假设综合为一个对事件全貌的“叙事”。至于从信息层到解释层，是用信息、证据去推出各种关系，其间推理主要是回溯推理，因为这些证据、信息是如何形成的，这些假设其实就是对它们的解释。当然，从整体上来说，事件重建的逻辑推理是回溯推理。

小　结

司法鉴定认知行为可以分为：特征识别、特征比较、个体识别、关系推断、事件重建。它们之间是一种层级关系:从局部到整体、从分析到综合、从微观到宏观。但这一关系并不意味着所有司法鉴定认知行为都必须逐一经历这五个层级,但高层级需要低层级的支持。

特征识别是一个用概念去接收感知觉信息的过程,可以分为原生特征识别所需的概念和派生特征的识别,原生特征的识别所需的概念是认知者自行形成或通过学习获得,派生特征识别所需的概念则只能通过学习获得。特征比较是复杂的认知行为,有各种形式的特征比较方法,但都是基于特征的相似性展开,特征比较具有类比推理、归纳推理的特点。个体识别是基于“个体独特性假设”而存在的,是限缩个体范围的过程。关系推断是基于关联性的定义,也就是$(H|E,I) \neq Pr(H|\bar{E},I)$,它表示相反证据对同一关系支持的条件概率不等值,也为关系的推断提供了方法框架。事件重建,是一个类似于“拼图”的过程。

在第二、三章,我们对司法鉴定认知的逻辑基础、知识要素、司法鉴定认知行为及其彼此关系进行了充分、深入的分析,那么司法鉴定错误与认知结构有关系吗?司法鉴定是否存在结构性错误风险?这些风险来自何方?

第四章　司法鉴定的结构性错误风险

结构性风险(structural risk)本是一个经济学术语,其意思是一个经济体的构成成分占比不均衡而带来的风险,如产业结构、收入结构、资本结构等如果不均衡,可能给经济体带来不稳定性。司法鉴定错误的认知也有结构性风险,但它并不是由于司法鉴定认知的组成部分占比上的不均衡所致,而是由于司法鉴定认知结构的天然属性所致;而且,这种错误风险是司法鉴定与生俱来的,无法通过改善认知行为从根本上消除这类风险。当然,这并不意味着所有的司法鉴定活动都必然会犯错误,而只是这种认知结构存在导致司法鉴定错误的可能性。

和认知偏差导致司法鉴定错误不同,司法鉴定错误的认知结构性风险与具体的司法鉴定人的认知能力基本无关(其中特征识别错误则部分与鉴定人的认知能力有关),与司法鉴定程序设计无关,与防止认知偏差的程序性措施无关;只要存在司法鉴定活动,这类错误风险就一定存在。对这种结构性风险的探究,一方面有助于我们更深入地理解司法鉴定的本质,另一方面也为理解司法鉴定错误提供了不同的视角。

在第二、三章中,我们分析了司法鉴定的认知结构:逻辑基础、知识要素、认知行为及其内在关系,在本章将分别就认知结构的“构件”讨论它们如何导致司法鉴定错误风险。

第一节 回溯推理与司法鉴定错误风险

一般认为,查尔斯·桑德斯·皮尔斯(Charles Sanders Pierce)是回溯推理的首位研究者,并且创造了abducition(回溯)一词。回溯推理,还有别的称呼,如假设推理(presumptive reasoning)、可撤销推理(defeasible reasoning)、合情推理(plausibilistic reasoning)等①。尽管皮尔斯把回溯推理与归纳推理、演绎推理并列,但有许多逻辑学著作并不承认它的这一地位,或者有的著作干脆放弃对它进行命名。但是,回溯推理在人工智能、法律、科学探索中有着广泛的应用。和演绎推理不同,回溯推理是非必然推理,它的结论并不一定为真。演绎推理的特点是,只要前提真,则结论一定为真。如"凡人皆有死,苏格拉底是人;所以,苏格拉底会死"。这是研究论证理论经常引用的例子。其中"凡人皆有死"是一个为真的大前提,"苏格拉底是人"是一个为真的小前提,而"苏格拉底会死"必然为真。这一结论之所以必然为真,是因为这是一个演绎推理,且两个前提为真。但回溯推理的形式看起来也有些像演绎推理,却没有必然为真的保证。从"苏格拉底会死"和"苏格拉底是人"的前提,推出"凡人皆有死"的结论,在逻辑上并不是必然的,而这种推理形式就是回溯。

一、回溯推理具有猜测性

回溯推理是一种猜测性推理。皮尔斯认为:"回溯(推理)是一个形成解释性假设的过程。"皮尔斯用"口袋—豆子"的例子分别说明归纳推理、演绎推理和回溯推理:

---

① See Dauglas N. Walton, *Abductive Reasoning*, the University of Alabama Press, 2005, p. xii – v.

归纳

前提1:这些豆子来自这个口袋。

前提2:这些豆子是白色的。

结论:这个口袋里的所有豆子都是白色的。②

这是从有限的、已知的、特殊的事实(一些豆子来自一个口袋且是白色的),推出了一个概括性事实或一般性事实(这个口袋里的所有豆子都是白色的)。

演绎

前提1:这个口袋里的所有豆子都是白色的。

前提2:这些豆子来自这个口袋。

结论:这些豆子都是白色的。③

很明显,前提1是一个一般性命题(描述了口袋里的所有豆子),前提2是一个描述特殊事实的命题(这些豆子来自这个口袋,应该还不知道颜色),二者结合最后产生了一个新的特殊事实命题(这些豆子都是白色的)。

相比之下,皮尔斯对回溯推理的描述可能更精彩。

> 假定我进入了一个房间,在那里发现许多口袋,口袋里有不同种类的豆子。桌子上有一把白色豆子;经过检查,我发现只有一个袋子有白色豆子。我立即作为一种概率或猜测推断:这把豆子是从这个袋子里拿出来的。这种推理被

---

② Chales S. Peirce, *Collected Papers of Charles Sanders Peirce. Vol. 2, Elements of Logic*, edited by Charles Hartshorne and Paul Weiss, Harvard University Press, 1965, p. 375.

③ Chales S. Peirce, *Collected Papers of Charles Sanders Peirce. Vol. 2, Elements of Logic*, edited by Charles Hartshorne and Paul Weiss, Harvard University Press, 1965, p. 374.

称为“提出了一个假设”。④

为什么说皮尔斯所提出的回溯推理是一种猜测呢？从这个关于判断“豆子来自哪个口袋”的例子中,我们不难发现这种猜测性。桌子上的白色豆子,既可能是来自那个全是白色豆子的口袋,也可能是被人从别处拿来放在桌子上而并非从袋子里拿出来的。也就是说,豆子来自哪里,其解释需要在两种可能性中选择。但这种选择并非如抓阄一样随机挑选,而是结合了一定的情景性条件:房间里有许多装有豆子的口袋,有一个口袋里全是白色豆子,桌上有白色豆子。从心理学来说,基于这种联想的关系,就很容易得出结论说,桌上的豆子来自那个装有白色豆子的口袋。但是,这并未完全排除另外一种可能性,如果没有更为充分的证据,其实很难完全排除另外一种可能性,所以这种可能性的选择就体现出了一种猜测性。

如果我们把皮尔斯的例子和司法鉴定的推理进行仔细比较,就很容易发现二者具有高度相似性:从犯罪现场提取指印(桌上的豆子),从数量不确定的个体中寻找嫌疑人(房间里装有豆子的所有口袋),经过搜索确定了一名嫌疑人(全是白色豆子的口袋),经过对现场指印和嫌疑人指印的特征识别(白色)和特征比较(都是白色),最后鉴定人得出结论说:现场指印来自嫌疑人的指印(桌上的豆子来自全是白色豆子的口袋)。不仅手印鉴定,把其他类型的鉴定如DNA鉴定、语音鉴定、笔迹鉴定等同一认定型的鉴定与这个例子相比较,也都可以发现这种相似性;把法医病理学鉴定、法医临床鉴定、环境损害鉴定、电子数据证据鉴定和这个例子比较,也一样可以发现这种相似性。

---

④ Chales S. Peirce, *Collected Papers of Charles Sanders Peirce. Vol. 2*, *Elements of Logic*, edited by Charles Hartshorne and Paul Weiss, Harvard University Press, 1965, p. 375.

二、回溯推理是最佳解释推论

一个发烧的病人,可能是因为得了肺炎,也可能是因为感冒了,还可能是对药物的反应。总之,有许多原因会导致发烧,那么医生如何确定病人到底是什么原因发烧的呢？医生会询问病人最近的饮食起居情况、生活习惯、疾病流行情况、药物使用情况、既往病史等。总之,医生可能会把所有能导致病人发烧的解释都找出来,再结合病人的饮食起居、生活习惯等信息,排除其他可能的解释,最终选择一个他认为最为合理的解释,比如认为他可能得了肺炎。

如死者口腔黏膜、眼睑和眼角膜有红色出血点,可能是机械性窒息,可能是一氧化碳中毒,也可能是氰化物中毒等。但根据死者的其他尸体现象,如在死者颈部有U形索沟,索沟周围有炎症反应等特征,那么法医病理专家将因此排除其他可能的解释,而他认为最合理的解释是机械性窒息。

在图4－1的笔迹中,明显可见运笔笔画抖动现象,对这一现象的解释有多个:抖动可能是因为摹仿书写;可能是因为书写人年老体衰;可能是因为衬垫物不平整,如书写桌面的木材纹理导致。但如果发现书写人并非年老体衰,而且其他邻近字迹没有这种抖动现象,笔迹鉴定专家可以因此认为,最为合理的解释是摹仿书写导致。

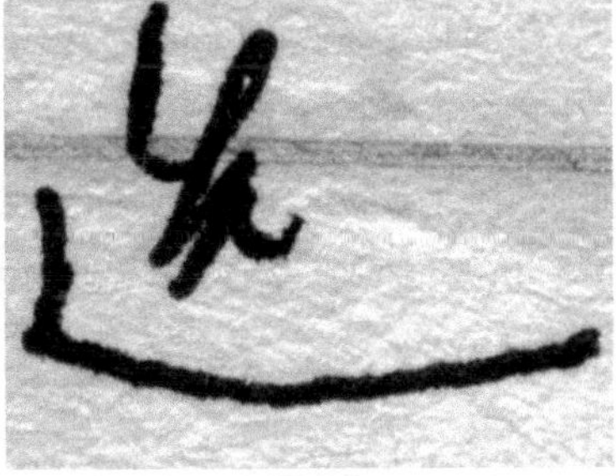

图4－1　运笔笔画抖动现象

这些所有的推理，都是基于所观察到的现象而形成的多个解释。但作出判断的人，通过结合其他证据、信息作出了一个他认为最合理的、最佳的解释，这种推理就是最佳解释推论(reference to the best explanation)。Lycan 对最佳解释推论的推理形式作了如下定义：

$F_1 \ldots F_n$是需要解释的事实。

假设 H 解释了 $F_1 \ldots F_n$。

没有找到竞争性假设能够像 H 那样解释 F_1。

因此，H 有可能是真的。⑤

看起来这个推理与回溯推理好像不是一回事，但如果我们把这个推理形式改写一下：

如果 H 是成立的，那么 $F_1 \ldots F_n$能够得到合理解释。

$F_1 \ldots F_n$能够得到合理解释。

所以，H 有可能是成立的。

这个推理形式就有些像回溯推理了。我们再把上面"豆子—口袋"中回溯推理的例子拿来对照分析一下：桌上一把白色的豆子来自哪里是一个需要解释的事实 F_1，房间里只有一个口袋里的豆子全是白色的，桌上的豆子是从这个全是白色豆子的袋子里取出来的，因而这是一个假设 H，竞争性假设是豆子可能不是从这个袋子里来的，但根据现在的信息，最能够合理解释 F_1 的是假设 H——"桌上的豆子是从这个全是白色豆子的袋子里取出来的"。因为，就目前来看，仅有这个假设有较为优势的证据能够支持它，而支持竞争性假设的理由几乎没有。回溯推理既是发现的推理也是证成的推理，回溯推理既发现了假设 H，并且也要证明假设 H 成立的理由较为充分。从这

⑤ William G. Lycan, *Judgment and Justification*, Cambridge University Press, 1988, p. 129.

一角度来看,“回溯推理最好被确定为‘最佳解释推论’”⑥;“回溯推理经常被等同于最佳解释推论”⑦。

不难发现,最佳解释推论并不是必然性推理。最佳解释推论一般分为两个阶段:一是解释的发现阶段;二是合理解释的选择阶段。⑧解释的发现阶段常常需要背景性知识,如引起发烧的疾病类型,引起口腔黏膜、眼角膜及眼睑的出血点的死亡方式,引起运笔发生抖动的情形等。充分的背景性知识常常可以快速提供解释原因,但也会带来风险。“与我们的经验信念背景相融贯的假设虽然招人喜爱,但会阻碍我们考虑一些不太常见的假设,这些假设可能会被我们在特殊情形下的证据所支持。”⑨偏好背景性知识往往过多地考虑了先验概率,而忽视了后验概率。因为背景性知识对发现解释的便捷性,常常是可得性启发法和代表性启发法发挥作用的情景。这二者虽可提高认知的效率,却存在犯错误的风险,⑩我们在第五章会详细讨论这两种启发法的错误风险。同时,由于解释的发现阶段常常是提出与自己背景知识一致的假设,而与自己的背景知识不一致的假设完全有可能被忽略。这一点,又类似于本章我们将讨论的确证偏差导致司

---

⑥ Amalia Amaya, *Inference to the Best Legal Explanation*, in Hendrik Kaptein, Henry Prakken & Bart Verheij, eds., Legal Evidence and Proof: Statistics, Stories, Logic., Ashgate Publishing Ltd., 2009, p. 136.

⑦ Dauglas N. Walton, *Abductive Reasoning*, the University of Alabama Press, 2005, p. 4.

⑧ See Dauglas N. Walton, *Abductive Reasoning*, the University of Alabama Press, 2005, p. 138 – 46.

⑨ Dauglas N. Walton, *Abductive Reasoning*, the University of Alabama Press, 2005, p. 139.

⑩ 根据Tversky和Kahneman的观点,人们常常把事物的典型特征作为判断事物之间关系的基本根据,这就是代表性启发法。代表性启发法对先验概率、样本大小不敏感,误解机会,对可预测性不敏感,效度错觉,误解回归性。可得性启发法不在于想到的原因、事例的性质是什么,关键在于这种原因和事例最容易被判断者所想到。可得性启发法本质上产生于记忆提取的顺畅性。See Amos Tversky & Daniel Kahneman, *Judgment Under Uncertainty: Heuristic and Biases*, 185 Science 1124(1974).

法鉴定错误的情形。

三、回溯推理具有情景性

回溯推理需要一些原理性知识或一些一般性经验概括命题。如“袋子里所有豆子都是白色的”“机械性窒息会导致口腔黏膜、眼角膜和眼睑有出血点”“摹仿伪装书写一般会导致运笔抖动”等。这些命题是回溯三段论的大前提，它们对回溯推理结论的真实性有一定保证。但仅仅依靠这些原理性知识，并不足以充分保证结论的真实性。因为，这些命题都是统计命题或一般规则(general rule)，是高盖然性的命题，这些命题的主词和谓词之间并没有绝对的关系连接词。“一个一般性规则也许并未涵盖某种情形中的所有例子。它并不是像演绎推理那样，经常基于一个‘对所有 x’的保证；它甚至也不像归纳推理那样，发现最多或者多而可数的实例，它只涵盖了一般规则通常情形或类似情形，也许会掉入‘一般规则’所描述情形之外。”⑪

从最佳解释推论来说，一个主词就往往代表着一种原因解释，如“机械性窒息”这一主词就是“口腔黏膜、眼角膜和眼睑出血点”原因的解释，但“口腔黏膜、眼角膜和眼睑出血点”这一谓词，并非必然与“机械性窒息”发生联系。因而，仅有“机械性窒息会导致口腔黏膜、眼角膜和眼睑有出血点”，并不足以充分证明某个口腔黏膜、眼角膜和眼睑有出血点的死者的确是死于“机械性窒息”。从解释的选择来说，仅仅依靠这样的命题，无法作出有效的选择。

那么，就还需要增加一些东西为解释的选择提供更为充分的支持，以排除其他解释。需要增加的东西就是一些间接信息：房间里的所有口袋都检查过，仅有一个袋子里的豆子全是白色豆子，没人从外面另外带入一把豆子放入房间，之前桌面上没有任何东西等；“口腔

---

⑪ Dauglas N. Walton, *Abductive Reasoning*, the University of Alabama Press, 2005, p. 4 – 5.

黏膜、眼角膜和眼睑有出血点”，也不足以推出死者死于机械性窒息，还需要研究其他尸体现象，甚至死者生前的活动情况，这些情况并不可以直接推出死者的死亡方式是“机械性窒息”，而是在找到所有可能的解释之后，用更多的非直接信息排除了一些可能的解释，进而留下一个最为可能的解释。这些信息既不是回溯推理的大前提所能提供的，也不是小前提所能提供的，它们对大前提和小前提并不直接提供支持。判断者对所有可能性成立的条件逐一进行了研究，这些信息就是情景(context)信息。

约瑟夫生二人(Josephson & Josephson)归纳了回溯推理所需要考虑的情景因素，这些情景因素包括六个方面：

(1)假设H在多大程度上决定性地超越其他假设；

(2)在不考虑其他假设的情况下，假设本身有多么可靠(如果假设本身并不足够合乎情理，我们应当谨慎地接受一个假设，即使很清楚我们拥有一个最佳的假设)；

(3)判断信息资料的可靠性；

(4)所有被考虑到的合情解释有多可信(搜寻其他解释有多彻底)；

(5)实用主义的考量，包括错误产生的成本和正确带来的收益；

(6)得出最终结论的需求有多强烈，特别考虑在最终决定之前收集证据的可能性。[12]

从约瑟夫生二人提出的以上需要考虑的情景因素来看，回溯推理的确定性程度并非完全由推理形式决定。实际上，在这一推理形式下，结合了其他间接经验信息或情境信息，才保证了回溯推理具有

---

[12] John R. Josephson & Susan G. Josephson, *Abductive Inference: Computation, Philosophy, Technology*, Cambridge University Press, 1994, p. 14.

一定的可信度。那么,这样一来,就使回溯推理的可信度具有了一定的主体之间的差异。因为,每个人所具备的情景信息的来源、搜集能力、解释能力都有所不同,有些情景信息甚至并未包含在背景性知识中或与背景性知识无关,如某种导致口腔黏膜或眼角膜出血点的死亡方式也许尚不为人所知,那么这种情景信息就很难被人们发现。如果结合考虑一些实用因素和提出解释心理动机的强烈程度,回溯推理的主体差异性就更为明显。

由于回溯推理依赖情景信息,其结果是:即使回溯推理的事实前提相同,但在不同的情景中,其结论也许有所不同;即使在相同类型的情景中,因为情景信息的细微差异,也可能导致有不同的解释性结论;即使在同一情境中,随着情景信息的不断增加,收集到更多证据,先前所选择的解释,也可能需要修改。"回溯推理的结论可能是一个高明的猜测。但它仍然是个猜测,因为得自一个不完整的证据体系。随着新证据的引入,这个猜测可能会被证明是错的。"⑬

回溯推理还是一种创造性推理,它甚至与人的直觉有关。回溯推理具有猜测性,它作为一种最佳解释推论以及它对情景信息的依赖,决定了回溯推理的结论是临时性的:对回溯推理的结论不可毫不保留地加以接受,应该在心理上将其视为一种可撤销的推理。其实,根据沃尔顿的看法,和演绎推理与归纳推理相比,回溯推理的确定性是最弱的。⑭ 那么,以回溯推理为主要形式的司法鉴定活动,就因此具有较高的发生错误的风险。如果鉴定人没有认识到回溯推理具有导致错误的风险,那么在他们的鉴定活动中,发生错误的可能性就更大。当然,我们在这里想表达的意思并不是因为司法鉴定的推理形

---

⑬ Dauglas N. Walton, *Abductive Reasoning*, the University of Alabama Press, 2005, p. 3 – 4.

⑭ See Douglas N. Walton, *Abductive Reasoning*, the University of Alabama Press, 2005, p. 3.

式是回溯推理,因而所有的司法鉴定意见都是错误的,而是说这样的推理形式使司法鉴定具有较高的致错风险而已,我们因此要意识到这种风险的存在。

第二节　科学知识与鉴定错误风险

我们已经知道,科学并非完全等同于知识,知识很难定义,科学也同样难以定义。科学没有包揽无遗的统一方法,甚至每个学科各自也有不同的方法(当然,我们也不应该无限夸大科学方法的非统一性,因为事实上还是有一些轮廓模糊的方法框架)。科学是一个不断发展、更新的过程,并且可能在某些"奇点"发生突变或科学革命,这样使科学知识体系也并不会保持一个长期的稳态。科学知识的不完美、非稳态,使科学知识在应用于司法鉴定时会引起一些争议,甚至会引发对司法鉴定科学的信任危机。同时,司法鉴定科学知识的可靠性评估,其结果与人们的预期相去甚远。在我国,司法鉴定标准实际上是政府对鉴定科学知识可靠性的官方认证。但对标准的理解上出现偏差,也能导致鉴定错误,当然这也与司法鉴定方法本身的定量化、精确化程度不够有关。

一、科学知识的局限

(一)科学知识源于感官经验

科学家的认知活动并不神秘,科学家并没有特别专门的推论方法。科学探索本质上还是日常经验认知活动的延续。科学探索始于对客观世界的感觉、知觉,这些感觉知觉的内容构成了经验世界;感觉知觉获得的内容,在语言和概念体系的帮助下,进入知识精练的阶段;借助数学、统计学、逻辑学的帮助进行更为精密的计算和推理论证,这样科学知识得以趋近完善并逐渐得以积累。虽然大多数科学理论都很抽象复杂,但它的起点依然是人类的感官经验。始于感觉、知觉经验的科学知识,并不绝对等同于客观规律本身。

由于科学知识始于感官经验,感官的局限也就有可能成为科学知识的局限。人类的眼、耳、鼻、舌、身感知能力是有限的,即使有人类感官延伸的科学仪器的帮助,也依然是有限的。海森堡测量不确定性原理,表明了除引力场或大尺度的宇宙环境,微观世界的测量存在测不准的现象,比如无法同时精确确定一个基本粒子的位置和动量。"观察者效应"更是表明:对于客观世界进行观察时,观察者本身就会对客观世界发生影响……

(二)科学陈述的盖然性

由于科学知识源于感官经验,因而科学知识作为一种陈述是具有盖然性的。

科学知识是一些陈述句。它对客观规律进行描述,对客观现象进行因果解释,对实现某些目标提供方法。作为陈述句的科学知识,有些时候是全称命题,如"所有的 x 是 A",但多数本质上是统计学意义上的全称命题,因而"所有的 x 是 A"其实更准确地说,应该是"绝大数 x 是 A"。因为,现实中的直角并不会分毫不差地绝对等于 90 度;绝对的 1 米、1 千克等基本标准量,在客观世界并不存在,而是人们约定的结果;圆周率是一个无限不循环的小数;重力加速度也只是近似地等于 $9.8m/s^2$,且在地球上各地有所差异;对直角三角形三边进行测量,用勾股定理进行计算,两直角边的平方和也只是近似地等于斜边之平方……所以,科学知识本质上并不是单纯的全称命题,即"所有的 x 是 A";实际上应该是"所有 x 大概是 A"或者"大多数 x 是 A"或者"大多数 x 大概是 A"。哥德尔不完全定理表明:即使在严格的数学公理体系里,有些命题既不能被证明为假也不能被证明为真,也就是我们无法通过逻辑所提供的手段证明不同逻辑系统之间没有任何矛盾。此外,几乎所有的科学规律都可能存在例外的情形,即使自然科学的典范物理学中所描述的物理规律,也同样存在一些例外。所以作为科学知识的陈述,其实都是概率陈述。

陈述的盖然性,同样存在于司法鉴定科学中;而且,由于司法鉴定科学的特殊性,有些陈述的盖然性甚至高于一般的自然科学。那么,在鉴定中,鉴定人以这种盖然性的命题作为前提,其结论并不是必然的,因而存在一定的错误风险。

(三)科学知识始于假设

科学常常开始于假设,而假设的产生并没有固定的模式。假设可以通过既有理论的演绎推理而获得,如古希腊平面几何学是从五大基本公设推演出来的,但平面几何的各个定理在被证明之前依然是猜测,元素周期表上的一些元素的发现,其实是根据已有元素的周期规律而提出的假设。假设也可以是类比推理或者隐喻引发的想象而产生,如凯库勒梦见小蛇衔尾旋转而提出了苯分子的环状结构假设。假设还可能是归纳的结果,重复观察到某些现象先后相随,二者之间可能存在因果关系,因而提出二者之间存在因果关系的假设,如伽利略发现的自由落体运动定律,就是多次观察的结果。至于科学假设通过回溯推理来提出,前面已经充分论述。甚至有些科学假设的提出有可能是没有任何逻辑推理成分的猜测,而只是偶尔的灵光闪现产生的想象和联想。

但科学假设的提出,只是科学研究的开始。科学假设必须得到验证,未经证伪检验的科学假设只能被临时视为有效。由于同样的科学现象可能有不同的假设性解释,如何排除一些假设,也同时就是验证一些假设,而这将是一个漫长的过程。在这个过程中,有些科学理论依然是暂时被视为是有效的。比如,在提出日心说之前,地心说并不被人们认为是荒谬的,并且与人们的日常观察体验是一致的:似乎各个星球都在围绕地球旋转,地心说的宇宙观依然是和谐的。相反,日心说则有些反直觉。但在人们接受日心说之前,人们暂时认为地心说是有效的、正确的。所以,并非科学假设一旦提出就永不更改。也可以说,在理论上所有的科学知识在本质上都可能被修改。

(四)科学各门类的可靠性存在差异

并非所有科学门类的可靠性都是一样。科学有“硬科学”和“软科学”之分,通常那些被称为“硬科学”的学科,如物理学、化学、生物学、数学等,常常给人以十分可靠的印象;被称为“软科学”的学科,如管理学、心理学、社会学等,其学科原理和理论的不确定性特点可能更为明显。这样的区分实际上说明,并非所有科学的可靠性都是均等的。“科学并不是被平等地创造出来的。”⑮对于司法鉴定科学来说,其中部分科学的可靠性无法与一般的硬科学等量齐观。

科学知识的这些局限,司法鉴定科学知识也依然无法避免。相反,因为一些原因,司法鉴定科学知识的局限可能甚于一般传统科学,它给司法鉴定意见的可靠性带来了隐性风险。而且,鉴定人即使认识到科学知识的局限,也无法完全避免鉴定错误风险,因为科学知识的局限是无法根本消除的。当然,如果鉴定人认识到这些局限,在一定程度上可以有助于增强错误风险防范的意识。

二、司法鉴定科学的信任危机

在理论上,司法鉴定科学不仅存在其局限性,而且在事实上因为发生错误而导致了信任危机。司法鉴定科学曾经收获了社会公众的广泛信任,然而,大约是 20 世纪 90 年代以来,人们对司法鉴定科学的信任感发生了变化。“不到 10 年以前,司法个体识别科学家,比对

---

⑮ Kelly M. Pyrek, *Forensic Science Under Siege*, Elsevier Academic Press, 2007, p. 235.

成对印痕(笔迹、指印、工具痕迹、毛发、轮胎印痕、咬痕等),近乎直觉地判断这些印痕是否彼此相符,并在法庭上作证说:谁对这个那个做了什么。法庭几乎从不排除这些证言。交叉询问也几乎不质疑这些专门技能的基础或分析所称确定性的根据……新闻报道了毛发、枪弹、笔迹、足迹、咬痕乃至指纹,都发生了错误鉴定。科学家开始质疑许多法庭科学的核心假设。"[16]2004 年,震惊世界的马德里火车爆炸案中,美国俄勒冈州波特兰市的布兰登·梅菲尔德(Brandon Mayfield)在 FBI 指纹数据库里的指印,被用于与案件中一枚检材指印进行比对,后梅菲尔德竟然被错误地认定为是参与恐怖袭击的恐怖分子。在对一些传统的司法鉴定证据进行错误率的研究时,一些结果很让人担忧。以曾经的"物证典范"指纹为例,Grieve 在 1996 年发布的指纹鉴定假阳性率高达 20%;[17]Cole 在 2005 年发布的指纹假阳性率为 0.8%。[18] 语音鉴定、笔迹鉴定、咬痕鉴定、毛发鉴定等传统的物证,在错误率测试中,其假阳性率也十分惊人。[19]

这些消息对司法鉴定科学来说是十分不利的。因为,一方面,现代司法十分依赖科学证据,许多案件的判决的关键证据往往是科学证据。这些关于假阳性率的报道,会摧毁人们对于司法鉴定的科学的信心。当然,从另外一个方面来说,也是人们重新认识司法鉴定科学的契机;同时,也是人们重新认识科学的契机。

---

[16] Micheal J. Saks & Jonathon J. Koehler, *The Coming Paradigm Shift in Forensic Identification Science*, 309 Science 892(2005).

[17] See David Grieve, *Possession of Truth*, 46 Journal of Forensic Identification 521 (1996).

[18] See Simon A. Cole, *More Than Zero: Accounting For Error In Latent Fingerprint Identification*, 95 The Journal of Criminal Law & Criminology 1030(2005).

[19] See Kelly M. Pyrek, *Forensic Science Under Siege*, Elsevier Academic Press, 2007, p. 235.

三、法庭科学基础可靠性评估未达预期

时至今日,仅美国总统科技顾问委员会(President's Council of Advisors on Science and Technology,PCAST)在一份名为《刑事审判中的法庭科学:确保特征比较法的科学有效性呈总统报告》中,记录并总结了对一些常见的法庭科学的可靠性进行的评估。该报告将法庭科学方法分为客观方法和主观方法,客观方法是可以标准化、定量化的程序,并且可以被任何自动化系统执行,或者人类检验者几乎无须施加任何判断即可执行,主观方法则主要依靠人类判断。[20] 法庭科学有的以主观方法为主,有的以客观方法为主。需要说明的是,该报告并未明示或暗示主观方法是绝对不可靠的,只是认为主观方法应当逐渐改进成为客观的方法。同时,该报告提出了对法庭科学进行有效性或可靠性评估的框架:基础有效性和应用有效性。基础有效性考察鉴定人所使用的方法原理是有效的,而应用有效性则保证可靠的方法、原理被鉴定人可靠地加以应用。基础有效性关注的是法庭科学的可靠性,应用有效性则关注的是鉴定人的能力。换言之,基础有效性评价是关于所用鉴定原理、方法是否"科学",而应用有效性则关注的是科学可靠的鉴定原理、方法是否被"科学"地应用。

(一)基础有效性的评估框架

对基础有效性的评估,该报告认为可从如下两种方式进行。

(1)有一个可重现和始终一致的程序可供:(a)识别证据材料中的特征;(b)比较检材和样本的特征;以及(c)基于检材和样本中特征的相似性,判断检材和样本是否应当

---

[20] See PCAST, *Report to the President Forensic Science in Criminal Courts: Ensuring Scientific Validity of Feature - Comparison Methods*, 2016, p. 48.

被宣布认定为同一("符合性规则")。

(2)从多个独立研究中获得的经验性测量是关于:(a)假阳性率的方法——也就是,宣布应为认定为同一的检材和样本实际上来自不同的来源,以及(b)方法的准确性——宣布应当认定为同一的检材和样本实际上来源相同的概率。[21]

方式(1)可称为"程序可重现性评估",方式(2)可称为"方法准确性评估"。"可重现性"并不是可靠性的充分条件,因为相同的错误方法可以始终如一地得出相同的错误结果,这也体现了"可重现性",但方法是错误的。因而必须将方式(2)作为补充。

客观方法即要进行"程序可重现性评估",要求有程序的可重现性和一致性,体现在程序的每个步骤都应当精确定义、可以重现和一致。[22] 每个鉴定人在用同样的方法获取同样的特征且对特征进行比较时,最终的鉴定意见应当是一致的。并且,程序的定义、特征的分析尽可能采用定量化的方法。对客观方法还要适用方式(2),就是确定假阳性率及鉴定方法的准确性。假阳性在刑事案件中非常重要,因为有可能使无辜者被错误定罪;方法的准确性和错误率是一体两面的。

对主观方法,无法采用可重现性、一致性程序来确定其基础可靠性,而只能通过"黑箱"研究来确定其基础可靠性。"黑箱"是个比喻,意思是用主观鉴定方法时,鉴定人在作判断时的程序无法进行观察核实,程序步骤无法精确定义,也无法定量化审核,特征比较的"符合规则"只能在人的大脑中进行。在"黑箱"研究中,邀请许多鉴定人

---

[21] PCAST, *Report to the President Forensic Science in Criminal Courts: Ensuring Scientific Validity of Feature – Comparison Methods*, 2016, p. 48.

[22] See PCAST, *Report to the President Forensic Science in Criminal Courts: Ensuring Scientific Validity of Feature – Comparison Methods*, 2016, p. 48.

员参与研究,对研究人员分别提供许多检材和样本,让他们独立进行鉴定,然后计算整体上的错误率。[23] “黑箱”研究不是对鉴定人员的能力验证,而是通过错误率来评估以主观方法为主的法庭科学的基础有效性。因而,对主观方法基础有效性的评价只能基于方式(2)来进行。

开展基础有效性的评估除了采用以上两种方式,还必须要遵循一些程序性原则:(1)参与的鉴定人员要足够多,所选用的样本总体数量要足够大,样本来自真实案件且有一定代表性;(2)进行评估的人员是第三方人员:既非鉴定人员,也非与鉴定人有交往能够获取相关信息的人员;(3)评估的框架应当预先设定,不得根据评估的结果变更框架;(4)评估结构由无利益相关方进行监管;(5)所有评估资料和结果都应当向其他科学家公开;(6)同样为了保证评估的可重现性,应当由多个独立的组织重复进行评估。[24] 这些程序性原则实际上遵循了大样本、第三方、盲测的基本要求:因为只有样本数量足够大才能避免小样本的以偏概全;由无利益相关的第三方开展评估,可以保证评估中立性;参与评估的人员并不知晓样本信息,可以防止鉴定人员受到暗示。并且,选用来自实际案件的样本,保证生态真实性,避免人造样本引起的偏差。评估材料供公开查询,可以接受同行监督质询。评估本身的可重现性可以克服某一次评估的偶然性。

(二)对部分法庭科学基础有效性的评估结果

在 PCAST 的报告中,仅对 7 种需要特征比较的司法鉴定学科进行了基础有效性评估,具体包括:(1)单一来源和简单混合来源的 DNA 分析;(2)复杂混合来源的 DNA 分析;(3)咬痕;(4)潜在指印;

㉓ See PCAST, *Report to the President Forensic Science in Criminal Courts: Ensuring Scientific Validity of Feature – Comparison Methods*, 2016, p. 49.

㉔ See PCAST, *Report to the President Forensic Science in Criminal Courts: Ensuring Scientific Validity of Feature – Comparison Methods*, 2016, p. 52 – 3.

(5)火器鉴定;(6)鞋印;(7)毛发。现将其评估结果总结如下:[25]

(1)单一来源的DNA分析是一个客观方法,有严格的定量化、可重现性方法,几乎不需要人类参与判断。随机符合概率(也就是假阳性率)是1比100亿。简单混合来源DNA的分析步骤和单一来源DNA分析步骤几乎一样,因而单一来源DNA分析和简单混合来源DNA分析基础有效性得到证实。

(2)复杂混合型DNA(两个以上供体混合的DNA)的鉴定是一种需要鉴定人判断的主观方法,需要结合"综合包含概率"(Combined Probability Inclusion,CPI)来进行判断。基于CPI的分析方法不具有针对性,可能导致错误结论,因而不具有基础有效性,但可以根据概率基因分型(probabilistic genotyping)增强其客观性。

(3)咬痕鉴定的方法是主观方法,因而是基于"黑箱"研究进行的评估。其结果是咬痕鉴定基础可靠性未得到证实。

(4)潜在指印鉴定是主观方法,其假阳性率高于预期,但其基础有效性能够得到证实。

(5)火器鉴定是主观方法,但由于仅有一项研究用于分析其基础有效性,因而尚未满足测定基础有效性的标准,等于证明其基础有效性的任务尚未完成。

(6)鞋印鉴定是主观方法,没有合适的研究支持根据"随机穿用特征"建立鞋印和鞋之间关系的基础有效性,根据种类特征进行的鞋印识别基础有效性研究尚未展开。

(7)毛发鉴定是主观方法,美国国防部发布的研究报告

---

[25] See PCAST, *Report to the President Forensic Science in Criminal Courts: Ensuring Scientific Validity of Feature – Comparison Methods*, 2016, p. 67 – 122.

认为,显微镜毛发比对具有基础可靠性,但无法因此进行人身识别。但 PCAST 认为美国国防部的这个研究报告可能是为了其司法用途的,是利益相关方,其基础可靠性的研究没有满足上文提到的原则(4)。

从以上对部分法庭科学基础有效性的评估结果来看,至少应用于种类识别或同一认定的部分学科,其基础有效性不如人们想象的那么高。当然,这个报告的目的并不是要彻底否定以上学科的科学可靠性,并且其中所采用的方法,有些并没有完全满足基础有效性评估的方法框架和 6 项原则。PCAST 在向有关部门建议时,也认为他们的研究可能还不够充分,鼓励其他部门继续扩展相关学科的基础有效性研究。如 PCAST 一方面肯定 FBI 在潜在指印基础可靠性研究方面所做的工作,另一方面还建议:"基于其最近在潜在指纹分析方面所做的重要工作,联邦调查局实验室应当制定严格的研究计划来改进法庭科学。"㉖

我们之所以不厌其烦地详细介绍 PCAST 对 7 个法庭科学分支学科之科学可靠性的评估结果,目的当然不是彻底否定这些学科在司法鉴定实践中的实际意义,更不是否定其科学性,我们依然认为这些学科是现代司法不可缺少的部分,尽管其基础有效性的证实工作还并没有真正完成。我们介绍该报告的目的,是用事实表明:现有的司法鉴定所依据的科学知识,其基础可靠性可能尚不及一般科学,与我们对它的预期相比,尚有差距。或者,我们试图告诉人们:司法鉴定科学的部分学科目前可能还处于前科学(prescience)阶段,其成熟度与公众的期待距离尚远。因而,这也是司法鉴定科学知识导致鉴定错误的风险的事实证据之一。

㉖ PCAST, *Report to the President Forensic Science in Criminal Courts: Ensuring Scientific Validity of Feature – Comparison Methods*, 2016, p. 134.

四、司法鉴定标准也可导致鉴定错误

司法鉴定标准,本质上是司法鉴定科学知识的“定型化”。因为部分司法鉴定科学知识在现实中运用日久,已经有了较为广泛的认可度,因而可以通过官方认证成为标准。所以,标准本质上依然是知识。

但是,有些司法鉴定方法的定量化、精确程度不高,特征定义不够明晰,因此鉴定人在理解上可能出现偏差,这样就会导致司法鉴定错误。比如,我国的《笔迹鉴定技术规范》(GB/T 37239－2018)中有一名曰“风貌特征”的笔迹特征,就是一个定义不甚明晰的特征。因为“风貌特征”是一种关乎观察者艺术体验的特征,而对这一特征的定义很难有明晰的标准,因而那些特征是“风貌特征”就很容易引起鉴定人之间的分歧,导致方法重现性不高。又如,在该标准中对于认定书写人同一的条件包括:“a)检材字迹与样本字迹特征复合点的质量高,其总体价值充分反映了同一人的书写习惯;b)检材字迹与样本字迹的笔迹特征没有本质性的差异;c)检材字迹与样本字迹差异或变化的笔迹特征能够得到合理解释。”如果我们细细研究一下这些条件,会发现“质量高”“总体价值”“本质性”“合理解释”等关键词,其实也是不够明晰的,因为在不同的鉴定人眼里这些关键词的含义其实是不同的。因而,如果标准的明晰性不够,那么就必然存在较高的鉴定错误风险。

当然,标准的明晰程度,本质上是方法可重现性的保证,也是方法确定性的体现。但是标准是否明晰,并不完全由方法基础有效性和应用有效性决定,而同时也体现了标准制定人的学术水准和语言能力。此外,标准明晰与否,与鉴定人的理解也有关,因为对同一项标准不同鉴定人的理解不同,那么最后的结论也当然会不同。故而,仅仅解决了鉴定方法的基础有效性和应用有效性问题,并不必然就解决了标准明晰性的问题。标准的明晰性问题既是科学知识的可靠性问题,也是科学知识认证的技术性问题。因而,制定足够科学、准确、明晰的鉴定技术标准,正确理解鉴定技术标准,对于减少司法鉴定错误是有积极意义的。

第三节 司法鉴定认知行为与鉴定错误风险

在第三章,我们对司法鉴定认知行为进行了深度解析。司法鉴定认知行为可分为:特征识别、特征比较、个体识别、关系推断、事件重建,它们是一个层级结构关系;并且,对每一层级的司法鉴定认知行为进行了二次解析。对这些行为的二次解析,有助于我们更深入地理解每一层级认知行为的结构:理解它们在鉴定人的认知过程中如何运作,更重要的是,有助于我们深入理解各层级认知行为发生错误的可能性及其机理。因而,在此处,我们将在对各层级认知行为的二次解析所得结论的基础上,进一步分析各层级认知行为导致鉴定错误的结构性风险。

一、特征识别的错误风险

我们已经将特征识别分为两类:一是原生特征识别;二是派生特征识别。这两种特征识别行为的认知结构有所不同,因而其鉴定错误的风险机理也有所不同。

(一)原生特征识别的错误风险

原生特征的识别是"自下而上"和"自上而下"两种认知操作程序共同作用的结果。前者又称"数据驱动程序"(data - driven processes),后者又称"概念驱动程序"(conceptually driven processes)。[27]

---

[27] See Jay Friedenberg, Gordon Silverman, G. & Micheal Spivey, *Cognitive Science: An Introduction to the Study of Mind*, 4th edition, SAGE publication Inc., 2021, p. 90.

"自下而上"程序之所以被称为数据驱动程序,是因为"自下而上"的过程是获取感觉知觉信息材料的过程,这些感觉知觉材料就是所谓的Data,因而这一部分的认知过程完全与鉴定人的感觉器官、注意机制、知觉分析机制等密切相关。

在数据驱动程序阶段,如果鉴定人的感知觉器官的固有障碍、注意的分配失衡,或者环境因素导致的感知觉器官效能降低,或仪器设备的障碍对超出感官能力范围的特征之呈现被扭曲,如显微镜聚焦不准,那么就很难获得充分、准确的数据。在这种情况下,发生特征识别错误是很自然的事情。在对模糊的、条件不佳的物证进行鉴定时容易发生错误,其原因也在于,鉴定人从中接收的感知觉信号存在大量干扰噪声,这使数据驱动过程的认知效能大大降低。

"自上而下"程序之所以被称为概念驱动程序,是因为此时对感觉、知觉的数据进行抽取、识别的过程,是以概念为前提的。但在感知觉数据搜集完整准确的情况下,鉴定人运用自己的概念来筛选感知觉数据信息时,如果用于接受、筛选的概念之适用出现了错误,那么就可能导致特征识别的错误。以图4－2为例,图中A、B两处指纹特征的识别,就与鉴定人用于接收视觉信号的概念有关。在其他条件不变的情况下,这一图片在A、B两处呈现于不同人眼上的视觉信息是一致的。因为,这一图片上所呈现的视觉信号,在不同人功能正常的视网膜上的刺激信号是相同的,刺激信号的传递机制是相同的,此正所谓"目有同视"。但A是什么特征?B又是什么特征?在不同的鉴定人那里可能有不同的结论:A有可能被识别为"结合",也可能被识别为"终点";B有可能被识别为"小眼",也可能被识别为"小棒"。[28] A被识别为"结合"与B被识别为"小眼",其理由是鉴定人认为图中的白色纹线代表乳突纹线,而黑是乳突纹线之间的小犁沟。A

㉘ "结合""分歧""小眼""小棒"分别是指纹的宏观细节特征名称。

被识别为“终点”与B被识别为“小棒”，理由可能完全相反：黑色纹线代表指纹乳突纹线，而白色纹线是乳突纹线之间的小犁沟。那么，概念是如何影响对黑色纹线和白色纹线识别的呢？鉴定人在学习指印鉴定时，接触最多的是黑白相间的纹线，并且几乎是黑色纹线代表乳突线，而白色纹线代表小犁沟，因而长时间这样反复地接触这种图像，在不知不觉中形成了“黑色纹线=乳突纹线，白色纹线=小犁沟”的概念。当他们用这一概念去识别日常鉴定工作中的指印证据时，一般不会有什么问题。但在偶然情况下，送检指印与往常可能有所不同：黑色纹线是小犁沟，而白色纹线是乳突纹线；在这种情况下，识别特征就极会发生错误。

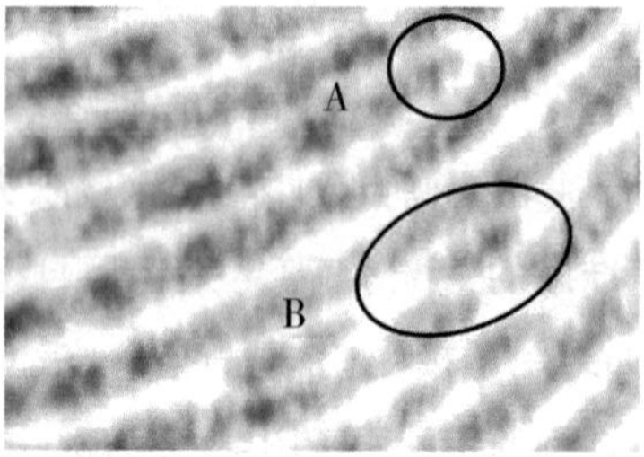

图4-2　A、B被识别为何种特征取决于鉴定人对黑白线条的概念

上述例子中，鉴定人由于反复接触指印纹线图像，并形成“黑色纹线=乳突纹线，白色纹线=小犁沟”的概念，这就是“自下而上”的过程或数据驱动的过程，这一过程需要反复接收相同性质的刺激信号，从而形成概念。因而，这其中是归纳的心理机制在发挥作用。但我们知道归纳法天然的缺陷，那就是归纳法不能保证例外情形不会出现。而用“黑色纹线=乳突纹线，白色纹线=小犁沟”的概念（当然“结合”“分歧”“小眼”“小棒”分别有对应的概念）去识别图4-2中的特征时，就是“自上而下”的过程或“概念驱动”的过程。当既定概念遇到与概念“模板”极为相似的刺激信号时，人们是很难觉察出其中的差异的。这样，认知就可能发生错误。

上面提到的模糊的、条件不佳的物证鉴定中，容易出现错误，除了有数据驱动过程效能降低的原因，也有用概念筛选数据信号时认知效能降低的原因。[29]

（二）派生特征识别的错误风险

派生特征的识别，是以概念驱动程序为主的。因为，派生特征的识别是“自上而下”的，派生特征无法仅仅通过人类感官观察就可以识别，而是要通过仪器呈现，甚至要通过原理、公式、数据的计算和推断才能发现，所以派生特征的识别是“结合情境和高级知识帮助的识别”[30]。派生特征或有原生特征的成分，但是派生特征主要是科学知识的产物，以科学家之间共识和约定的成分为主。如果派生特征越依赖科学理论，其中的原生特征成分就越少。

由于派生特征的识别是概念驱动的，其发生错误的风险来源有两个方面：一是来自概念或科学知识的错误，二是来自推理论证的错误。当然，这两个错误来源并非在所有情况中都是截然分开的，后者的错误中也可能包含有前者的错误。

对于摄入毒物、毒品的含量进行鉴定时，需要对摄入者肌肉组织或血液中的毒物物质进行含量分析、计算。但如果分析人员对如何计算毒物毒品含量的方法和程序并不了解，那么理所当然就无法进行计算。同理，如果对如何计算毒物毒品含量的方法、程序、计算公式理解有误，那么最后毒物毒品含量的计算就会出现错误。

---

[29] 条件不佳的物证鉴定容易发生错误，还与鉴定人的预期有关，鉴定人在长时间接触同类物证时，可能形成一种稳定的预期心理模式，而在这个模式的控制下，对于模糊的、品质不佳的物证的原生特征进行提取时，则很容易将特征识别为符合自己预期的特征。关于预期影响知觉，See Floris P. de Lange，Micha Heilbron & Peter Kok，*How Do Expectations Shape Perception*? 22 Tends in Cognitive Science 764（2018）.

[30] Jay Friedenberg，Gordon Silverman，G. & Micheal Spivey，*Cognitive Science：An Introduction to the Study of Mind*，4th edition，SAGE publication Inc.，2021，p. 90.

当然，这只是举例说明因为概念和科学知识的理解错误会导致派生特征识别的错误，实践中关于毒品毒物含量计算的错误很少发生。而科学知识是一个庞大而复杂的概念库，这个概念库并非完美无缺，我们在前面讨论科学知识的局限时，已经充分讨论了它的不完美。因而，因科学知识的局限导致错误风险的最基本情形，就体现在对派生特征识别的错误风险上面。除了科学知识自身的局限，也可能因为科学知识概念体系的复杂性，而导致派生特征的识别的错误。

仅有科学概念或科学知识，还无法自动完成派生特征的识别。派生特征的识别还可能需要推理论证过程。前面已经讨论回溯推理是司法鉴定中的主要推理形式，回溯推理的临时性、可修改等特点，当然会影响派生特征的识别。但在具体的环节可能有各种形式的推理论证方式，论证的模式有很多，但此处以最有代表性的图尔敏(Toulmin)论证模式为例分析论证中的错误风险。

图尔敏论证模式总体上包括三个部分：一是结论或表达的主张(C)；二是支持主张的证据材料(D)；三是说明证据材料能够合理证明主张的理由或保证(W)，保证可以是陈述某条规则、原则等普遍内容的命题。[31] 以尿液中毒物的浓度计算为例：

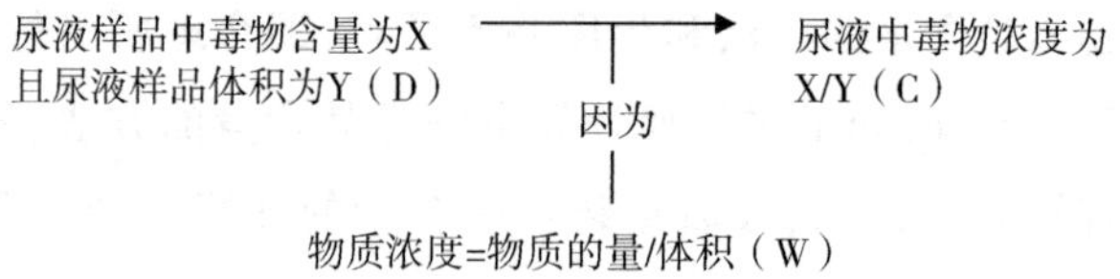

图4-3　图尔敏模式应用于派生特征的识别示例

---

[31] 参见[荷兰]范爱默伦等：《论证理论手册》，熊明辉等译，中国社会科学出版社2020年版，第251-252页。

图4-3中尿液样品中的毒物含量和尿液样品体积是通过测量而得,相当于证据材料D,而得到"尿液中毒物浓度为X/Y(C)"时,就相当于发现了一个派生特征。因为C是否属于一个派生特征,是由"物质浓度=物质的量/体积(W)"这一规则来决定的。

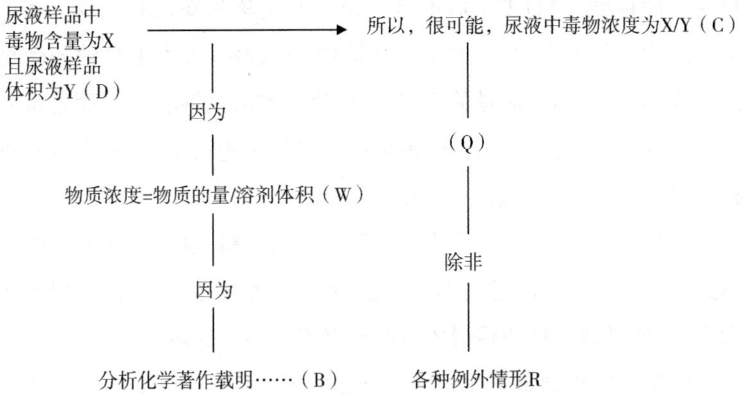

图4-4　图尔敏扩展模式应用于派生特征识别示例

然而W这一条规则可能会面临挑战,所以还需要有一个支持性的来源,如果W仅仅是鉴定人的私人生活经验,则这一论证的可靠性会大打折扣。因而W还需要有知识来源来支撑B,比如"分析化学著作载明:物质浓度=物质的量/溶剂体积"。这样W的可信度得到强化。但我们还要排除一些例外的情况:尿液中确实含有目标毒物,尿液样品中毒物含量测量准确,尿液未在高温干燥环境放置过久导致水分蒸发而体积变小……在毒物标准化、自动化检测的时代,这些例外发生的概率很小,但是这些例外依然有存在的可能性,这些可能性都是证据材料D的输入不精确所导致,也是导致C不能成立的情形,被称为反驳R。这样,这个论证模式便扩充为图4-4的样子。

根据以上图尔敏论证模式,我们可以分析派生特征的推理论证出现错误的可能性。从论证扩展模式来看,容易发生论证错误的来源:(1)D不真实,即鉴定人未准确测量获得D,有时可能是原生特征识别错误;(2)W这一规则在很多时候并非全称普遍命题,而是存在例外的情况时;(3)W并非严格的科学知识,而是鉴定人拥有的未经同行审查的职业经验,也即没有获得相关学科知识的充分支持;(4)鉴定人没有完全排除例外情形R。这四个来源中,(1)是证据材料输入的错误,(2)(3)(4)都是与司法鉴定科学知识有关的。从论证模式中我们不难发现,派生特征的错误风险一方面来自输入信息的错误,另一方面可能是关于司法鉴定科学知识的错误,因而这也同时说明,推理论证中发生错误因素的不仅仅是论证形式,其中依然有概念或科学知识的因素在其中。

当然,各种逻辑推理形式是紧密嵌入论证模式的,这些逻辑推理形式自身的错误风险也当然会导致论证的错误,由于逻辑推理形式太多,它们导致论证的错误风险此处就不再一一论述。

由于特征识别是其他司法鉴定认知行为的基础,如果这个层级的认知行为发生了错误,那么其他层级的认知行为也同样会发生错误。因而,特征识别的错误具有根本性。

二、特征比较的错误风险

特征比较是基于相似性(或差异性)的类比推理。特征比较中的错误风险来自三方面:一是鉴定人的注意聚焦偏差;二是相似性(或差异性)来源之解释障碍;三是类比推理的归纳属性。

(一)鉴定人的注意聚焦偏差

特征比较是一个竞争的心理过程:特征相似和特征差异二者之间彼此竞争。因为,司法鉴定的特征比较中,一边倒地仅出现相似或仅出现差异,是很少见的情形。即使是出现了仅有相似特征或差异特征,也依然不能轻率地仅以其中之一作为最后判断的唯一依据。比如,两枚指印都是残缺指印,如果将二者进行比较,可能二者毫无相似之处,但不能因此得出两枚指印来自不同手指的结论。因为这两枚指印都是不完整的,它们完全有可能来自同一手指的不同部位。又如签名鉴定中,同一姓名的两个签名特征完全不同,也并不意味着这两个签名就一定不是同一人所书写;而两个完全相同的签名,也同样并不等于这两个签名就一定是同一人所写。因而,鉴定人在特征比较时,特征的相似和差异二者间的竞争,应当是贯穿始终的。

但在不知不觉中鉴定人的注意可能仅仅聚焦于二者之一。从普通的认知心理来看,如果是在两个物体中进行选择,比如从两件衣服中选择一件,那么人们一般容易将注意聚焦到二者的差异上,反而会忽略二者的相似。但 Kim 等人的研究认为,如果仅仅引入一些小小的差异,可能反而会让人将注意聚焦到相似上去。而增加些许相似性就会降低选择的困难,同时选择被推迟的可能性也会降低。[32] 当然,这些结论仅仅来自普通认知心理研究,并且这种特征比较的研究,是基于在被对比的客体之间进行选择。这和鉴定人在检材和样本中发现相同特征和不同特征,进而作出两者是否来源相同的判断,还是有所不同的。

在司法鉴定中,事实上特征差异的频率要远高于特征相似的频率,也就是说不同特征比相同特征更为常见。因而,在鉴定中更容易出现的情形与 Kim 等人的研究结论相似:如果增加检材和样本之间的相似性,那么鉴定人会更倾向于选择作出检材样本来源相同的结论,也就是会降低其作决定的困难。所以,在鉴定过程中,鉴定人事实上更加关注特征的相似,甚至在一些鉴定中,专家认为否定意见发生错误的风险比肯定意见更大。"一个排除的结论可能比认定同一

---

[32] See Jongmin Kim, Nathan Novemsky & Ravi Dhar, *Adding small differences can increase similarity and choice*, 24 Psychological Science, 225(2012).

的结论更为困难,更为复杂,或者风险更大”。[33] 因而,在经验丰富的鉴定人心目中,相似特征的价值高于不同特征。然而,这种对相似特征的偏好,可能会使鉴定人在无意中降低了对特征差异的敏感性,从而会导致错误的认定结论。从事司法鉴定的新人可能恰好相反,在检材和样本之间进行比较时,他们更加容易为特征差异所吸引,也许这是因为新人在鉴定中的认知尚未脱离普通认知模式的影响,他们在鉴定中的特征比较实际上还类同与在两个客体之间因为需要选择而进行的比较。因而,他们就更容易得出否定的结论。

所以,在司法鉴定中的特征比较,鉴定人在不知不觉中可能偏向于特征相似或特征差异,这样就给特征比较带来了错误风险。当然,由于确证偏差或情景偏差也会导致以上现象,这在本章将会进一步讨论。

(二)差异(或相似)来源之解释障碍

在司法鉴定中,一般要求鉴定人如果作出肯定或倾向于肯定的意见,那么差异特征是如何形成的,也就是差异特征的来源就必须得到充分的解释;相反,如果作出否定或倾向于否定的意见,那么相似特征的来源同样需要解释。这依然是特征比较中的相似与差异二者竞争心理模式的体现。但是,要有效解释二者的来源,其实可能是存在障碍的。

笔迹、语音、印章印文、生物检材等,都存在许多导致它们发生变化的因素。如导致笔迹发生变化的因素包括:书写系统、生理学因素、遗传因素、健康因素、书写工具、书写姿势等几十个方面。[34] 语音

---

[33] Heddi H. Harralson & Larry S. Miller, *Huber and Headrick's Handwriting Identification: Facts and Fundamentals*, 2nd edition, CRC Press, 2018, p. 55.

[34] See Heddi H. Harralson & Larry S. Miller, *Huber and Headrick's Handwriting Identification: Facts and Fundamentals*, 2nd edition, CRC Press, 2018, p. 167–236.

会受到生理因素、遗传因素、健康因素、语音系统因素等多方面的影响而发生改变。印章则会受到盖印方式、次数、印油品质、印章的磨损或碰撞、印章的膨胀收缩等因素的影响，导致印文特征发生改变。生物检材则可能因为污染、变质、腐败等因素而发生改变。但在具体案件的鉴定中，这些引起变化的因素不一定都能一一予以阐明。因为，有些引起变化的因素是未知的，并且变化已经发生，是什么因素引起的变化，是如何引起的变化，鉴定人不一定都能解释得十分全面、充分。当然，相似性特征的解释难度要小一些，但有些时候也不一定能够得到充分解释。

那么，这些需要解释的差异（或相似）如果得不到解释，可能会导致无法得出结论，或者导致鉴定人有意无意地忽略需要解释的差异（或相似），这样也就可能导致错误的意见。

（三）类比推理的归纳属性

特征比较是类比推理。理论上，两个客体之间存在无数的相似或差异，但呈现给鉴定人的特征数量是有限的，鉴定人在有限数量特征的相似或差异的基础上，推论出其他未出现的特征也应当是相同或不同的。其推理形式在前文我们已经概括出来。在该推理形式中，特征比较的过程，从单个具体特征 f_1、f_2、f_3……与对应特征之间的相似（或差异）的积累，最后"跳跃"到任一特征 f_n 与对应特征之间的相似（或差异）。这实际上体现了类比推理的归纳属性：从部分特征的相同（不同），归纳并推论出其他特征也应当是相同或不同的。

归纳推理不是必然推理。归纳推理的结论仅仅具有似真性，因为归纳是从有限数量的共同属性跳跃性地假定了无限数量的共同属性。"它通过单称陈述（singular statements）（有时也称'特称'陈述），例如一定数量的观察或实验，达成普遍陈述（universal statements），比如假设或理论。”[35]但有限和无限之间并没有严格的逻辑保证：没有哪一种逻辑形式能够保证归纳从有限数目的单称陈述必然能够推出普遍陈述。“现在显而易见，从逻辑的观点，我们没有理由保证从单称陈述可以推出普遍陈述，无论单称陈述数量有多少，用这种方式推出的结论总是可能会被证明是虚假的：无论我们多少次观察到白天鹅，都不能为结论‘所有的天鹅是白的’提供保证。”[36]结合特征比较的问题来看，从 A 与 B 在 f_1、f_2、f_3……单个特征之间的共同属性，推而广之到任一特征 f_n 具有共同属性的过程，这中间当然也有没有逻辑上的必然保证，特别是司法鉴定中类比推理中的归纳，基本上是简单枚举归纳，特征与特征之间的关系是离散而非连续的。所以，断定 A 与 B 之间任一特征 f_n 是相同的或不相同的，当然也有可能被证明是错误的。

因而，特征比较的错误风险，来自鉴定人的注意聚焦上的偏差、差异（或相似）解释上的障碍或不充分性，以及特征比较作为类比推理所具有的归纳属性。

三、个体识别的错误风险

个体识别是一个限缩个体范围的认知过程，其本质上也是一个分类认知过程，因为个体识别实际上是种类识别的特例，也可以说种类识别是个体识别的未完成形态。个体识别的错误风险来自三个方面：一是个体独特性假设的缺陷；二是种类识别发生错误；三是对个体识别的滥用。

（一）个体独特性假设的缺陷

我们已经知道，个体识别背后有一个基本假设：待识别的个体在

---

[35] Karl Poper, *The Logic of Scientific Discovery*, Routledge, 2005, p. 3 -4.

[36] Karl Poper, *The Logic of Scientific Discovery*, Routledge, 2005, p. 3 -4.

其同类中是独一无二的……比如每个人的指纹在全人类中都是独一无二的,每个人的 DNA 也是独一无二的,每个人的脸、嗓音、行走姿势、脚印、每个人穿过的鞋、每一支枪、每辆车的轮胎、每个人的牙齿等,都是独一无二的。我们之所以能够根据指纹、DNA、人脸、语音、行走姿势、脚印、鞋印、枪弹、车轮、牙齿等进行个体识别,都是基于它们具有这种独一无二的独特性。

但是,这一基本假设在过去的二十多年里遭到了猛烈的批判。因为,批判者们认为这一假设没有实证证据,而只不过是一种形而上学和意识形态。"在数十个法庭科学分支中处于核心地位的个体识别(individualization)概念,仅仅具有形而上学意义或修辞学意义。"[37]"'独特性'概念的实质仅具有文化意味而不是科学事实。"[38]Saks 和 Koehler 甚至将"个体独特性"假设称为"谬误(fallacy)"。他们用一个打印彩票的例子类比了根据"个体独特性"假设进行的个体识别,从而论证了其中存在的统计学上的缺陷:

> 想象一个打印彩票的机器,彩票的数字是从 00 到 99。这个机器可以打印 100 张不同的票。假如 10 个客户每个人买一张票,而机器随机地且可以重复打票。独一无二的、可以卖出的票总数(100 张)会是客户总数(10)的 10 倍。然而,不存在数学定律或自然规律能够防止两个(或更多)客户买到不同票上的数字相同。事实上,发生这种事情的概率高达 40%。[39]

---

[37] Michael J. Saks & Jonathan J. Koehler, *The Individualization Fallacy in Forensic Science Evidence*, 61 Vanderbilt Law Review 199(2008).

[38] C. Miceal Bowers, *Forensic Testimony: Science, Law and Expert Evidence*, Elsevier Academic Press, 2014, p. 147.

[39] Saks 和 Koehler 在文章脚注中给出了概率计算过程:$1-(100\times99\times98\times\cdots\times91/100^{10})=37.2\%$。See Michael J. Saks & Jonathan J. Koehler, *The Individualization Fallacy in Forensic Science Evidence*, 61 Vanderbilt Law Review 199(2008).

这个假想的例子,其实类比的是指纹。因为,全世界所有人口的指纹正好是人口数的10倍(假定每个人都是10根手指),而指纹专家认为出现相同指纹的概率极低,[40]那么根据这个类比,事实上出现相同指纹的概率远比人们想象得高。因为没有什么数学定律或自然规律能够防止两人指纹不能够完全相同。其他类别的物证也同样面临这样的问题。

事实上,世界各国对涉及个体识别的十几个物证类别都没进行过验证"个体独特性"的经验研究,"个体独特性假设"的确没有实际证据的支持。Saks 和 Koehler 在提到洛克希德·马丁公司1999年对指纹个体性进行了研究,Srihari 等人对英文笔迹的个体性进行了研究等,但是这些研究除了样本数偏小,在研究设计上还存在重大瑕疵而受到批评。在支持个体独特性假设方向的努力显然还远远不够,而在相反方向上,即证伪这一假设的方向上,却传来了不好的消息:选民登记的数据库发现多个几乎无法区分的签名;多个案例中某人的指纹被识别为其他人的指纹;还有许多牙痕识别中的假阳性案例。[41]

这样一来,通过个体独特性假设来作为个体识别的理论基础是有缺陷的,以个体独特性假设作为个体识别的依据就有发生错误的可能。

(二)种类识别发生错误

种类识别是个体识别的先导,种类识别的错误风险,必然会传导

---

[40] 弗朗西斯·高尔顿认为两枚完全相同指印的概率是 $1:2^{36}$。See Fransis Galton, *Finger Prints: The Classic 1892 Treatise*, republished by Dover Publications, Inc., 2005, p. 111.

[41] See Michael J. Saks & Jonathan J. Koehler, *The Individualization Fallacy in Forensic Science Evidence*, 61 Vanderbilt Law Review 199(2008).

到个体识别上去。种类识别也是一个概念驱动的认知模式。当我们用某一个特征 a 的概念“模板”对某个体样本集进行筛选,这实际上是将样本集中每个样本所具有的特征与特征 a 的概念“模板”进行对照。对于那些不太符合特征 a 概念“模板”的个体,在特征对照之后可能会被错误地纳入新的个体样本集中,或者被排除在新的个体样本集之外。当我们用一个不太典型的分类特征去对无数人脸进行分类时,就可能发生这种情况:用“方脸”特征去分类,那么典型的方脸就会被筛选出来;用“圆脸”特征去分类,那么典型的圆脸就会被筛选出来;但是如果人脸样本集中有那么一些不甚典型的脸型时,就可能被置入错误的种类中。并且,种类识别的特征是多维的,如果多维度的特征种类识别发生错误,那么这个错误风险就会继续累积,使得种类识别的错误风险急剧升高。

由此可见,种类识别的错误风险来自对特征的定义。司法鉴定科学中,有一些分支领域的特征定义不甚明确。根据形态学特征来进行种类识别的鉴定类别就存在这样的问题,如牙痕、工具和枪弹痕迹、鞋印、笔迹等鉴定类别中,特征定义的明晰度不够高。因而,这类鉴定项目的特征定义基本上要依靠鉴定人对特征的经验性认知,并且鉴定人对这种无法精确定义的特征的经验性认知较难达成共识,这反过来也会导致种类识别较难达成共识。前面提到的 PCAST 的报告中,仅仅单一来源的 DNA 及指纹鉴定具有基础有效性,而其他的类别如牙痕、枪弹痕迹、鞋印、毛发等,主观分析方法过多,其原因就在于它们的特征缺乏明晰性。那么这些类别的鉴定中进行的种类识别是很容易发生错误的。

由于种类识别的不准确,个体识别的基本方向就会发生偏离,个体识别也就会发生“南辕北辙”式的方向性错误。

(三)对个体识别的滥用

个体识别是有条件的,不是任何一种鉴定对象都可以进行个体识别。要成为个体识别的对象,首先这个对象必须是个体。能够成为个体的客体,必须是不可分离的,有相对固定的形状和体积,并且一些属性能够在一定时间内保持稳定,而这类属性可以用于区别其他同类。只有满足作为个体条件的客体,才能够成为个体识别的对象。否则,就是对个体识别的滥用。如通过油漆碎片的成分来对车辆进行个体识别,由于不同车的油漆成分有相同的可能,那么油漆碎片的成分就不能用于车辆个体识别;用毛发显微形态来识别毛发的供体,这也基本上是做不到的;用毒品成分来判断某些毒品是否是某个人运送或持有的,用墨水成分来识别某一支笔写的字等,也都是对个体识别的滥用。这些鉴定对象大体上满足了种类识别的条件,但用于个体识别则远远不够。因为,它们要么不是个体,要么就不具备用以区别不同个体的特征。对不具备个体识别条件的鉴定对象,也强行进行个体识别,就是个体识别的滥用。这样就极有可能导致个体识别的错误。

对个体识别的滥用有两方面原因。一方面,依然是因为"个体独特性"假设这一观念的潜移默化影响。由于"个体独特性"假设近乎是一种哲学观念,"大千世界,万物唯一""自然从不精确地重复自己"就是与之类似的世界观,这种世界观深刻影响了每一位受过哲学基本训练的人。鉴定人也当然不例外,也很容易受到这种观念的影响,更何况司法鉴定教科书上就是这么写的。另一方面,由于鉴定人对鉴定对象的属性了解不够深入,对于一些鉴定对象是否具备个体特征,或所具备的特征是否属于个体特征不够了解,因而容易错误地扩大个体识别的应用范围,终致滥用个体识别。

四、关系推断的错误风险

我们知道,关系的确认实际上等同于证明 $Pr(H|E,I) \neq Pr(H|\bar{E},I)$。也就是说,证据 E 存在对 H 成立的支持度,与证据 E 不存在

($\bar{E}$)对H成立的支持度,二者是不相等的。如果把这一关系看成H关于E的函数,E的变化会影响H的变化,那么E与H就是有关联性的,它们之间就存在关系。通过E和$\bar{E}$来证明H所描述的关系是否存在,这当然是理论表述上的理想状态。

医生诊病,其背后也遵循这样的逻辑,但医生常常会遇到疑难病症而发生误诊。之所以发生误诊,当然有医生对病症判断不准(相当于特征识别错误)的原因,但也有相同的病因在不同的情形下表现的症状不典型的情况。比如肺炎患者一般会发烧、咳嗽、流鼻涕、肌肉酸痛等症状,但在有些患者身上可能只有发烧而没有其他症状,因为每个人所处的环境和身体状况并不都是相同的。如果我们仔细一点就会注意到不等式$Pr(H|E,I) \neq Pr(H|\bar{E},I)$中的I是相同的,相同的I其实是要求"other things being equal"(其他条件相同)。也就是说,在探究证据E和$\bar{E}$对H各自的支持度时,其前提条件是其他相关条件二者是完全相同的。不同的肺炎患者的症状之所以有所不同,正是因为各自的条件不同,也就是各自所拥有的环境信息I不同。

在司法鉴定中,鉴定人所面对的现象其背后的原因是过去发生的。鉴定人在作出判断时,这些原因可能并未进入鉴定人的假设范围之内,或者原因本身很复杂,很难简单明了地概括出来。在如何保证"other things being equal"方面,可能并不容易。比如,在前文讨论关系推断的认知模式时,我们使用过的例子:在死者的衣物上发现一些羊毛纤维,经鉴定这些纤维被认定与某乙的毛衣纤维颜色、质地、表面形状等特征一致(E),那么因为有E的存在,则有助于推断某乙与死者可能有过接触(H),但如果死者衣物上没有发现这些羊毛纤维,或者没有认定这些纤维与某乙毛衣纤维的相似特征($\bar{E}$),则推断某乙与死者之间可能存在接触关系的根据被削弱。这个例子中,要保证$Pr(H|E,I) \neq Pr(H|\bar{E},I)$在发挥关系推断的作用,就必须保证E和$\bar{E}$二者的条件是完全相同的。而假如死者身上的衣物是从某乙处

偷来或借来的,而杀死死者的是某丙,那么这个时候无论是 E 还是 $\bar{E}$,都无法支持假设 H。因为这个时候的 I 已经发生了变化:原来的 I——假定不存在死者生前偷或借某乙衣服的情形,现在的 I——死者生前偷或借了某乙的衣服。而在鉴定中,鉴定人极有可能无法获知死者偷取或借某乙衣物这一行为,仅仅通过死者衣物上的羊毛纤维来推断死者与某乙之间存在接触关系,发生错误就是可以想象的了。

还存在另外一种情形。在 E 未出现的情况下,也就是在 $\bar{E}$ 的条件下,关系 H 依然存在,但鉴定人根据 $\bar{E}$ 判定 H 成立的可能性很低。如在某些摹仿笔迹鉴定中,摹仿书写人书写水平很高,基本没有留下摹仿书写的典型特征,鉴定人可能因此判断检材笔迹没有被摹仿,但实际情况却完全相反。所以,特别是某些经过伪装、伪造之后的物证,可能导致某些现象不能出现,鉴定人可能会因此而推断:由于没有某种现象,因而某种关系不存在。这也是因为 I 发生了变化,而鉴定人没有了解到这种变化,而发生错误判断。

此外,证明 $Pr(H|E,I) \neq Pr(H|\bar{E},I)$,对于可以精确量化变量的鉴定项目来说,通过计算两种条件概率的值,可以对二者进行精确比较。但多数司法鉴定项目其实都是凭经验判断的:鉴定人通过学习或者长期的工作经历,获知 E 和 $\bar{E}$ 在支持某种关系 H 是否存在的可能性大小,因而很多时候就凭自己的主观经验径行判断。之所以如此,除了 DNA 之类的证据鉴定可以精确量化以外,多数常规司法鉴定项目中都无法精确计算概率值,因而只能凭经验推测这两种概率值。如果证据 E 和 $\bar{E}$ 在支持 H 的概率上有显著不同时,这样的非精确估计也是可靠的;但当 E 和 $\bar{E}$ 对 H 的支持概率相差并不显著时,仅凭经验进行非精确的估计,也是容易发生错误的。

五、事件重建的错误风险

在图 3－3“事件重建的认知结构模型”中,我们将事件重建的认知结构分为三层:本体层、信息层、解释层。事件重建的本质是用解释层来描述或解释本体层,因而,解释层是否有效,取决于解释层的描述是否符合本体层。但事件已经往而不返,我们如何才能保证解释层是"符合"本体层的?事实上,我们做不到。这涉及一个深刻的认识论问题:知识的证成(justification of knowledge)。也就是说,我们需要一些被称为知识的东西,什么是知识,在前文我们已经阐明"有理由的真信念"(justified true belief)是知识的必要条件。但什么情况下知识才可以被称为justified?因而,讨论知识成为真信念的理由,就是知识的证成(justification)。

苏珊·哈克在《证据与探究——走向认识论的重构》一书中,将知识的证成方式归纳为两种路径:基础论(foundationalism)和融贯论(coherentism)。虽然基础论的表述有多种版本,但苏珊·哈克认为,承认如下两个论题的才是正宗的基础论:

> (FD1)某些被证成信念是基本的;一个基本信念之被证成,不能依赖于任何其他信念的支持。
>
> (FD2)所有其他被证成信念都是导出的,一个导出信念之被证成,要借助于一个或多个基本信念直接或间接的支持。[42]

在图3-3中,解释层是一系列关于本体层假设性描述的命题,这些命题的证成,是由信息层的命题的真实性来保证的,而信息层的命题的真实性,则又是本体层的命题的真实性来保证的。在图3-3的模型中,一定有一些基本命题或基本信念,它们不依赖其他命题的支持,而接近于解释层的命题都是导出信念,它们需要一些基本信念直接或间接的支持。可以想象,在事件重建中,基本信念一定起源丁本体层,但本体层属于物质范畴,不属于经验或意识范畴,它并不自

---

[42] [英]苏珊·哈克:《证据与探究——走向认识论的重构》,陈波、张力锋、刘叶涛译,中国人民大学出版社2004年版,第14页。

动产生基本命题。

那么,本体层是如何为基本信念提供证成理由的?苏珊·哈克又描述了两个可能的版本:

> ($FD1^{E}_{EXP}$)某些被证成信念是基本的;一个基本信念之被证成,不凭借其他信念的支持,而是凭借该主体的经验。
>
> ($FD1^{E}_{EXT}$)某些被证成信念是基本的;一个基本信念之被证成,不凭借任何其他信念的支持,而是因为在该主体的信念与使得该信念为真的事态之间,存在因果的或似规律的联系。[43]

在图3-3中,如果是($FD1^{E}_{EXP}$)版本的基础论,事件重建中的基本命题之证成,依靠鉴定人对本体层中S序列的观察与感知;如果是($FD1^{E}_{EXT}$)版本的基础论,事件重建中的基本命题之证成,则凭借命题与本体层中"事件C"之间的"因果的或似规律的联系"。但无论是哪个版本的基础论,都存在困难:($FD1^{E}_{EXP}$)版本的基础论,鉴定人的感知并不是命题,证成只能在命题之间发生,感觉知觉的经验材料是人对客观世界刺激信息的筛选与接收,它并不自动为基本命题提供逻辑证明。($FD1^{E}_{EXT}$)版本的基础论就更为可疑,事态与信念不是一回事,事态不会自己说话,事态需要人的解读,那么解读来自哪里呢?这似乎又出现了上一个困难。并且,什么是"因果的或似规律的联系",这很难定义。

苏珊·哈克认为知识证成的融贯论是:

> (CH)一个信念之被证成,当且仅当,它属于一个融贯的信念集合。[44]

---

[43] [英]苏珊·哈克:《证据与探究——走向认识论的重构》,陈波、张力锋、刘叶涛译,中国人民大学出版社2004年版,第15页。

[44] [英]苏珊·哈克:《证据与探究——走向认识论的重构》,陈波、张力锋、刘叶涛译,中国人民大学出版社2004年版,第17页。

按照这个理论,解释层中的H序列命题,它们各自的证成并不取决于E序列,而只取决于H_1、H_2、H_3…H_{n+1}这个信念集合内部彼此的融贯;E序列命题的证成当然也不取决于本体层,而只取决于E_1、E_2、E_3…E_{n+1}这个信念集合内部的彼此融贯。对此,无须做过多的分析,我们就可以发现在事件重建中仅依靠融贯论的证成方式显然是行不通的。

正是基于基础论和融贯论各自的缺陷,苏珊·哈克对知识证成理论进行了“重构”:她既不愿意放弃基础论,也不愿意放弃融贯论,同时又不愿意二者择一而居,而是提出一个二者结合的证成理论——基础融贯论(foundherentism)。从foundherentism这个名词可以看出,苏珊·哈克是综合了基础论和融贯论二者的证成方式[45]。苏珊·哈克的基础融贯论如是表述:

> (FH1)一个主体的经验是与其经验信念的证成相关联的,但是不需要任何类型的具有特殊地位的经验信念,它们只能被经验的支持所证成,而与其他信念的支持无关。
>
> (FH2)证成并不只是单向的,而是包含着渗透其中的相互支持关系。[46]

显然,(FH1)是基础论,而(FH2)是融贯论,二者的结合就是基础融贯论。苏珊·哈克用纵横字谜游戏(crossword puzzle)来类比她的基础融贯论:在纵横字谜的表格中,组成单词的字母有的已经给出,但两个单词交叠部位的字母被隐去,交叠部位的字母是如何被猜

---

[45] 苏珊·哈克承认她生造了这个词,因为她认为认识论中的二元对立结构已经使认识论无路可走,要走新的路,就必须创造一些新的术语系统出来。参见[英]苏珊·哈克:《证据与探究——走向认识论的重构》,陈波、张力锋、刘叶涛译,中国人民大学出版社2004年版,第8页。

[46] [英]苏珊·哈克:《证据与探究——走向认识论的重构》,陈波、张力锋、刘叶涛译,中国人民大学出版社2004年版,第19页。

出来的？一是靠字谜表格下方的提示语，二是靠两个交叉单词其余的字母。[47] 在这个游戏中，被填出来的字母与其他字母组成一个符合提示语义的单词才是正确的。其中，被填出来的字母类似于基本命题，它是否正确既取决于这个字母所在的单词（相当于被经验支持），同时又取决于单词与提示语是否一致（相当于一个融贯的信念集合）。

我们认为，苏珊·哈克的基础融贯论依然没有解决基础论中的困难。证成是在命题之间发生的事，感知觉所接收的刺激信号并不会自动转化为命题。虽然，苏珊·哈克声称她放弃了外在论（$FD1^{E}_{EXP}$ 版本的基础论），而投身证据主义：感知觉接收的刺激信号是信念证成的证据，对此我们是很赞成的，但是，感知觉所接收的刺激信号如何成为证据，以证明感知觉与待证成信念之间的因果关系，仍然是悬而未决的问题。此外，纵横字谜游戏与基础融贯论并不构成一个严格类比，倒是仅与融贯论构成类比，因为除交叉部位以外的其他字母与经验信息并不类同，实际上依然具有命题的属性。

不过，对于事件重建来说，基础融贯论颇有启发性。在图 3 - 3 中，解释层是否可靠，一要靠解释层内部的命题系统彼此之间的融贯，二要靠信息层的支持；同样，信息层是否可靠，一需要依靠信息层内部命题系统彼此之间的融贯，二需要本体层的支持。本体层如何支持信息层，仍然依赖鉴定人对事件在信息源（S 序列）遗留信息的感知和分析，所以解释层从本体层获得支持，是从 S 序列所获取的证据。但这些来自 S 序列的信息，并不完全代表事件 C 的本来面目，而只能是近似地反映了事件 C。因此，基础融贯论也基本可以概括鉴定人在事件重建层面的基本操作过程。

麦考密克在《法律推理与法律理论》中论述如何确信与过去事件

---

[47] 参见［英］苏珊·哈克：《证据与探究——走向认识论的重构》，陈波、张力锋、刘叶涛译，中国人民大学出版社 2004 年版，第 83 - 84 页。

有关的陈述为真时，指出："迄今我们能够找到的最好理由是，相比于其他陈述，该陈述与我们关于人类行为因果关系的动机的那些普遍信念更相协调，并且与一系列其他具有内在协调性的关于特定事实的命题相协调，在这些事实中，有一些是奠定在当下的感知基础之上的。"[48]"将所有证据联系起来，就构成了一个完整的'事件'，这个事件的各个部分由于上述命题的存在而具有相当的协调性。"[49]如果我们仔细推敲一下麦考密克的观点，就不难发现，其背后依然是基础融贯论的立场。

由此可见，基础融贯论实际上是法律证明、犯罪侦查、司法鉴定中的事件重建不可或缺的基本证成原则。但苏珊·哈克把她的基础融贯论证成路径称为"连续接近法"，即"证成有程度之分；一个人相信某事是否被证成，或者在何种程度上被证成，可以随时间而变化"[50]。这样，基础融贯论的路径实际上说明了，事件重建具有这样的特点：没有任何科学原理和科学规律能够保证解释层和事件本身完全相符，所有的重建都是基于证据对事件本身的一种解释，并且即使可靠的解释，也只是距离事件真相本身更近而已，并不是事件的"副本"，更不等于事件真相本身。因此，Inman 和 Rudin 告诫人们："事件重建不应当是事件的重演。对已发生事件中的精确描述，包括情绪因素、人的活动、面部特征，以及其他的推测，几乎不包含任何事实要素。虽然试图填满事件特别是犯罪事件的每一个细节仅仅是人类的天性，但敏锐地意识到这一倾向，足以在实践中遏制这种冲动……重演，不过是添加了一些主观因素的重建……物证专家应当

---

[48] [英]尼尔·麦考密克：《法律推理与法律理论》，姜峰译，法律出版社 2005 年版，第 85 页。

[49] [英]尼尔·麦考密克：《法律推理与法律理论》，姜峰译，法律出版社 2005 年版，第 86 页。

[50] [英]苏珊·哈克：《证据与探究——走向认识论的重构》，陈波、张力锋、刘叶涛译，中国人民大学出版社 2004 年版，第 73 页。

只提供事件发生顺序的信息，避免猜测任何人在事件的情景中是‘一定是如何思考的’。”[51]此外，我们不要忘记，事件重建也是回溯推理，是一种最佳解释推论，这种“最佳”依然是基于证据的“最佳”，而解释并非完全等于事件真相本身。

六、错误风险的累积效应

在第三章，我们指出司法鉴定认知行为是一种层级结构关系：特征识别是一切司法鉴定活动的基础，也是所有司法鉴定认知行为的第一环节；特征比较又介于特征识别和个体识别之间；个体识别以特征比较为基础，而如果要进行关系推断，则可能需要以个体识别为基础；事件重建本质上是大量关系的推定，它们是一种从局部到整体、从宏观到微观、从分析到综合的过程。当然，我们也同时指出：这个层级结构关系并不意味着所有的鉴定都必须经历这五个层次的行为，居于高层级的认知行为未必需要其他所有低层级行为的支持，但有些低层级的行为是必不可少的，如特征识别行为在所有鉴定认知行为中都必不可少。

无论如何，低层级行为对高层级行为有支持作用。但如果低层级行为发生了错误，那么错误就可能传导到高层级行为上：如果特征识别发生错误，那么就必然发生特征比较错误，因而就可能发生个体识别错误，关系推断错误、事件重建错误也会相继发生。当初美国联邦调查局错将布兰登·梅菲尔德认定为马德里火车爆炸案的嫌疑人，当然就是因为基于指纹的个体识别错误，而个体识别的错误，当然最终可以追溯到特征识别和特征比较的错误。如果警方因此对犯罪事件进行重建也一定会发生错误。

因而，我们把这种低层级行为发生的错误逐级向上传导，并且每

---

[51] Keith Inman & Norah Rudin, *Principles and Practice of Criminalistics: The Profession of Forensic Science*, CRC Press, 2001, p. 188.

一级均存在一定的错误风险,最终在最高层级行为中发生严重错误的现象称为“错误风险的累积效应”。这一效应说明:低层级的认知行为对高层级的认知行为具有基础性意义,低层级认知行为的错误会导致高层级行为的错误;越是高层级的认知行为越复杂,因而越容易发生错误。所以,高层级认知行为的错误风险来源中,还包含有低层级认知行为的错误风险。此正所谓“差之毫厘,谬以千里”,作为鉴定人,不可疏忽于毫末,其理由亦在于此。

小　　结

司法鉴定认知的逻辑基础是回溯推理。回溯推理具有临时性、可修改、合情性。因而,它不是一种必然推理。那么,和演绎推理相比,回溯推理的结论并不具有保真性。这样,以回溯推理为逻辑基础的司法鉴定,在逻辑上存在导致错误鉴定意见的可能性。

科学知识有局限。法庭科学自 20 世纪末以来面临的信任危机,法庭科学有效性的评估与人们的预期相距甚远,司法鉴定标准明晰程度各有不同导致对标准的理解差异,都是科学知识的局限给司法鉴定带来的错误风险。

司法鉴定认知行为中,特征识别过程中概念形成上的偏差,感知觉器官接收客体刺激信号的能力缺陷等,会导致特征识别的错误风险;鉴定人通过学习而获得的概念偏差或错误,也可能导致特征识别错误。特征比较具有类比推理的特点,类比推理又具有归纳的属性,归纳推理是一种非必然推理,因而特征比较会因为归纳推理而出现错误。基于种类识别的错误、滥用个体识别以及个体独特性假设的缺陷,会导致个体识别的错误。关系判断中,在 E 和 $\bar{E}$ 的环境信息 I 保持一致方面存在困难,因而利用 $Pr(H|E,I) \neq Pr(H|\bar{E},I)$ 的方法框架来推断关系,可能因为 I 的不同而发生错误;并且,若关系推断中

经验成分更多而缺少量化,缺少必要的精确性,E 和 $\bar{E}$ 对 H 的支持概率相差并不显著时,仅凭经验进行非精确的估计,也容易发生错误。事件重建的认识论路径,是类似于苏珊·哈克的基础融贯论(foundherentism),基础融贯论的立场是证据主义的,对信念的证成是基于证据且有程度之分的,因而信念的证成只是基于证据对真实的连续接近,事件重建只是解释对事件的连续接近,而不等于事件真相本身,由于人们有一种填满事件每个细节的冲动,因而就容易产生过度解释的风险。也因此,司法鉴定各层级的认知行为之间存在一种"错误风险的累积效应"。

第五章　认知偏差与司法鉴定错误

人对外部世界的感知，是通过对刺激信号的接收，并加以筛选、解释、存储的过程。如果将人类的视觉感知与摄像机相类比：光线通过镜头照射到摄像机的 CMOS 传感器上，等同于光线照射到人眼视网膜上；光信号在 CMOS 上被转化为电信号进入摄像机中央处理单元，而在视网膜上的光信号则被转化为神经冲动信号进入大脑；在中央处理单元将电信号进行筛选、重组进而存储到介质上或呈现到显示屏上，在大脑中将神经冲动信号进行筛选、重组、解释进入人意识或记忆中。由此可见，外部世界要进入人类的意识中，要经过一些复杂的信息加工环节才能完成。这些复杂的信息加工环节，使得外部世界呈现在人类意识中时，已经不是原来的样子，而是经过“加工”后的样子。人类对外部世界的视觉感知虽然与摄像机有些类似，但是那只是一个粗线条的类比，事实上，人类对世界的知觉与摄像机有很大的不同。因为，人类在感知外部世界时，要受到概念、知识、注意、情绪、预期、经验、环境等因素的影响。我们对客观世界中一些基本特征的知觉，比如形状、大小、远近等，都可能会被这些因素所扭曲，并且这些扭曲是在无意识中发生的。在认知心理学上，这些扭曲人类认知的现象被称为认知偏差。认知偏差已经被广泛深入地研究了许多年，因而极大地推动了对人类认知现象的深入理解。

司法鉴定作为一种认知行为，也必然存在认知偏差现象，但在司法鉴定中的认知偏差现象研究却只是从 20 世纪末才开始的。在我国,司法鉴定中的认知偏差研究起步较晚,在本研究正式开展之前,有关司法鉴定中的认知偏差的原创性文献寥若晨星,相关专著更是无处寻觅。在我国的司法鉴定实践中,鉴定人不知认知偏差为何物,更谈不上如何通过鉴定程序、鉴定标准等措施去减轻、克服司法鉴定中的认知偏差。但在英文文献中,则不乏对司法鉴定中的认知偏差现象进行研究的作品,有些研究者在这一方向上已经努力近30年,并且已经在司法鉴定的制度安排方面产生影响。本研究试图通过对认知偏差的一般性讨论,重点对代表性偏差、可得性偏差、锚定效应、确证偏差、情景偏差等进行讨论,分析它们如何影响司法鉴定,这也是通过认知科学透视司法鉴定不可缺少的组成部分。

第一节　启发法与认知偏差的一般性研究

早在16世纪,英国哲学家弗朗西斯·培根在《新工具》中就提到过假象问题。培根认为假象就是错误的观念。他把假象分为四种:族类的假象、洞穴的假象、市场的假象、剧场的假象。[①]

所谓族类假象,跟人所处的群体有关,群体的认知淹没了个体的认知,个体因而丧失了认知的能力;所谓洞穴假象,与人的知识背景有关,每个人所具有的经验背景、专业背景构成了一个个“洞穴”,人们只能通过“洞穴”去看外部世界,是一种所谓“有知识的无知”;所谓市场假象,跟人们之间的交往有关,人们在交流中形成的错误思想潮流,会形成一种裹挟的力量,从而使世界变得扭曲;所谓剧场假象,跟各种思想学说流派有关,各种思想学说不过是各式各样的“舞台剧”,择一而从但不知变通,则容易使人的认知误入歧途。当然,培根的“四假象”说并没有经验性证据,也没有深入系统地展开论述。但

① 参见[英]培根:《新工具》,许宝骙译,商务印书馆1984年版,第7－9页。

培根的“四假象”说,启发人们认识到科学方法中存在谬误的可能性,其意义之重大自不待言。同时,“四假象”说也算是早期研究认知偏差的尝试。

一、认知偏差探索的开创性工作

认知偏差是 Tversky 和 Kahneman 于 20 世纪 70 年代提出的概念,用于描述人们做判断或决定时存在系统性的错误行为模式。② Tversky 和 Kahneman 在一篇题为《不确定性情景下的判断:启发法与偏差》的经典文章中指出:在面对不确定的情形下进行的判断,人们常常依赖一些数量有限的启发法,这些启发法可以降低评估概率和预测价值等任务的复杂性,进行相对较为简单的判断,这些启发法很有用,但常常会带来系统性错误。该文详细讨论了三种启发法:代表性启发法(representativeness heuristic)、可得性启发法(availability heuristic)和锚定效应(anchoring effect)。Tversky 和 Kahneman 发表此文的主要目的不是发现这些启发法的优势,而是揭示启发法可能给认知带来的弊端——认知偏差。③

(一)代表性启发法及其偏差

人们常常把事物的典型特征作为判断事物之间关系的基本根据,这种用典型特征来认知事物、决定和判断的思维方式就是代表性启发法。Tversky 和 Kahneman 如是描述代表性启发法:

> 人们经常关心的许多概率问题,属于下列类型中的某一种:事物 A 属于种类 B 的概率有多大?事件 A 源于过程

② See A Wilke. & R Mata, *Cognitive Bias*, in V. S. Ramachandran eds., Encyclopedia of Human Behavior, 2nd edition, Elsevier Academic Press, 2012, p. 531.

③ See Amos Tversky & Daniel Kahneman, *Judgment Under Uncertainty: Heuristic and Biases*, 185 Science 1124(1974).

> B 的概率有多大？过程 B 导致事件 A 的概率又有多大？要回答这样的问题，人们通常依赖代表性启发法。代表性启发法的概率是根据 A 代表 B 的程度来评定，也就是根据 A 与 B 的相似程度来评定。例如，如果 A 能高度代表 B，那么判断 A 源于 B 的概率高；相反，如果 A 与 B 不相似，判断 A 源于 B 的概率低。④

Tversky 和 Kahneman 还举出根据某个人的性格特征来判断某个人从事的职业的例子，来说明什么是代表性启发法。比如某个叫史蒂夫的人，他性格腼腆，寡言少语，乐于助人，却对现实世界缺少兴趣，他谦恭有礼，做事井井有条，中规中矩，关注细节。那么史蒂夫应该是农民、飞行员、售货员、图书管理员还是医生？于是，一般人都判断史蒂夫是图书管理员。⑤ 其实，这是由于史蒂夫的性格特征与图书管理员职业行为特征的高相似度，人们以此为根据来做判断的。

代表性启发法固然是人们常见的有效的认知和判断的方式，但根据 Tversky 和 Kahneman 对代表性启发法的分析，揭示了它可能导致的认知偏差：对先验概率敏感，对样本规模不敏感，对概率的误解，对可预测性不敏感，有效性幻相，以及对回归的错误理解。⑥

（二）可得性启发法及其偏差

可得性启发法的意思是，通过容易想到的原因、事例来解释某些现象和事件。可得性启发法关键不在于想到的原因、事例的性质是什么，而在于这种原因和事例最容易被判断者所想到。可得性启发

---

④ Amos Tversky & Daniel Kahneman, *Judgment Under Uncertainty: Heuristic and Biases*, 185 Science 1124(1974).

⑤ See Amos Tversky & Daniel Kahneman, *Judgment Under Uncertainty: Heuristic and Biases*, 185 Science 1124(1974).

⑥ See Amos Tversky & Daniel Kahneman, *Judgment Under Uncertainty: Heuristic and Biases*, 185 Science 1124(1974).

法源于人们对记忆提取的顺畅性。

Tversky 和 Kahneman 没有对可得性启发法明确定义，而是这样概括的：

> 存在一些情形，人们估算一个类的频率或者一个事件的概率，是通过其实例或事例进入大脑的容易程度来完成的。例如，人们借助回忆自己熟人中发生的事例，来评估中年人患心脏病的风险。类似地，一个人也许估计一桩生意会失败，是因为想到了各种可能遇到的困难。⑦

可得性启发法肇因于人类记忆、注意的有限性，思维的联想机制，信息搜寻成本的限制，甚至条件反射等因素。可得性启发法导致的认知偏差包括：根据容易被想起（retrievability）的实例做决定而导致的偏差；由于搜索集的有效性而导致的偏差；想象力偏差；相关性幻觉（经常同时发生的事，容易被认为是彼此之间存在相关性）。

（三）锚定效应及其偏差

人们做决定和判断一般是有参考对象的。是否要减肥，要参考自己原先的体重；是否根据某种价格来决定是否购买某种商品，需要参考它之前的价格或同类商品的价格；是否需要更加提高工作效率，是根据之前的工作效率给自己带来的收益来决定的……总之，需要一个参照点来进行比较，才能做出自认为满意的决定。但有些参照点是选择在起点的，这个起点一经确定，就像轮船的锚，它会固定或影响后续的决定和判断。这就是 Tversky 和 Kahneman 所谓的“锚定效应”。

通过一个实验，Tversky 和 Kahneman 证明了锚定效应的存在：写

---

⑦ Amos Tversky & Daniel Kahneman, *Judgment Under Uncertainty: Heuristic and Biases*, 185 Science 1124 (1974).

出两个排列顺序不同但实际计算结果相同的乘法算式，让两组高中生在5秒之类估算其结果。这两个算式如图5－1：

8×7×6×5×4×3×2×1
和
1×2×3×4×5×6×7×8

图5－1　排列顺序

由于计算的起点数值不同，前面的数字大小会影响最后数值估算的结果。实验之初估计降序得到的结果会比升序结果大。实验完毕后发现：升序序列估值的中位值为512，降序估值中值为2250。这与预先的假设是一致的。⑧

锚定效应的偏差：过高估计连续性事件发生的概率，而过低估计不连续事件发生的概率；主观概率分布估算的偏差。⑨

Tversky 和 Kahneman 的研究发表后，引起了许多领域的广泛关注，包括心理学、教育学、情报分析、管理学、医学、法律、军事等领域，它们都纷纷将"认知偏差"这一概念框架用于审视本领域中的问题。过去的五十多年中，以"认知偏差"为话题的研究文章和著作呈指数级增长。由此可见，作为一种新的思考框架和研究视角，"认知偏差"的概念对社会科学的影响十分深远。⑩

据称 Tversky 和 Kahneman 对认知偏差的研究，是受了赫伯特·西蒙（Herbert Simon）提出人类思维的"有限理性"（boungded ration-

---

⑧ See Amos Tversky & Daniel Kahneman, *Judgment Under Uncertainty: Heuristic and Biases*, 185 Science 1124(1974).

⑨ See Amos Tversky & Daniel Kahneman, *Judgment Under Uncertainty: Heuristic and Biases*, 185 Science 1124(1974).

⑩ Tversky 和 Kahneman 这篇文章的引用量高达3万余次，二人也因为认知偏差的研究，为行为经济学作出重要贡献，因而获得了2002年度的诺贝尔经济学奖。

ality)的立场的启发。[11] 有限理性是对传统理性理论的反叛:传统理论假定了人类信息处理能力的无限性,将人类的判断和决策置于理想而完美的假设中,人类的判断和决定所依据的信息可以充分获得,那么人类的判断和决定完全交给概率论和统计学就可以了,但有限理性理论对此并不赞同,因为人类认知和判断是在一些内外约束条件下进行的,人类并不具有无限的信息处理能力,相反人类还常常在认知和判断时发生系统性错误。

二、快捷而省俭的启发法

Tversky 和 Kahneman 的工作成果引起了人们对认知偏差探索的热情。尽管二人的工作具有划时代意义,但是有人依然对他们的工作表示不同意见。首先,一些研究者们认为,并不存在明确的规范标准能够定义理性判断和决定。其次,类似的研究只提供了人类认知推理的模糊轮廓,在何种情况下人们会使用启发法无法定量预测。最后,Tversky 和 Kahneman 对启发法和认知偏差的研究,仅仅聚焦于人们对判断问题的最初反应,并没有考量人们可能从经验中获取教训这一因素,因而这种研究和传统的认知与决策理论一样,与现实贴合得并不十分紧密,因而缺少生态有效性(ecologically valid)。[12]

然而,批评和质疑对学说和思想的发展是有益的。对前人研究进行审视,也激发了人们对认知偏差的研究热情。由于 Tversky 和 Kahneman 对启发法和认知偏差的研究缺少生态有效性,Gigerenzer 参与了一个强调生态有效性的研究项目,这个项目被称为“快捷而省俭的启发法”(fast and frugal heuristics),项目聚焦于推理策略的成功

---

⑪ 参见[英]培根:《新工具》,许宝骙译,商务印书馆 1984 年版,第 7 - 9 页。

⑫ 参见[英]培根:《新工具》,许宝骙译,商务印书馆 1984 年版,第 7 - 9 页。

与环境结构之间的关系。[13] Gigerenzer 用一个思想实验来说明他提出的认知启发法为何快捷(fast)而省俭(frugal),他假定了一个机器人可以接住抛给它的球,但这个机器人需要精确计算球在空中飞行的抛物线路径,因而需要初速度、飞行距离、抛射角等参数,同时还要考虑空气阻力、风速、风向等因素。机器人的决策相当于理性决策,看似精准实则缓慢而所需信息过于烦冗,因而实际上不可行。但人类接球,根本不需要这么复杂,人类只需要"盯球启发法"(gaze heuristics),也即眼睛盯着球实时调整自己的位置和姿势即可,这个过程既快捷,仅需数秒即可完成,也很省俭,无须太多信息也无须复杂的计算。[14] Gigerenzer 因此重新定义了启发法的特征:启发法利用了进化的能力,启发法是有机体习得的能力;启发法利用了环境的结构,所有的启发法都不同程度的是领域特定的,有多少种问题,就有多少种启发法;启发法不是"as - if"最优化模型。"一个启发法的模型是一个规则,其目的是描述问题解决的实际过程,而不仅仅是结果。"[15]

Gigerenzer 的研究,一方面是在对 Tversky 和 Kahneman 观点的批评,另一方面其实是在对启发法"正名",强调了启发法在现实中的必要性和优势。

三、进化视角下的认知偏差

进化视角是基于理性的进化:不仅仅与现在的环境相适应,还是

---

⑬ See Gerd Gigerenzer, *Fast and Frugal Heuristics: The Tools of Bounded Rationality*, in Derek J. Koehler & Nigel Harvey eds., Blackwell Handbook of Judgment and Decision Making, Blackwell Publishing, 2004, p. 62 – 88.

⑭ See Gerd Gigerenzer, *Fast and Frugal Heuristics: The Tools of Bounded Rationality*, in Derek J. Koehler & Nigel Harvey eds., Blackwell Handbook of Judgment and Decision Making, Blackwell Publishing, 2004, p. 63.

⑮ Gerd Gigerenzer, *Fast and Frugal Heuristics: The Tools of Bounded Rationality*, in Derek J. Koehler & Nigel Harvey eds., Blackwell Handbook of Judgment and Decision Making, Blackwell Publishing, 2004, p. 64.

从过去的环境中进化而来的。进化理性要强调的是，人们会从错误中不断改进自己做决定的方式，进而提高自己做决定的效度。从进化的视角来看，看起来对有机体有害的机制，实际上是生物体通过进化形成的自我保护机制。如持久高烧会使人体器官严重受损，但发烧其实是人类进化的产物，通过发烧的机制来杀灭病毒，所以它其实又是一种健康防护的机制。

从进化的视角来看，认知偏差可以来自三方面原因：(1)通过选择，可以发现一些有用的捷径(shortcut)，在多数情况下捷径都是有效的，尽管它们并不满足一些规范标准(启发法)；(2)为了解决适应性问题而采用的偏差性方法，比无偏差(unbiased)方法的错误成本更低(错误管理偏差)；(3)人为产生的策略偏差，来自不运用不适当规范标准或将人置于非自然环境中(人工偏差)。[16]

第一种情况下的偏差，来自启发法。这个观点跟 Tversky 和 Kahneman 的主张是一致的，比如刻板印象、错误归因、单一理由决策等，都是人们生活自然形成的有效的认知策略，当然会导致偏差。

第二种情况下的偏差，来自错误管理理论。为了防止付出更大的犯错代价，因而不得不采用代价较小的偏差策略。这实际上是一种有益的偏差。我们常说的“有备无患”“料敌从宽”“疑罪从无”就是这种有益的偏差，这是用较小的偏差行为，避免更大的错误发生。

第三种情况下的偏差，是因为问题的呈现方式或问题内容本身所导致的虚假偏差，这跟研究方法缺乏生态有效性有关。这种偏差与 Gigerenzer 对 Tversky 和 Kahneman 的批评就比较接近了。

进化视角下的认知偏差，不仅肯定了认知策略研究应当在更加

---

⑯ See Martie G. Haselton, Daniel Nettle & Damian R. Murray, *The evolution of cognitive bias*, in David M. Buss ed., The Handbook of Evolutionary Psychology, John Wiley & Sons Inc., 2005, p. 726.

真实的情景中展开,也肯定了通过对启发法的积极意义,并且强调启发法认知进化的结果,而且另辟解释的蹊径,揭示了有些认知偏差是不得已却有益的。这使得人们对认知偏差的内涵又有了新的认识。

随着对认知偏差的深入研究,人们发现认知偏差是一个难以穷尽的话题,从 Tversky 和 Kahneman 开始,认知偏差的清单呈爆发式的增长,⑰人们越来越清楚地认识到认知偏差是与问题的知识领域密切相关的。所以,本研究不可能把所有的认知偏差对司法鉴定错误的影响都一一进行展开,事实上,这个复杂的认知偏差清单中有些名称其实有争议的,因而我们从认知科学家关注的法庭科学中的认知偏差现象入手,来讨论司法鉴定中常见的认知偏差现象及其导致的司法鉴定错误。

第二节　对法庭科学中认知偏差的研究

一、鉴定中的"观察者效应"

在法庭科学文献中,最先关注鉴定专家认知现象的应该是 Risinger 等人 2002 年发表在《加利福尼亚法律评论》中的一篇长文,文章题为《法庭科学中的观察效应之道伯特/锦湖规则意涵:暗藏的预期和暗示问题》,该文章认为:"法庭科学中极为明显的危险是,鉴定专家的观察和结论容易被外部潜在的偏差信息影响。然而,除了有意无意地暗示外,还有预期导致的其他潜在错误来源。"⑱在这篇文章

⑰ 在维基百科上的"认知偏差清单"条目下,可以发现认知偏差多达上百种。See Wikipedia,"List of cognitive biases",Accessed https://en.wikipedia.org/wiki/List_of_cognitive_biases. 2023-5-5.

⑱ Risinger, D. Michael, et al., *Daubert/Kumho implications of observer effects in forensic science: hidden problems of expectation and suggestion*, 90 California Law Review 1(2002).

中，观察者效应的一般性研究得以全面归纳概括，更为重要的是，用了将近一半的篇幅讨论了法庭科学中可能存在的观察者效应，并分析了观察者效应如何影响鉴定人的观察和判断。作者指出，法庭科学家和侦探不同，侦探应当收集各种信息，而法庭科学家不应该接触“不正确”的信息——领域外（extradomain）信息，也就是超出了他们职责范围以外的信息。如在对皮肤上的某一咬痕进行鉴定时，由于咬痕细节不清晰，法齿学专家不能根据咬痕来进行人身个体识别，但是如有人告诉他有证人看到被害人被强奸且被咬了一口，并且从被害人的阴道中提取的 DNA 分析结果显示被告有极高的随机吻合概率，此时法齿学家会如何对这一个细节并不清晰的咬痕来进行鉴定呢？显然，有极高的可能性是他会根据这个咬痕进行个体识别。但他的依据并不是咬痕上的特征信息，而是鉴定以外的案情信息。这些鉴定以外的案情信息，就被称为领域外信息。这种信息对鉴定来说，是有害的。Risinger 等人所谓的“观察者效应”其实主要是确证偏差和误导信息效应（misinformation effects）二者的混合作用，但是，研究者对这种认知偏差现象的讨论，并没有充分的经验证据，而是通过司法案例证明了“观察者效应”现象的确存在。

二、认知偏差的经验研究

Dror 和他的合作者是开启法庭科学中的认知偏差经验研究的先行者。在一项研究中，他们注意到在指纹鉴定中存在的两种认知过程：自下而上的过程和自上而下的过程。[19] 自下而上的过程，主要是

---

⑲ 根据我们前面的研究，自下而上的过程和自上而下的过程在所有的鉴定类型中都存在，Dror 等人在这项研究中聚焦于指纹鉴定，一方面是因为指纹鉴定有一定的代表性，另一方面是因为读者对这一鉴定项目相对较为熟悉。但他们的研究结论是可以推广到其他鉴定类别的，他们在 2006 年进行的另一个项目中，也同样以指纹鉴定为例，应该也是基于以上理由。

从指印中发现和观察三级特征,从而根据这些特征对检材指印和样本指印是否相符合做出判断;自上而下的过程,则是鉴定人在开展鉴定之前,有意无意地接触到一些不恰当的信息,这些信息可能扭曲或改变鉴定人自下而上过程中的特征感知,甚至最后改变自己的决定。在这项研究中,Dror 等人重点研究了自上而下信息对判断者情绪的影响,并进一步观察他们在这种情绪支配下如何做决定。他们招募了 27 名在校大学生,平均年龄 23 岁,所提供的指印有清晰的和模糊的两组,情绪干预分为四个层次:(1)无情绪影响;(2)低情绪成分的背景故事和照片;(3)高情绪成分的背景故事和照片;(4)高情绪成本的背景故事、照片及潜意识诱发信息。把 96 对指印平均分为四组,每组都有 12 对清晰的指印和 12 对模糊的指印,每组随机提供指印。最后发现,细节清晰的指印四组认定比例分别是 50%、54%、51%、46%,可见情绪干预对四组判断并没有影响。但在细节模糊的指印中,参与者认定指印的比例分别是 47%、49%、58%、66%,这一结果显示了情绪干预对参与者的判断之间具有相关性。[20]

与 Risinger 等人的研究有显著不同,Dror 等人的这项研究是典型的经验研究,通过分组实验,比较不同变量在不同组之间的效果,效果比较是通过量化统计分析完成的;前者是基于对观察者效应的一般性研究,鉴定认知行为与其他认知行为之间的相似性,演绎外推的结果,其间有司法案例作为论点佐证。两相比较,很容易发现 Dror 等人的研究,论据更为客观充分。Dror 等人的研究在对法庭科学中的认知偏差的经验研究上,显然有较高的起点,这与 Dror 本人的专业背景为认知神经科学有关。但当时 Dror 等人的研究成果发表在

---

⑳ See Itiel E. Dror, Ailsa E. Péron, Sara – Lynn Hind, David Charlton, *When Emotions Get the Better of Us: The Effect of Contextual Top – Down Processing on Matching Fingerprints*, 19 Applied Cognitive Psychology 799(2005).

《应用认知心理学》(*Applied Cognitive Psychology*)上,并没有引起法庭科学界太多的关注。

但在另一项研究中,Dror 和 Charlton 从一些真实的刑事案件中挑选了一些指印,这些指印中有一半是肯定结论,而另一半则是否定意见。他们安排原来对这些指纹进行过鉴定的专家作为这项研究的被试者,他们为这些专家提供了一些可能导致偏差的情景信息,并且同时在对照组中没有提供类似信息,结果发现有三分之二的专家作出了与以前不一致的结论。[21] 这一次,他们的研究发表在国际鉴定学协会的会刊《司法鉴定学报》(*Journal of Forensic Identification*)上。由于这一刊物的国际影响力,二人的研究在一定程度上引起了法庭科学界的关注。

Dror 本人的研究兴趣,似乎从此慢慢发生了转变:Dror 本人的专业领域本是一般的认知科学,之前的研究成果主要集中在神经认知科学领域,但他慢慢将研究兴趣聚焦到法庭科学中的认知偏差这一交叉领域来。之后,Dror 持续多年发表了关于法庭科学中的认知偏差的专题研究文章。主题涉及法庭科学中认知偏差的一般性讨论,[22]

---

[21] See Itiel E. Dror & David Charlton, *Why experts make errors*, 56 Journal of Forensic Identification 600(2006).

[22] See Itiel E. Dror & Robert Rosenthal, *Meta - analytically Quantifying the Reliability and Biasability of Forensic Experts*, 53 Journal of Forensic Sciences 900(2008). Itiel E. Dror, *The vision in "blind" justice: Expert perception, judgment, and visual cognition in forensic pattern recognition*, 17 Psychonomic Bulletin & Review 161(2010).

法庭科学专家的认知效能,㉓指印鉴定中的认知偏差,㉔DNA 鉴定中的认知偏差,㉕法医人类学鉴定中的认知偏差,㉖数码证据鉴定中的认知偏差,㉗法医病理学鉴定中的认知偏差㉘,等等。

三、研究产生的影响

Risinger 等人以及 Dror 和他的合作者们的研究,很快引起了科学界的注意。2009 年美国国家科学学会在其著名的报告中,指出法庭科学领域中存在认知偏差:"某些初步但惊人的研究已经揭示出法庭科学程序中的一些偏差,但是理解这些偏差和制定应对措施方案还有更多工作要做……一些法庭科学的学科刚刚开始意识到确证偏差及其带来的危害,这些偏差带来的陷阱可能非常微妙。在法庭科

㉓ See Itiel E. Dror, *Practical Solutions to Cognitive and Human Factor Challenges in Forensic Science*, 4 Forensic Science Policy Management: An International Journal 105 (2013). Itiel E. Dror, *Cognitive neuroscience in forensic science: understanding and utilizing the human element*, 370 Philosophical Transactions of the Royal Society B: Biological Sciences 20140255 (2015). Itiel E. Dror, *Human expert performance in forensic decision making: Seven different sources of bias*, 49 *Australian Journal of Forensic Sciences* 541 (2017).

㉔ See Itiel E. Dror, et al., *Cognitive issues in fingerprint analysis: Inter – and intra – expert consistency and the effect of a "target" comparison*, 208 Forensic Science International 10 (2011).

㉕ See Itiel E. Dror & Greg Hampikian, *Subjectivity and bias in forensic DNA mixture interpretation*, 51 Science & Justice 204 (2011). Amy M. Jeanguenat, Bruce Budowle & Itiel E. Dror, *Strengthening forensic DNA decision making through a better understanding of the influence of cognitive bias*, 57 Science & Justice 415 (2017).

㉖ See Sherry Nakhaeizadeh, Itiel E. Dror & Ruth M. Morgan, *Cognitive bias in forensic anthropology: Visual assessment of skeletal remains is susceptible to confirmation bias*, 54 Science & Justice 208 (2014).

㉗ See Nina Sunde & Itiel E. Dror, *Cognitive and human factors in digital forensics: Problems, challenges, and the way forward*, 29 Digital Investigation 101 (2019).

㉘ See Itiel E. Dror, et al., *Cognitive bias in forensic pathology decisions*, 66 Journal of Forensic Science, 1751 (2021).

学学科中发现的偏差效应可以在 Risinger 等 2002 年的文章中找到,关于要做何种分析、以何种顺序完成的决定,也会受到偏差的影像,并最终对结果有所歪曲。”[29]在这一段文字中的脚注中,引用了 Dror 和 Charlton 于 2006 年发表的两篇文章。2016 在 PCAST 的研究报告中指出:“研究显示认知偏差也许是法庭科学中的严重问题。”[30]该报告也多次引用并肯定了 Dror 及其合作者们的工作成果,并且浓墨重彩地强调了法庭科学鉴定中存在认知偏差及其对鉴定客观性和科学性的影响。

也许是因为这些报告的影响力巨大:这些报告不仅成为美国国内改进法庭科学的指导性文献,世界上其他国家也纷纷参考这些报告,并在各自的法庭科学或司法鉴定领域进行了不同程度的改革。即使在这些报告发布之后直到今天,法庭科学领域中的认知偏差现象也仍然是十分引人瞩目的话题。

当然,关注法庭科学中的认知偏差者,绝非仅 Dror 和 Risinger 等人,在一项关于法庭科学认知偏差的综述性研究中,研究者通过对数据 PsycINFO、Social Sciences Full Text 的检索发现,截至 2018 年,与法庭科学有关的认知偏差研究多达 36 项,涵盖法庭科学 14 个学科领域。[31] 由此可见,法庭科学认知偏差的研究对世界法庭科学的发展将影响深远。

㉙ NAS, *Strengthening Forensic Science in the United States: A Path Forward. Washington*, DC: National Academies Press, 2009, p. 184 – 185.

㉚ PCAST, *Report to the President Forensic Science in Criminal Courts: Ensuring Scientific Validity of Feature – Comparison Methods*, 2016, p. 31.

㉛ See Glinda C. Cooper & Vannessa Meterko, *Cognitive bias research in forensic science: A systematic review*, 297 Forensic Science International 25 (2019).

第三节　启发法与司法鉴定错误

尽管对法庭科学中的认知偏差研究规模较为可观，但是纵览相关研究成果不难发现，研究者们主要聚焦于法庭科学中的两种认知偏差：确证偏差和情景偏差。我们当然承认，这两种偏差现象在鉴定实践中的确很普遍，但由于鉴定人也要使用启发法，特别是通过特征比较来进行个体识别的鉴定，甚至在关系推断和事件重建中，都存在代表性启发法。但启发法在司法鉴定中的应用，以及它们可能引起的偏差，都没有被充分关注。我们认为，由于研究者们进行的实验研究中，许多参与者并没有成熟的专业技能，有许多研究仅仅是招募在校大学生志愿者来参与完成的。这对于探究启发法如何影响司法鉴定来说，并不是有效的路径，因为在校大学生尚未形成与司法鉴定实践有关的启发法决策思维。所以，我们认为启发法在司法鉴定认知中的效用及其带来的偏差效应，也应当关注。由于代表性启发法、可得性启发法、锚定效应的一般性认知研究最受关注，因而本研究也仅仅分析代表性启发法、可得性启发法、锚定效应在司法鉴定中的认知机制，以及它们的偏差如何导致司法鉴定错误。

一、代表性启发法与司法鉴定错误

我们已经知道，代表性启发法是根据事物的典型性做决定的思维方式。由于大脑信息处理能力的有限性、认知资源的有限性以及世界的复杂性，人类在生活中逐渐进化出一种能力：以往重复发生的类似情景在不知不觉中被埋藏在潜意识里，当在各种生活场景中遇到类似的情形时，我们不由自主地联想到这些类似情景，从而根据与潜意识中的“原型”的相似性来识别、决定、判断。

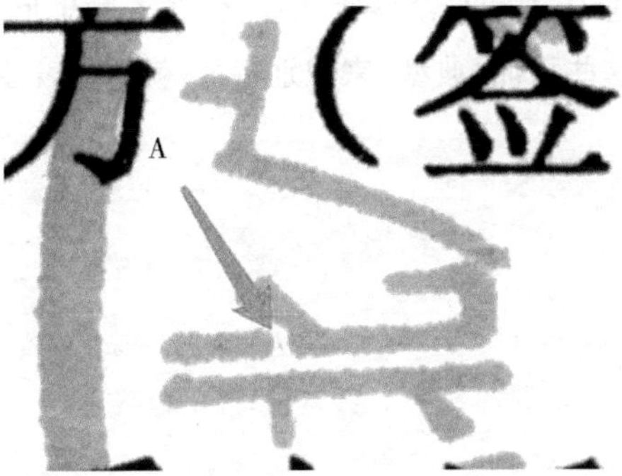

图 5－2　印章特征识别中的代表性启发法

在司法鉴定中,代表性启发法也会发挥作用。在特征识别时,特别是对原生特征的识别,由于一些证据的特征不甚清晰,或者这种类型的证据特征定义不甚明确时,代表性启发法就会在不经意间被激活:鉴定人会在大脑中搜索,多数情况下,这些难以确定的特征一般与什么“典型”特征相似。图 5－2 是一个印文鉴定中检材印文的局部,图中 A 处是否构成这个印文的特征?对于对印文鉴定有所了解的人来说,会十分肯定地回答:A 处是该印文的特征。做出这样的判断,是因为这一特征可能是印章在此处的一个极为细微的缺损,这样的缺损是在印章的长期使用中随机产生的,是一个具有区分力的特征。这就是判断所暗含的前提,因而类似的这种缺损现象,都容易在鉴定人大脑中形成一种“典型”。一旦出现类似的情况,鉴定人就会比较容易将其判断为具有区分力的特征。图 5－3 中的字迹是否正常书写?经验丰富的鉴定人会很快得出结论:字迹是非正常书写形成。因为这个收条上的字迹书写不流利,虽然有些笔画有连写动作,但笔画反映出来的运笔动作十分缓慢,不符合正常书写的“典型”特征。这样的例子还有很多:彩色打印文件在显微镜下一般会呈现分色打印特征;左手书写字迹字行一般左高右低;机械性窒息一般会导致口腔黏膜有出血点;死后一小时内一般会逐渐出现尸僵……总之,鉴定人通过专业学习和长期鉴定执业，会在大脑里形成无数个特征“典型”，根据这些特征“典型”来识别特征，就是代表性启发法。

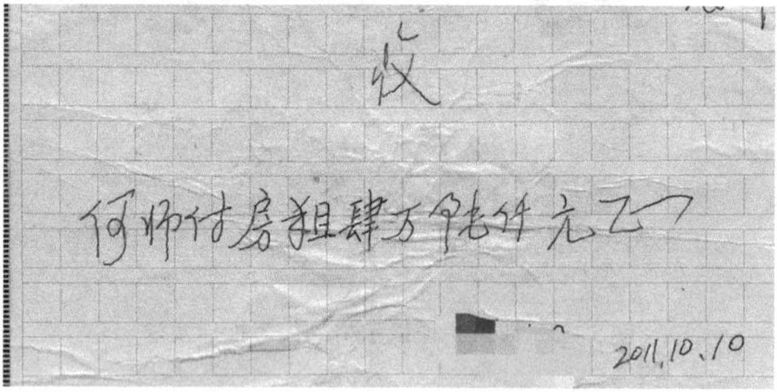

图5－3　笔迹特征识别中的代表性启发法㉜

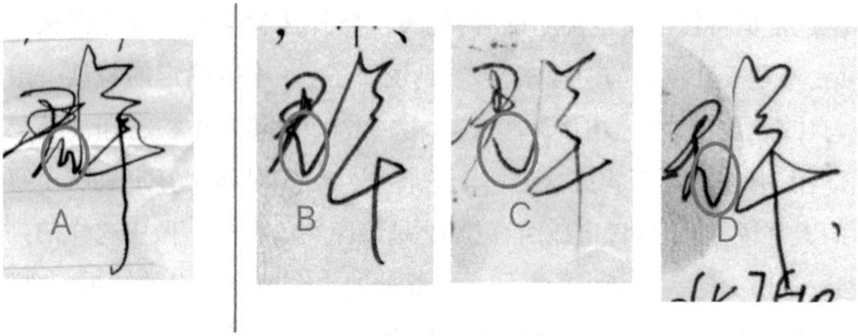

图5－4　特征比较中的代表性启发法

在特征比较中，代表性启发法也依然在起作用。不过此时代表性启发法的运作机制并不是鉴定人将记忆中的“典型”特征与当下的观察相对比，而是在样本中去发现“典型”特征，然后将检材中的特征与样本中的“典型”特征进行对照，判断二者之间是否相同。图5－4中，竖线左侧的“群”与竖线右侧的三个“群”字在圆圈标记处的特征是否相同？

㉜　彩图见附件：彩图索引表。

对这一问题我们很容易回答:不相同。但其背后的认知机制是什么呢?我们是先对B、C、D三处特征进行了观察,并且发现B、C、D三处特征都具有共同特点:“口”部都异化为一个笔画,但A处的特征不是这样的,因而B、C、D三处特征的共同特点构成了样本的“典型”特征,鉴定人用这一“典型”特征与A相比较,从而得出了二者特征不同的结论。这也是代表性启发法。

不难发现,无论是特征识别还是特征比较,所使用的代表性启发法都是基于归纳的。前者是事前的归纳:鉴定人通过无数次类似情形的观察,不自觉地归纳出一些“典型”特征,并将这些“典型”特征存储于记忆中;后者是事中的归纳:鉴定人通过对样本(或检材)各自重复出现的特征,归纳出了一些“典型”特征。只不过,前者的归纳是无意识的,后者的归纳是有意识的。前者在判断的那一刻也许时间短暂,但事前需要漫长的记忆准备;后者的判断可能时间稍长,但归纳的时长却不如前者。

代表性启发法是基于归纳而产生的特征“典型”,虽然根据与“典型”的相似性来进行判断有其合理性,但存在风险,因为事实上仍然存在不太典型的例外。并且,代表性启发法所进行的归纳,并不是在统计学意义上的大样本条件下进行的,而是判断者基于数量极为有限的样本而进行的。因而,代表性启发法所产生的特征“典型”,可能未必真的是符合大数定律,因而也未必真的是“典型”,可能恰巧是为数极少的样本所具有的共同特点。在图5-2中,如果证据中的印文是仿制的,那么A还是一个有价值的特征吗?还能用于区分不同的印文吗?显然不可以。在图5-3中,如果书写人有某种脑部疾病或年老体衰,也会出现书写速度缓慢而笔画弯曲抖动的现象,那么我们还能够因此判断这个收条是伪装的吗?当然不能。这些导致我们做出与原来完全不同判断的情形,其实都分别构成了以上两例的例外,如果我们用代表性启发法来做判断,那么就很容易踏入错误的陷阱。这种陷阱就是因为我们忽视了“典型”的例外。在图5－3中，如果样本中仅有三个样本有这样的共同特征，而其他更多的样本却没有表现出这样的特征，那么我们还可以判断说检材与样本在此处的特征不同吗？同样是不可以的。我们的判断之所以发生改变，是因为我们意识到当初的判断样本规模太小，恰巧是为数极少的样本所具有的共同特点，而之前我们轻率地运用了代表性启发法，把并不“典型”的特征当作了“典型”，从而发生了判断错误。

二、可得性启发法与司法鉴定错误

在面对复杂和疑难场景时，人们除了用自己熟悉的理由来进行解释和判断（代表性启发法），也倾向于用自己最容易想象到的理由去解释。比如在新冠肺炎流行的时候，当你身边的人咳嗽、发烧时，你很大可能会认为他/她感染了新冠病毒。因为，感染新冠病毒是你最容易想起的理由。可得性启发法 availability 的字面意思就是“可利用性”“可获得性”。可得性启发法并不在于解释理由的典型性，而在于找到理由的快速性和便捷性。因而判断者所想到的原因、事例的性质是什么，并不十分重要，重要的是能够快速想起。当然，可得性启发法和代表性启发法之间可能也是存在联系的，因为“典型”性可能会影响顺畅性：典型的特征在大脑中可能印象深刻，因而也更容易被想起。所以，代表性启发法可能对可得性启发法的形成具有促进作用。但二者终究还不是一回事，因为记忆提取的顺畅性，并不必然是归纳的结果，而有可能是联想的结果，也有可能是注意或记忆有限性的结果，还有可能是时间压力的结果。

在司法鉴定中，鉴定人也会运用可得性启发法。司法鉴定是一项运用专门知识的活动，是专家进行的认知和判断活动。一般情况下，经验丰富的司法鉴定专家与新手相比，其做决定和判断的速度更快，效率更高。因为：

> 与新手相比,专家有大量有效的策略准确地帮助完成他们的工作[89-91(原文注释,下同)]。专家快速地从记忆中抽取以前的事例并判断当下情形的相关性,而新手只依赖正式规则和程序[92,93],专家可感觉到——用他们的"直觉"——问题的答案,并且他们经常是对的。相反,新手不能依赖直觉并且经常是错的[83,94]。㉝

与代表性启发法一样,可得性启发法有它的实际价值。人们不可能对所有问题的解决都执行完备周密的算法步骤,司法鉴定专家也一样。在鉴定实践中,不可能时时面临的都是难题,绝大多数问题都是熟悉的,鉴定专家都可以条件反射般迅速识别出问题的结构,并且快速给出答案。从进化的视角来说,这正是司法鉴定专家在长时间的鉴定中逐渐探索出的认知捷径,这也是鉴定专家和新手之间的区别。同时,在复杂问题面前,经验丰富的专家会克服可得性启发法的缺陷,而新手却一直在可得性启发法的支配下做决定,因而就更容易发生错误。

在 Baber 和 Butler 进行的一项研究中,通过比较专家和学生在对现场勘查策略方面的差异,研究结果显示:专家在现场定位方面与新手不同……专家在彻底检查现场方面所花费的时间比学生少,并且在多个现场都表现出行为的一致性,同时仅把注意力集中于少数几个目标上。专家在识别证据价值方面,能力明显优于学生,因为专家知道哪些证据对于成功起诉犯罪嫌疑人更有用。㉞

㉝ Gary Edmond, et al. , *Thinking forensic:Cognitive science for forensic practitioners*,57 Science & Justice 144(2017).

㉞ See Chris Baber & Mark Butler M, *Expertise in crime scene examination:comparing search strategies of expert and novice crime scene examiners in simulated crime scenes*,54 Human Factors 413(2012).

在另一项十分有意思的研究中,[35]van den Eeden 等人得出的结论似乎与 Baber 和 Butler 的研究结论完全不同。van den Eaden 等人招募了两组人员:也是经验丰富的现场勘查专家和学习法庭科学的在校大学生,安排他们进行虚拟犯罪现场勘验。虚拟犯罪现场是一个他杀性质,但被伪装成自杀性质。在实验之前,专家和大学生分为三组:第一组提供了一些关于死者系他杀的背景信息,第二组提供了中性的、无任何暗示的背景信息,第三组提供了死者系自杀的背景信息。首先,在开始实验时,分别向犯罪现场勘查专家和学生提供了一些现场介绍,并且提供了一套共四张现场照片,使他们对现场有一个大概印象;其次,要求他们写下关于犯罪事件性质的第一印象:自杀、无结论(indicisive)、他杀;再次,让他们在一个 360 度的全景虚拟现场中寻找痕迹物证,并且对事件进行重建,设定时限为 30 分钟;最后,现场勘查完毕之后,要求他们再次写下他们对犯罪现场性质的判断:自杀、无结论、他杀。实验结果显示:无论是关于现场的第一印象,还是最终的判断,也无论是在哪种背景信息的小组,专家组的"无结论"所占比例都高于学生组。

但两个研究不同的地方在于:前一研究中的"犯罪现场"没有伪装过,后一研究中的"犯罪现场"则被伪装过;前一研究中没有提供所谓的情景信息,而后一研究中分别提供了三种情景信息,即自杀信息、中性信息、他杀信息。所以,后一研究中其实增加了做决定的干扰项。也就是说,在没有干扰项的情况下,专家做决定的效能明显优于大学生;而在有干扰项的情况下,专家明显更为谨慎(专家提供"无结论"的比例明显更高)。这是因为专家意识到问题的结构性差异,不再是依据最容易想起的理由去解释现象,虽然出现了更多的无结

---

[35] See Claire A. J. van den Eeden, Christianne J. de Poot & Peter J. van Koppen, *The forensic confirmation bias: a comparison between experts and novices*, 64 Journal of Forensic Science 120(2018).

论,但避免了犯错误的风险。但学生组却对伪装干扰项不敏感:敢于明确做出一个结论,看起来似乎是学生做决定的能力更强("无结论"比例明显很低),但实际上学生是在可得性启发法的影响下做出的决定,是在对新的问题性质和结构不够敏感的情况下贸然做出的决定,这样犯错误的风险也相应增加了。

在压力(时间压力、组织压力)下做决定会启动可得性启发法。在压力下做决定,做决定者不可能有充分的时间来仔细辨别问题结构,而需要快速地做出决定。比如,消防指挥员在火灾现场指挥灭火,根本不可能有充分的时间思考他的灭火方案是否可行、他的命令是否适合当下的火灾情势。Kruglanski 发现一种心理现象:人们在长期压力下做的决定,表现出一些行为特征,即对需要判断的问题,急需一个清晰的意见,而避免模糊性和含混性(注意 van den Eeden 等人的研究中学生组的"无结论"的比例)。这一现象被 Kruglanski 称为"认知终结需求"(need for closure,NFC),也就是做判断或决定者迫切希望在短时间内有明确的结论。这一现象与任务的吸引力、时间压力、环境噪声、精神疲劳有关。根据 Kruglanski 的说法,在有强烈认知终结需求的支配下,会根据非结论性的证据进行"跳跃式"判断,并表现出思维的僵化、死板,除了自己的想法别人的意见都不愿意考虑。[36] 在 NFC 的支配下,就会表现出可得性启发法的行为特征。"认知终结需求为人类认知带来的后果是实质性的。当认知终结需求被引发之后,如果遇到问题解决方案不明,人们的思维就可能'冻结',不愿意考虑其他的替代性方案。此外人们会'抓住'立即可获得(readily accessible)的信息作为判断的根据,而不是搜寻更有诊断

---

[36] See Arie W. Kruglanski, *A motivated gatekeeper of our minds: need - for - closure effects on interpersonal and group processes*, in Richard M. Sorrentino, & E. Tony Higgins eds., Handbook of motivation and cognition: the interpersonal context (Vol. 3), Guilford Press, 1996, p. 465 - 496.

性的证据。”[37]由此可见,NFC 可以为在压力下做决定激活可得性启发法,而这一后果却是负面的。

在 van den Eeden 等人的研究中,引入了时间压力的变量:要求专家组和学生组在有干扰因信息的影响之下,在 30 分钟内对虚拟现场进行搜索。时间压力因素对学生组的影响明显增大:学生的“无结论”比例显著偏低。这也证明了时间压力引发的 NFC 现象是真实存在的,而可得性启发法也是真实存在的。

事实上,在 NAS 的报告中,也提到了当初美国司法鉴定案件积压(backlog)严重的现象:到 2005 年年底有 359,000 件鉴定案件的积压(在 30 天内不能完成)。[38] 这使得美国政府还专门制定预算计划来减少案件积压,特别是减少 DNA 鉴定案件的积压。NAS 的报告之所以提到案件的积压问题,当然是因为案件积压给鉴定人带来了过大的压力,那么在这种压力的支配下,鉴定人的 NFC 现象会更为严重,因可得性启发法而带来的鉴定错误就会更多。

三、锚定效应与司法鉴定错误

当在后续的判断中过度依赖最初的某条信息时就会发生锚定效应。[39] 锚定效应和我们下文要讨论的确证偏差有一定相关性,但二者不是一回事。前者主要是被最初的一条信息锁定或“锚定”,而确证偏差是检验假设时拒绝接受与当初相反的假设。锚定效应当然也有确证偏差的现象,但锚定所针对的可能是一条信息而不是假设,并且

---

[37] Karl Ask & Pär Anders Granhag, *Motivational source of confirmation bias in criminal investigation: the Need for Cognitive Closure*, 2 Journal of Investigative. Psychology and Offender Profiling 43(2005).

[38] See NAS, *Strengthening Forensic Science in the United States: A Path Forward*, National Academic Press, 2009, p. 61.

[39] See Forensic Science Regulator Guidance. (2020), *Cognitive Bias Effects Relevant to Forensic Science Examinations*. FSR - G - 217.

锚定不一定是要获得确证，而可能只是为后续的判断提供参考：可能与初始信息在程度上不同，或者也是确证，同时还可能是反证等。所以，二者之间密切相关，但二者还是有微妙的区别。

在司法鉴定中，在特征识别的环节，如果检材显著特征数量极少，那么这极少数特征就会成为后续特征比较重要的参考点。这在一定程度上会提高鉴定人确定特征及做出比较判断的效率。在图5－5中，图片1是检材印文，图片2、3、4是样本印文，A点是一个极为稀有的印油疵点。检材和样本重叠比对可以完全重合，印文其余部位细节并未发现有特别区分力的特征，检材上有印油疵点A。那么，这个特征会成为鉴定人后续在样本中寻找特征的"锚点"，甚至在选取样本时，都会以这个印油疵点为参照点。在这个印文的鉴定中，鉴定人的这种思路大体上是没有问题的。但如果仅仅以这一个点作为认定检材与样本是同一枚印章盖印，那么就存在一定犯错误的风险，因为无法完全排除检材印文是仿制印章盖的，或者该印文是伪造印文；而由于伪造者十分细心，且仿制或伪造的手段高明，正好把这个印油疵点复制出来了，那么，如果此时仍然判断检材和样本来自同一枚印章盖印，就是错误的判断了。

1

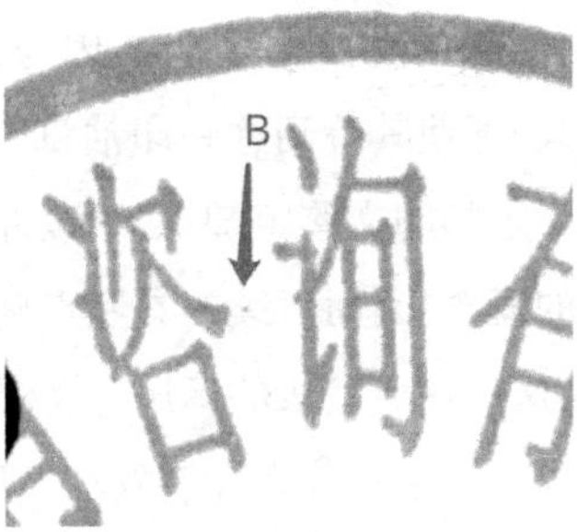

2

3　　　　4

图 5－5　稀有的印油疵点成为特征识别和比较的“锚点”㊵

锚定效应一般在有效特征数量比较少的鉴定中存在，鉴定人仅以某一两个特征作为判断的依据，虽然多数时候判断是准确的，但有些时候存在一些意想不到的情形，就可能发生鉴定错误。

在现实中，以上三种启发法并不一定都是独立出现的，很多时候它们同时存在，因为这些启发法彼此是存在联系的。使用代表性启发法的时候，可能也同时在使用可得性启发法：鉴定人所掌握的特征“典型”数量并不多，因而在遇到特征不明晰的疑难案件时，就特别容易想起数量有限的“典型”。使用代表性启发法时，锚定效应也可能发生作用：图 5－4 中的印文鉴定中，对于印油疵点 A、B、C、D 的识别，也需要代表性启发法，因为如果将印文交给对印文鉴定毫无知识的人，即使其看到这一印油疵点，也不一定会将之视为特征，正因为有一定的印文鉴定知识，所以才形成了关于印油疵点作为“典型”特征的概念，因而后续的参照点确定，离不开代表性的启发法。不难发现，这三种启发法的运用，其实是概念驱动“自上而下”的认知和判断过程。无论是代表性启发法、可得性启发法还是锚定效应，都离不开既存概念的作用。

㊵　彩图见附件：彩图索引表。

第四节　情景偏差与司法鉴定错误

情景偏差源于认知的情景效应。“属于环境因素（或刺激或形势）能够影响我们对事物的知觉和解释，这个事实被称为‘情景效应’。”[41]contextual 本有“上下文的”“情景的”之意，用更为通俗的话来说，情景效应的意思是，人类认知事物不是孤立进行的，而是将被认知对象放到它们所在的环境中去以促进对其认知。所以，严格来说，情景效应也是一种启发法。我们在认知事物时，常常会通过事物所在的关系集合来进行：我们了解一个人，要了解他所在的家庭、所从事的职业、他的过往历史、他的社交活动等，这样我们才能对一个人了解得比较准确；对一个词语或句子意思的理解，我们常常要将其放到一段话、一篇文章中去，甚至要放到一个时代中才能理解；对一件出土的文物，我们要准确认知它，需要知道文物所处的时代，那个时代的人文、社会、自然、地理等环境……所以，世界本是一张巨大的网，我们对它的每个节点的认知，都离不开对节点周围无数个其他节点的了解。

由此可见，情景效应是一种普遍的认知现象。它之所以普遍，也跟它具有认知上的便捷性有关。因为我们直接认知的事物能够直接提供给我们的信息可能很有限，所以我们需要一些间接的信息，而这些间接的信息就为我们提供了更多的信息渠道或认知资源。从需要鉴定的证据材料所处的环境中，我们可以更进一步地获得一些理解证据材料的信息。犯罪现场痕迹所在的位置，有时可以帮助我们判断它是否属于犯罪嫌疑人所遗留的痕迹；某些物证的形成方式，可以

㊶ Gary Edmond, et al., *Contextual bias and cross - contamination in the forensic sciences: the corrosive implications for investigations, plea bargains, trials and appeals*, 14 Law, Probability and Risk 1(2015).

帮助我们判断物证一些关系和属性;从被害人死后的姿势可以推知其死亡之前与犯罪人之间是否有搏斗,进而推知犯罪人身上是否有特定伤痕等。甚至在科学探索中,也同样离不开环境信息或情景信息的捕捉:对遥远宇宙的探索,对微观粒子世界的研究等也都离不开间接的情景信息。有些时候,认知需要情景信息的支持,不仅仅是因为它可能提供更多的信息源,还因为事物所在的环境对它的解释会产生影响。

一、司法鉴定中情景效应的普遍性

毫无例外,司法鉴定中也有情景效应。在鉴定中,鉴定人也经常利用情景信息。制作比对样本时,如果嫌疑人或者案件当事人强烈抵触,或者有伪装等现象,如制作笔迹实验样本时,要求书写人正常书写,但书写人故意明显改变自己的书写动作。这样的信息,虽无法直接用于证明伪装书写实验样本的人就是检材书写人,但是它会使鉴定人在一定程度上倾向于相信这就是事实。在法医病理鉴定中,关于死亡方式、死亡原因、死亡时间、创伤机理、致伤工具……几乎所有的方面,都需要借助情景信息,甚至对这些方面的判断要回到死伤者事前生活时间、空间活动情况的了解和调查,有时要回到对所在现场事件的重建中去获取这一信息。

有些证据的某些特征难以辨认,鉴定人可能倾向于根据其他特征来推测难以辨认的特征。在特征识别时,鉴定人可能依据某个疑似有特征的部位所在"环境"来确定特征。图 5-6 中,A 点是否应当成为该指印的一个细节特征,由于有墨迹的遮挡干扰,直接观察是无法确定此处是否有特征的,但鉴定人可以很容易地判断此处有一特征点,鉴定人的策略就是利用这个疑似有特征的附近的纹线走向来推断:图中的纹线 B 和纹线 C 中间还间隔有一条纹线,但纹线 B、C 和中间的纹线在疑似特征点处汇聚为两根纹线,这说明中间的纹线要么已经中断,要么已经和纹线 C 发生连接,所以,A 是一个细节特征点是确定无疑的。A 处是否存在特征,并不是通过对 A 处的直接观察而获知的,而是通过对 A 附近的纹线的关系来间接推知的,而 A 附近纹线的关系就成了对 A 进行判断的情景信息。

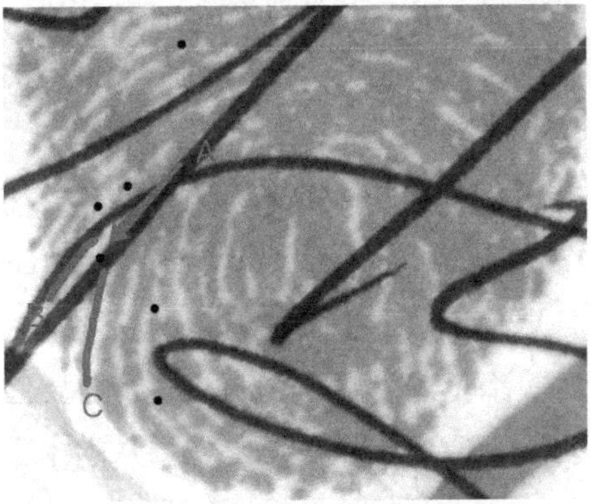

图 5-6　指纹特征识别的“情景效应”[42]

在特征比较中同样存在情景效应,有些特征并不是仅仅通过对检材或样本孤立地分析而发的,事实上是通过对二者的反复比较确定的。在图 5-5 中的印油疵点是否为一个有价值的特征,仅仅根据对图片 1 中 A 点的观察是无法判断的。事实上,确定图片 1 中的印油疵点,是通过对图片 2、3、4 中在相同位置出现印油疵点来判断的,因为仅仅凭借图片 1 中的印油疵点根本无法确定它是偶然形成的还是确实是一个稳定的、有规律出现的特征,而只有通过对更多的其他印文(图片 2、3、4 甚至更多)的观察才能发现它的规律性。这样,其他印文相对应位置出现类似的印油疵点,就成为对图片 1 中 A 点进行判断的情景信息。

在关系推断中,我们认为确定证据是否支持某一假设,是通过证

[42] 彩图见附件:彩图索引表。

明 $Pr(H|E,I) \neq Pr(H|\bar{E},I)$ 来完成的。在这个不等式的两个条件概率中，都存在一个 I，这个 I 其实就是情景信息。等式左右两边都是相同的 I，意味着在证明 E 和 H 的关系时，要保证“other things being equal”（其他条件相同），这其中的“other things”（其他条件）就是情景信息。因此，鉴定人在探索某种现象背后的原因时，要排除其他原因，就需要设置对照组，保证实验组和对照组除了待测变量不同以外，两组的其他条件也要完全相同。

在事件重建中，我们将其认知结构概括为三层次模型，并且我们认为苏珊·哈克“基础融贯论”的“纵横字谜游戏”（corssword game）类比很符合我们关于事件重建的认知模式。不论是前者还是后者，我们都不难发现二者暗含了情景信息在其中的必要性。事件重建的三层次模型中，用解释层来解释本体层，需要从本体层遗留的各个信息源来获取证据，对这些证据的判断并不是孤立的，而是要将这些证据结合信息源和其他证据之间的关系来判断，解释层的假设的证成也不是孤立进行的，而是结合信息源和证据体系以及其他的假设来进行的，对各个层中的元素的认知或证成，都离不开各自所处的“环境”。苏珊·哈克“基础融贯论”的“纵横字谜游戏”中，那些空格的字母是如何被填出来的，当然是由在空格处交叉的单词以及下方的提示语来决定，那么在空格处交叉的单词和下方的提示语，同样是情景信息。所谓“基础融贯论”之“融贯”，本身就意味着情景信息的意义，也意味着情景效应的必要性。

在第二章，我们已经主张司法鉴定的主要推理形式是回溯推理。在第四章，我们提出回溯推理属于最佳解释推论，也就是在寻求对现象的解释过程中，需要将所有的可能都找到，所有的可能都各自构成一种解释，而回溯推理就是在其中寻求最佳解释。那么最佳解释是如何获得的呢？当然就是有根据地排除其他可能的解释，那么其他可能的解释以及其他解释所依据的信息，就构成了情景信息。所以，在第四章我们还提出：回溯推理具有情景性，因为回溯推理的大前提和小前提并不包含其他可能性，那么就需要对所有可能性成立的条件逐一进行研究，这些所有的可能性以及支持这些可能性的条件也就是情景信息。因而，司法鉴定将回溯推理作为自己主要的推理形式，也就当然离不开情景效应。

但是情景效应的作用并不都是积极的、正面的，情景效应还会带来许多负面后果，会导致认知偏差甚至判断错误。

二、情景效应导致司法鉴定错误

司法鉴定中的情景效应，很早就被人关注。[43] 通过实验研究，研究者们发现了鉴定专家接触了一些情景信息，或者强化了自己之前对鉴定事项的意见，或者临时改变自己最初的意见，最后意见却发生了错误。

在早年的一项研究中，Dror、Charlton 和 Péron 发现了情景效应让鉴定专家改变了自己当初更早的鉴定意见。在研究中，从国际指纹专家库中邀请了 5 名指纹专家参加实验，他们平均有 17 年的工作经验。他们每人被提供了一对指印，不同的是，这些指印是他们在 2000 年工作中鉴定过的，并且以原来的方式提供给这些专家，并且在分发材料的时候告诉他们：这一对指印是 FBI 在马德里爆炸案中错误认定为符合的（这是实验者设计的情景信息），然后这些专家按照往常的程序展开鉴定。实验结果让人很吃惊：只有 1 名参加者判断指印是符合的；其他 3 名参加者改变了原来的结论，也就是对于这对指印，当初他们认定为符合，但现在认定为不符合；1 名参加者也改变了

[43] See Michael M. Saks, et al., *Context Effects in Forensic Science: A Review and Application of the Science of Science to Crime Laboratory Practice in the United States*, 43 Science & Justice 77 (2003).

原来的结论,但认为信息不充分,无法判断。[44] 之后,Dror 和 Charlton 又进行了一项上文提到过的研究。[45]

但这两项研究有一项共同点:样本数太少。前一项研究只有 5 名参加者,后一项研究仅有 6 名参加者。这样小的样本规模,无法充分证明情景效应带来的副作用是否真实存在,因而结论说服力不是很充分;并且,实验所提供的情景信息有一定的诱导性,也许情景信息确实会引起偏差,但这两项研究中的情景信息有可能将偏差过于放大了。所以,这两项研究中的情景信息与真实案件中的情景信息可能无法画等号。

也许是意识到样本数量过少且人为制造情景信息对实验的干预过多,为了弥补以上两个缺陷,Dror 和 Hampikian 又进行了另一项研究。这项研究专门选择了物证鉴定的黄金标准 DNA 鉴定作为研究领域,并且从一个真实的案例中挑选了案件材料。这是发生在佐治亚州的轮奸案:三名被告中有一名接受了辩诉交易承认指控事实,并指证了其他两名嫌疑人。根据州法律仅凭辩诉交易无法定罪,还需要其他印证证据,于是从被害人处提取的 DNA(混合型 DNA)被委托给分析人员鉴定,由于分析人员知道其中一人已经认罪,因而判断说这些 DNA 来自案件中的这三人。Dror 和 Hampikian 将该案的 DNA 图谱交给 17 名专家各自独立进行分析,但未告知辩诉交易这一事实,但结果显示仅有 1 名专家同意原专家的意见,12 名专家推翻了原专家的意见,而 4 名专家认为无法判断。[46]

---

[44] See Itiel E. Dror, David Charlton & Ailsa E. Péron, *Contextual information renders experts vulnerable to making erroneous identifications*, 156 Forensic Science International 74(2006).

[45] See Itiel E. Dror & David Charlton, *Why experts make errors*, 56 Journal of Forensic Identification 600(2006).

[46] See Itiel E. Dror & Greg Hampikian, *Subjectivity and bias in forensic DNA mixture interpretation*, 51 Science & Justice 204(2011).

这项研究的典型缺陷是,实验组和对照组实验样本数严重不对称:实验组仅有 1 名专家,而对照组却有 17 名。实验组的这名专家可能被情景信息所诱导,但别的专家是否会在此情景下被诱导,则不得而知。所以实验组和对照组并不在同一条件下,二者形成的差异可能并不具有充分的说服力。此外,虽然此次研究对照组样本数多达 17 个,但数量依然很少。

关于情景信息诱导鉴定人判断的研究不止这几项。据 Cooper 和 Meterko 的总结,2018 年年底,关于情景信息影响鉴定人判断的研究多达 19 项。涉及法庭学科领域的研究项数分别为:混合型 DNA 1 项、指印 4 项、法医人类学 3 项、血痕分析 2 项、警犬鉴别 1 项、笔迹 1 项、语音 1 项、鞋印 1 项、枪弹 1 项、犯罪现场 2 项、法医病理学 2 项。并且,几乎所有研究都得出了情景效应导致鉴定错误的结论。[47]

以上经验研究表明,情景效应在一定程度上极有可能导致鉴定错误。但因为这些研究样本规模总体偏小,多数是在实验条件下得出的结论,缺少生态有效性。并且,这些研究认为导致鉴定错误的情景信息主要是“任务不相关信息”,但什么是任务不相关信息没有明确定义。一些研究者将一些可能导致错误的情景信息用清单罗列出来,以弥补没有明确定义的缺漏,[48]但在理论上鉴定人可以利用的情景信息是无穷的,并且在不同的案件中情景信息的类型也有所不同,所以试图通过信息清单的方式来弥补无法定义的缺漏,可能也不会奏效。并且,我们在前面已经表明,情景效应也是一种启发法,有些情景效应是有益的,如何将有益的情景信息排除在“任务不相关信

---

[47] See Glinda C. Cooper & Vannessa Meterko, *Cognitive bias research in forensic science:A systematic review*, 297 Forensic Science International 25(2019).

[48] See Adele Quigley - McBride, et al. ,*A practical tool for information in forensic decisions:Using Linear Sequential Unmasking - Epanded(LSU - E) in casework*,4 Forensic Science International:Synergy 100216(2021).

息”清单之外，是需要认真思考并研究的问题。但这实际上还是涉及“任务不相关信息”的定义这一问题。

第五节　确证偏差与司法鉴定错误

什么是确证偏差（confirmation bias）？通俗地说，就是人们都喜欢或比较容易理解符合自己观念、预期、判断甚至喜好的信息。偏好确证，是人类认知行为的有趣现象。如果情景效应的产生有一定的理性成分，而确证很多时候却以非理性因素占主导，有些时候甚至与理性毫不沾边。我们经常可以看到一些人因为观点之争，弄得面红耳赤、剑拔弩张，甚至以性命相搏。但如果仔细观察他们的争论，我们不难发现他们各自所执观点可能都存在一定程度的缺陷，而且有些缺陷可能还很明显。但双方都对各自的缺陷视而不见，而且完全不接受与自己主张不一致的观点。

一、偏好确证：一种普遍的行为倾向

偏好确证是一种十分普遍的人类行为倾向。人们常说“酒逢知己千杯少，话不投机半句多”。人们总是喜欢来自他人的赞同和肯定，没有人从一开始就喜欢别人的反驳。所谓“闻过则喜”，并不是人类与生俱来的本能，而是后天自我修炼达到的境界，是用理智克服人性弱点的报偿。

人们很早就注意到偏好确证的认知现象。《列子》讲述了一个人们喜欢确证的寓言故事：

> 人有亡斧者，意其邻之子，视其行步，窃斧也；颜色，窃斧也；言语，窃斧也；动作态度，无为而不窃斧也。俄而，掘

其谷而得其斧,他日复见其邻人之子,动作态度,无似窃斧者。㊾

这则寓言的大意是,有人丢了斧子,怀疑是邻家之子偷的,丢斧子的人看这邻家之子言行举止、动作态度,似乎都能证明他偷了自己的斧子。但丢失斧子的人在自家谷仓里发现了斧子,再去看邻家之子,却又一切如常。人们一旦形成了某种意见,那么就不知不觉地努力为自己的意见寻找证据,即使许多证据本身并不具有关联性或证明力,但人们对此却选择无视。一个人的走路姿势、外表、言语、动作态度与证明是否偷了斧子,几乎是风马牛不相及的关系,但在丢失斧子的人眼里都是偷斧子的"有罪证据"。

培根在《新工具》中的一个论断,也是关于人们偏好确证的:

人类理解力一经采取了一种意见之后(不论是作为已经公认的意见而加以采取或是作为合于己意的意见而加以采取),便会牵引一切其他事物来支持、来强合于那个意见。纵然在另一面可以找到更多的和更重的事例,它也不是把它们忽略了、蔑视了,就是借一点什么区分把它们撇开和排掉,竟将先入的判断持守到很大而有害的程度,为的是使原有结论的权威得以保持不受触犯……其实,一切迷信,不论占星、圆梦、预兆或者神签以及其他等等,亦都同出一辙;由于人们快意于那种虚想,于是就只记取那些相合的事件,其不合者,纵然遇到的多得多,也不予注意而忽略过去。㊿

培根这段论述,不但描述了人们一旦形成固定意见之后,就往往无视相反例证,同时指明了人们即使明知是荒诞不经的东西,也相信依据这种东西能够得到一些快慰,所以对于符合己意的东西就不加

㊾ 参见《列子·说符》。

㊿ [英]培根:《新工具》,许宝骙译,商务印书馆1984年版,第10页。

辨别地相信,但对不合己意的却选择无视。和《列子》这种寓言故事不同,《新工具》是关于知识和科学的哲学著作,培根要表明的,不仅仅是这种认知现象不但遍及普通人的生活场景,同样哲学家和科学家也不能免俗,这样的现象在知识人的圈子里同样很普遍。事实上,以现代人的眼光看古代的一些理论可能觉得可笑,但在当时并非缺乏支持性证据,而恰恰相反这些理论可能还有充分的事实"证据"。以"地心说"为例,它背后的逻辑是宇宙按照"地—水—火—风"的顺序来安排的:致密度高的物质应该处于宇宙的核心,而越稀薄的物质则越应该处于宇宙的外围;地球是最致密的,其次是水,所以水在地上,再次是火,火在地下和水下都不能存在,且火是朝上的,风最稀薄所以处于最上方,因而地心说的外太空是稀薄的空间。这些假设几乎都是可以找到符合人们直觉的经验证据,因而当作权威学说被人们坚持了两千多年。

在司法诉讼中,可以说控辩双方都把偏好确证发挥到了极致,双方都竭力寻找有利于己方的证据,无视甚至掩盖不利于己方的证据。因而才有对裁判者的告诫:"兼听则明""偏信则暗"。这其实就是人们意识到裁判者必须克服偏好确证的倾向,而必须听取双方的意见,防止只听取一种意见而对其他相反意见视而不见。事实上,现代诉讼的控辩对抗的程序设计背后除了有权利保障的逻辑,还有优化认知的逻辑,甚至主要是以优化认知为主要动机的。因为只有充分赋予控辩双方平等的地位,并且充分保障各自举证、质证的权利,在二者之间如果出现明显失衡时,要采用一定的补救措施,这样才能防止裁判者偏信,并且确保其能兼听。这背后的目的当然是防止人们偏好确证而导致冤假错案。

二、对偏好确证原因的解释

从进化的视角看,偏好确证也是一种生存策略。人们常说"物以类聚”,因为跟同类在一起时更容易生存。偏好确证是为了降低生存成本,因为仅仅以一己之力很难承担搜集、核实信息的成本,那么人们就倾向于用成本最低的方式从同类中去获取二手信息,以降低信息成本。同时,偏好确证的目的还有可能是满足情感需求,因为人是需要归属感的,人类个体在面对他人的反对时会产生疏离感、不安全感,而面对赞赏时却很愉悦,易产生归属感。如果对儿童的认知稍作观察,我们就容易发现:如果不经劝说,孩子们是无法接受与自己不一致的意见的。所以,偏好确证是近乎人类本能的认知倾向。

偏好确证也是确保自己观念系统一致性的心理机制。人脑拥有一个十分复杂的观念系统,保持观念系统的一致性,很多时候也是出于健康的需要。因为,不一致的观念系统,可能引起认知失调,甚至导致人格分裂。所以,“人们喜欢一致性胜过不一致”[51],虽然这个所谓的一致性只是主观的“一致感”,而不是事实层面的、真实的一致性,但人们喜欢这种“一致感”。

压力也会使偏好确证的倾向加剧,特别是在时间压力面前,要求人们对自己的既定判断展开批判性思考,这几乎是做不到的。因为对自己的判断进行检查、审核,注定要费时费事的,是需要充裕的时间资源的。在这种情况下,认知终结需求就会启动,对于任何一个在此时做决定的人来说,自感最安全的就是采用那些与自己先前的预期、判断、经验等相一致的策略。当然,从群体心理学来看,人所在群体的压力也会迫使其成员采用与群体一致的立场。但个体此时的判断和群体中其他成员的判断恰好一致,那么就很难再扭转方向了。

对确证的偏好,还可能是来自对归纳的偏好。因为,不自觉地搜

---

[51] Philipe Pasquier, et al., *Argument and Persuasion in the Cognitive Coherence Theory*, in Paul. E. Dunne & Trevor J. M. Bench - Capon eds., Computational Models of Argument: Proceeding of COMMA 2006, IOS Press, 2006, p. 223 - 234.

集相同性质的证据会逐渐累积证据对自己先前预断的确定感,而事实上人们认为通过多频次地获得相同性质的证据来支持自己的立场,是基于客观证据的理性行为,是值得赞赏的行为。因而,当出现一次与原来性质相同的证据时,人们只会认为多进行了一次归纳,并没有什么不当;或者如果偶尔出现一次相反的证据,但人们可能在潜意识里会认为其分量微不足道,如此继续下去,相同性质的证据就会像滚雪球一样越积越大。

偏好确证还与角色或利益有关。前面提到诉讼中控辩双方都不遗余力地积攒有利于己方的证据,这当然是与他们的角色和利益相关。因为双方都希望自己立于不败之地或胜诉,那么肯定都会努力地积攒于己有利的证据。有人说:"手握铁锤的人,看什么都像钉子。"一个人之所以看什么都像钉子,其原因在于他手里握着铁锤。而手握铁锤成了这个人此时的"身份",这个"身份"使得他认知发生了改变——将一切事物都看作钉子,这一切事物中就包含了不是钉子的东西。这就颇像"疑邻盗斧"中丢了斧子的人,邻家之子的一切表现在他眼里都是偷他斧子的证明。所以,角色和利益会在无形中要求认知者以某种预定的方式去选择性地认知,而反过来,他的认知又会进一步强化他的角色效应。

三、偏好确证与司法鉴定错误

有人发现埃及金字塔底座周长和高度之比的二倍约等于圆周率的值,后来还有各种测量,甚至发现金字塔上隐含着许多"神秘"的数据,如底座周长除以条石宽度正好等于一年的天数365,金字塔的高度乘以10^9正好等于地球与太阳之间的距离等。实际上,如果我们有足够的耐心,就可以在任何物体上找到一些数据恰巧可以等于其他数据。

当医生给病人诊断时,面对一种症状,本可能有多种病因的解释,医生应当找到每个可能的病因,然后逐一排除,但他只选择了其中之一,那么医生的诊断就极有可能是错误的。

以上两种情形其实分别代表了两种确证现象:第一例代表了偏差性地收集证据和数据,第二例代表了偏差性的解释。这两种确证现象都会带来错误。

因为确证现象而导致的认知错误,被称为“确证偏差”。如果从贝叶斯的框架来解释司法鉴定认知行为,那么鉴定人对事实的判断应该至少有两个方向:肯定(H)和否定(~H)。在没有发现判决性证据之时,这两个方向成立的可能性都应该同时考量,用条件概率来表示时,$p(E|H)$和$p(E|\sim H)$都应该同时进入判断者的视野,这二者之间的比值应该成为判断者的根据,但确证偏差却表现为仅仅考虑$p(E|H)$或$p(E|\sim H)$,从而有意无意地忽略了其中之一。或者,对同一个假设应该寻找正反两个方向的证据:E 和~E。在同一假设条件下,同时考量这两类证据对同一假设的支持概率,即$p(H|E)$和$p(H|\sim E)$,但因为确证偏差的影响,鉴定人却表现为仅考虑二者之一。所以,从这个框架来看,确证偏差有两种表现:对一个现象、结果的解释可能会有多个,鉴定人却只选择其中一种解释,而忽略其他解释或者对其他解释的排除理由不充分;对同一个解释可能有支持和反驳两种证据,鉴定人却只挑选其中之一。当然,这两种表现是可以同时发生的:选择了其中一种解释,那么就顺理成章地只选择支持它的证据;朝向一个方向的证据积累过多,最后产生符合这些证据共同指向的解释理所当然的就只能有一个。

关于确证偏差会导致司法鉴定错误的经验研究数量非常多,不过确证偏差的研究往往是伴随情景偏差的研究而进行的。很早的时候,Miller 研究 12 名在校大学生被训练识别伪装签名时受情景信息影响的情况,他发现这些大学生接触一些显示嫌疑人有罪的信息后,他们的观察会受到影响,倾向于认定伪装签名是嫌疑人所书写。[52] Dror、Charlton 和 Péron 的实验虽然展示的是情景信息对5名经验丰富的指纹专家判断的影响,但是这个实验其实也是确证偏差的例证,正因为有了情景信息的诱导,才使指纹专家去寻找与情景信息一致的特征,得出与情景信息一致的结论。[53] 前面提到的 van den Eeden 等人组织的研究,专门比较了专家和大学生在面对不同的诱导信息后发生确证偏差的比对。[54] 同样,在 Cooper 和 Meterko 的文献综述中总结:截至 2018 年,关于确证偏差的研究多达 29 项,所涉及的专业领域和项数包括:指纹 11 项,法医人类学 3 项,笔迹鉴定 3 项,牙痕鉴定、血痕分析、警犬鉴别、DNA、毛发、鞋印、语音鉴定、弹头痕迹、现场勘验、法医病理学各 1 项,技术—人力互动关系 2 项。[55] 这些研究基本和情景偏差的研究是重合的,或者在同一项研究中,一方面是证明了情景效应的存在,另一方面则是证明确证偏差的存在。

的确,确证偏差往往是在情景信息的影响下产生的,特别是在鉴定材料特征模糊的时候,鉴定人接触一些情景信息之后,容易对鉴定材料产生一些预判,之后就会更多地围绕自己的预判来识别和比较特征。在以上研究中,多数都提供一些案件信息给参加实验的鉴定专家,这些案件信息一般是,犯罪嫌疑人已经供述或承认"犯罪事实",或者已经证明之前的鉴定是错的(如马德里火车爆炸案中的指印),或者有证人指认等。由于接触了这些信息,故而多数鉴定人做

---

[52] See Larry S. Miller, *Bias among Professional Document Examiners: A Need for Procedural Change*, 12 Journal of Police Science & Administration 407(1984).

[53] See Itiel E. Dror, David Charlton & Ailsa E. Péron, *Contextual information renders experts vulnerable to making erroneous identifications*, 156 Forensic Science International 74(2006).

[54] See Claire A. J. van den Eeden, Christianne J. de Poot& Peter J. van Koppen, *The forensic confirmation bias: a comparison between experts and novices*, 64 Journal of Forensic Science 120(2018).

[55] See Glinda C. Cooper & Vannessa Meterko, *Cognitive bias research in forensic science: A systematic review*, 297 Forensic Science International 25(2019).

出了与情景信息相一致的判断。所以,这些现象既可以说是情景偏差的体现,也可以说是确证偏差的体现。二者虽然相伴而生,但并不是一回事。情景偏差是由于鉴定人利用间接信息来进行鉴定判断,而确证偏差则是鉴定人仅仅聚焦于一种类型的特征或一种类型的鉴定结论,但情景偏差会加剧确证偏差:因为确证偏差需要积累一个方向上的证据或信息,而情景信息则正好提供了材料。

前面讨论过的启发法也可能引起确证偏差。代表性启发法是根据特征"典型"识别特征,而鉴定人观察特征时,一旦发现它们与某种典型一致或高度相似时,就会将他们纳入"典型",进而根据自己的经验或知识提出一个"典型的解释"。而一旦形成了一个符合典型的解释,那么会更进一步地寻找符合典型解释的特征,如此循环往复就发生了确证效应。可得性启发法是通过抽取记忆的便捷性和顺畅性来做决定的,鉴定人在面对鉴定材料时,也可能通过抽取记忆的便捷性和顺畅性来做判断和决定,特别是在案件积压比较多、时间压力比较大的情况下更是如此。一旦鉴定人在这种情景下做了选择,也容易发生确证偏差。此外,锚定效应在一定程度上与确证偏差是有些相似的。

所有这些因为启发法或其他偶然因素引起鉴定人仅选择一种解释,或仅采纳或者仅搜集一种证据,是在选定了一个"起点"之后发生的。当选择了一种解释,那么就会去寻找支持这种解释的证据,反过来又会继续坚持最初选定的解释,如此循环往复,彼此强化,这一现象被 Dror 称为"偏差雪球效应"(bias snowball effect)[56]。其意思是,确证偏差的影响,会导致性质相同的证据越积越多,像滚雪球一样越来越大,随着证据越积越多,这些证据所支持的解释似乎就越来越"可信"。所以,确证偏差背后的机制是这种"偏差雪球效应"在发挥作用。

---

[56] See Itiel E. Dror, *Cognitive bias in forensic science*, Science & Technology 2012 Yearbook, McGraw – Hill, 2012, p. 43 – 45.

小 结

认知偏差是 Tversky 和 Kahneman 于 20 世纪 70 年代提出的概念。这一概念是与启发法同时被提出来的。Tversky 和 Kahneman 一方面肯定了启发法的认知意义，另一方面则主要深入研究了它们可能带来的认知负面效应，也就是认知偏差。Tversky 和 Kahneman 主要提出了三种启发法：代表性启发法、可得性启发法和锚定效应。这三者均可能引起认知偏差。Gigerenzer 提出了启发法的“快速和省俭”的特点。进化视角下的启发法也同样肯定了启发法的实际意义。

法庭科学中的认知偏差研究虽然起步较晚，但研究成果较为显著，并且引起了法庭科学界的注意。在 NAS、PCAST 的报告中都认可了对法庭科学中的认知偏差研究，并且强调了应当在鉴定实践中充分考虑如何防止认知偏差对鉴定行为和鉴定意见的影响。

鉴定人也会运用启发法。代表性启发法是鉴定人在大脑中形成了一些特征的“典型”，而符合这种“典型”的特征就容易被鉴定人识别，但鉴定实践中常常会遇到不典型的情形，这样就会发生错误。可得性启发法是通过记忆提取的顺畅性来做决定的，鉴定人通过自己容易想起的理由去解释需要回答的问题，但有可能真实的原因却处在自己所能想起的解释范围之外。锚定效应是通过最初的参照点来决定后续的认知行为鉴定人一旦认定某一“重要”特征，在后续确定其他特征时，就会以此为参照，但有时这个参照点并不是真正有价值的“重要”特征，这样就会发生错误。

情景效应本质上也可以被认为是一种启发法。日常的认知行为和科学的认知行为，常常也是要利用情景信息的，因为情景信息常常确实可以提供有价值的线索。大量经验研究表明，情景效应是会导致鉴定错误的，一般认为导致鉴定错误主要是因为鉴定人在鉴定中接触了一类情景信息——任务不相关信息。但什么是任务不相关信息？它和任务相关信息的界限在哪里？并没有明确的标准。虽然可以通过列清单的方式将一些任务不相关信息列举出来,但也无法穷尽所有任务不相关信息。

如果情景效应是一种有理性成分的行为,那么确证偏差就是非理性的。因为选定了一种假设,或偏好某类证据,因而一直坚持这些被“锚定”的假设和证据,无视其他假设和证据,这样就出现了偏差或错误。法庭科学中的确证现象也很常见,因确证偏差带来的鉴定错误也是存在的。

第六章 认知与司法鉴定错误的经验研究

本研究提出了一个对司法鉴定行为的认知分析框架，将司法鉴定行为分为五个层级：特征分析、特征比较、个体识别、关系推断、事件重建。进而对这五个层级分别进行了再解析，对每个层级可能导致司法鉴定错误的结构性风险进行了深入探究。之后，结合国外对法庭科学中的认知偏差如何导致司法鉴定错误展开的经验研究，以及认知科学领域的其他成果，分析了司法鉴定错误可能的风险来源。不过这些研究还只是停留在理论分析的层面，即使我们介绍了国外的经验研究，这些内容在本研究中也依然是二手证据，对解释本土现象来说可能还缺乏更直接的说服力。故我们也决定开展一项经验研究，不过，本经验研究并非实验研究。由于实验研究存在一些天然的缺陷：样本数量不易扩大，实验室中的研究缺乏生态有效性，因此本研究考虑到司法鉴定从业人员规模本来就不够大，如果开展实验研究，其样本规模也不可能太大，且本研究重在对我国司法鉴定实践现状进行了解，仅仅借助实验研究是远远不够的。所以，本经验研究以调查问卷的形式进行。

由于司法鉴定错误也是十分敏感的话题，这一话题不但关涉司法机关的公信力，也关涉科学和科学界的公信力。贸然向有关人员直接提出“司法鉴定错误”的问题，必然会引起警惕或抵触，有关信息反应可能就缺乏真实性。为了避免这种现象，我们将问卷标题设计为“认知与司法鉴定调查”,并且在问题中尽量回避使用过于直接的用语和表述。我们通过“问卷星”设计了调查问卷,通过微信群等实时通信工具分发,在被调查者填写后回收。本研究在描述问卷结构、答卷概况的基础上分析数据,并进行了相关推论。①

第一节 问卷及样本背景分析

本次问卷共有 25 个题项,其中 1—8 题是关于样本背景题项,9—12 题是对鉴定中的一般性问题的态度调查,13—25 题是关于情景偏差和确证偏差对鉴定人做判断和决定的影响。1—13 题是单选、多选或不定项选择题,14—25 题为量表题项。本次研究回收答卷264 份。和司法鉴定从业人员规模相比,这一样本规模偏小,但超过了国外大多数同类研究的样本数,通过深度分析也能够发现一些事实。对本研究信度分析发现:Cronbach α 系数分析结果为 0.626(标准值 0.6—0.7),其信度可以接受;效度分析 KMO 值为 0.665(标准值为 0.6—0.7),研究数据比较适合提取信息。

一、问卷题项

1. 您的性别:

男

女

2. 您的年龄:

20—30

30—40

① 本研究的数据分析处理均在 SPSSAU 数据分析平台上完成。See The SPSSAU project(2024). SPSSAU. (Version 24.0) [Online Application Software]. Retrieved from https://www.spssau.com.

40—50

50—60

60 岁以上

3. 您从事司法鉴定多少年？

5 年以下

5—10 年

10—15 年

15—20 年

20 年以上

4. 您的学历：

大专

本科

硕士

博士

5. 您每年完成案件量：

100 件以下

100—150 件

150—200 件

250—300 件

300—350 件

350 件以上

6. 您所在机构的性质：

政府

民营

科研机构

高等院校

7. 您所在机构每年被要求回应投诉次数：

2 次以下

2—4 次

4—6 次

6—8 次

8—10 次

10 次以上

8. 您每年参加业务培训次数：

0 次

1 次

2 次

3 次

4 次

9. 您认为从事司法鉴定职业需要心理学知识吗？

需要

不需要

无所谓

10. 以下鉴定项目，您认为目前其鉴定原理和方法最为可靠的有哪些？

法医病理鉴定

DNA 鉴定

指纹鉴定

痕迹（除指纹以外）鉴定

笔迹鉴定

文书（除笔迹以外）鉴定

法医临床鉴定

微量物证鉴定

语音鉴定

11. 您认为司法鉴定职业需要专门的学历教育吗？

需要

不需要

不一定

无所谓

12. 在司法鉴定实践中，您能接受不确定性鉴定意见吗？

能

不能

13. 您从接触案件材料到形成鉴定意见，一般需要多长时间？

1天以内

1—2天

3—4天

5—7天

7天以上

14. 在工作中，您会认真听取并重点参考委托人特别是司法机关向您陈述案情。

非常不同意 非常同意

☆ ☆ ☆ ☆ ☆ ☆

15. 当您的鉴定意见和委托方预期不一致时，您会怀疑自己的意见。

非常不同意 非常同意

☆ ☆ ☆ ☆ ☆ ☆

16. 当自己的鉴定意见与同事、同行不一致时，您会继续坚持自己的意见。

非常不同意 非常同意

☆ ☆ ☆ ☆ ☆ ☆

17. 当工作经验比您更丰富、执业时长比您更长的同事或同行，在某一案件鉴定中,与您的意见不一致,您会坚持自己的意见。

非常不同意 非常同意

☆ ☆ ☆ ☆ ☆ ☆

18. 在鉴定中,您需要经常借助鉴定材料以外的案情信息帮助判断。例如,在某借条案件鉴定中,借入方经常向借出方借钱,并且亲笔书写借条。您在鉴定该案借条时,会参考这一信息。

非常不同意 非常同意

☆ ☆ ☆ ☆ ☆ ☆

19. 在正式鉴定意见提出时,您会频繁改变鉴定意见。

非常不同意 非常同意

☆ ☆ ☆ ☆ ☆ ☆

20. 在同一认定确定检材特征时,您需要经常参考样本。

非常不同意 非常同意

☆ ☆ ☆ ☆ ☆ ☆

21. 您认为影响鉴定意见正确率的因素中,工作经验是最具有决定性的。

非常不同意 非常同意

☆ ☆ ☆ ☆ ☆ ☆

22. 您会参考同类案件结论所占大致比率,来决定您正在鉴定案件的最终意见。

非常不同意 非常同意

☆ ☆ ☆ ☆ ☆ ☆

23. 同一案件中有多个鉴定项目时,对其中一个项目进行鉴定,您会参考其他鉴定项目的意见。如在既有指纹也有签名的文书鉴定中,鉴定其签名时您会参考指纹的意见,鉴定其指纹时您会参考签名的意见。

非常不同意 非常同意

☆　　☆　　☆　　☆　　☆　　☆

24. 当得知您的鉴定意见与案件中其他证据之间发生矛盾时,您会改变自己的意见。

非常不同意　　　　　　　　　　　　　　非常同意

☆　　☆　　☆　　☆　　☆　　☆

25. 在鉴定中,您获知您的鉴定意见和当事人的陈述相矛盾时,您会坚持自己的意见。

非常不同意　　　　　　　　　　　　　　非常同意

☆　　☆　　☆　　☆　　☆　　☆

二、样本背景分析

本次问卷样本背景信息主要包括性别、年龄、从事司法鉴定工作时长、学历。(见表 6 - 1)数据显示本次参加填写问卷的男性频数 173,占比 65.53%;女性频数 91,占比 34.47%。

年龄 20—30 岁频数为 49,占比 18.56%;30—40 岁频数为 86,占比 32.58%;40—50 岁频数为 65,占比 24.62%;50—60 岁频数为 47,占比 17.80%;60 岁以上频数为 17,占比 6.44%。年龄分布最集中的年龄段为 30—40 岁,60 岁以上频数及占比最少。较为集中的两个年龄段为 30—40 岁及 40—50 岁。基本属于正态分布。

从事司法鉴定工作时间 5 年以下频数为 50,占比 18.94%;5—10 年频数为 72,占比 27.27%;10—15 年频数为 52,占比 19.70%;15—20 年频数为 36,占比 13.64%;20 年以上频数为 54,占比 20.45%。其中 5—10 年样本频数最多,占比最高,数据也呈正态分布。

学历分布主要集中在本科阶段,频数 187,占比 70.83%;其次为硕士,频数 41,占比 15.53%。

表 6-1　样本背景分析

名称	选项	频数	百分比(%)
您的性别	男	173	65.53
	女	91	34.47
您的年龄	20—30 岁	49	18.56
	30—40 岁	86	32.58
	40—50 岁	65	24.62
	50—60 岁	47	17.80
	60 岁以上	17	6.44
您从事司法鉴定多少年?	5 年以下	50	18.94
	5—10 年	72	27.27
	10—15 年	52	19.70
	15—20 年	36	13.64
	20 年以上	54	20.45
您的学历	大专	26	9.85
	本科	187	70.83
	硕士	41	15.53
	博士	10	3.79
合计		264	100.0

将“年龄”与“从事司法鉴定多少年”进行交叉分析(见图 6-1),分析结果显示:在 40—50 岁年龄段,5 个执业时长段分布较为均匀,30—40 岁年龄段里主要集中了 5—10 年和 10—15 年两个执业时长段。40 岁开始,执业时长 20 年以上逐段显著增加。从这一交叉分析结果发现,40—50 岁年龄段的从业人员的执业时长分布最为复杂且占比较为均匀,说明这个年龄段的鉴定人相当一部分是转行从事司法鉴定工作。50—60 岁的年龄区间里,5 年以下占比约为 6%—

11%,这也说明转行从事司法鉴定工作的鉴定人这个年龄区间内占比较高。

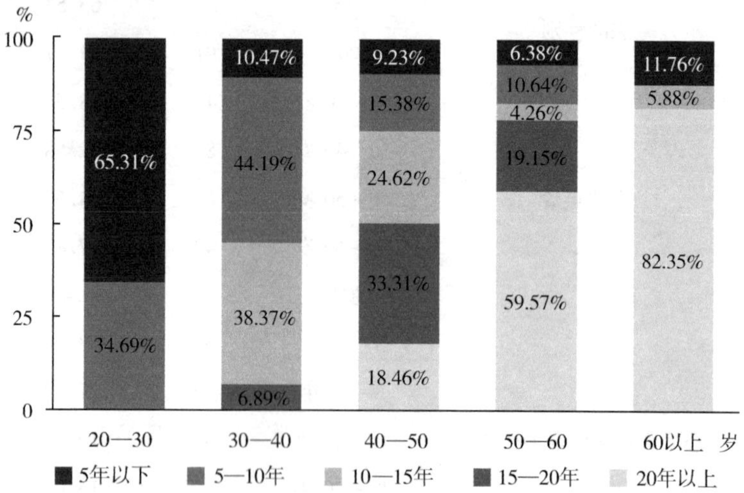

图6-1 “年龄”与“从事司法鉴定多少年”交叉分析

将“年龄”与“学历”进行交叉分析(见图6-2),分析结果显示:本科学历在20—60岁区间各个年龄段内占比都是最高的,但在60岁以上则占比较少(29.41%),60岁以上大专学历占比最高。在各个年龄段均有一定比例的硕士,30—40岁、40—50岁、50—60岁年龄段还有一定比例的博士(分别为4.65、7.69%、2.13%)。从以上年龄与学历的交叉分析中,不难发现本科学历在各个年龄段都占绝大多数,而硕士、博士学历则相对集中在30—40岁及40—50岁这两个区间内。

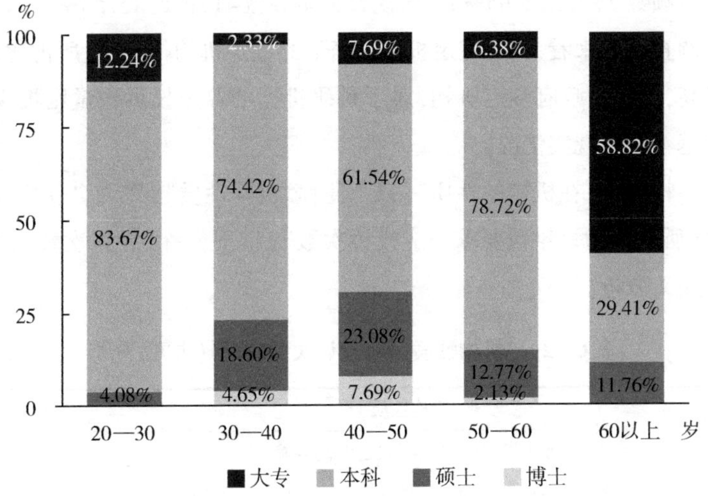

图6-2 "年龄"与"学历"交叉分析

第二节 投诉、鉴定机构分析

由于司法鉴定错误会一定程度地反映到对司法鉴定人或司法鉴定机构的投诉上,因而,通过对有关司法鉴定投诉的分析,在一定程度上可以间接地了解司法鉴定错误的规模等情况。当然,投诉本身并不完全等同于错误,基于投诉的动机和原因也是多方面的,基于错误而投诉,只是众多投诉原因之一。但通过对投诉的分析,对于间接了解司法鉴定错误的现状是一个十分有效的途径。

一、鉴定机构性质与被投诉情况

在本研究中,我们调查了鉴定人所属的鉴定机构性质。我们将机构性质分为:政府、民营、科研机构、高等院校。调查显示:政府样本频数89,占比33.71%;民营样本频数127,占比48.11%;科研机构样本频数7,占比2.65%;高等院校样本频数41,占比15.53%。从这一调查结果来看,民营鉴定机构在当下的鉴定机构构成中,所占比例最高,其次为政府鉴定机构,属于科研机构的鉴定投诉数量则极少。这基本符合现实情况。

将"您所在机构的性质"(以下简称"机构性质")作为自变量,与"您所在机构每年被要求回应投诉次数"(以下简称"投诉次数")进行交叉分析。

表6-2 "机构性质"和"投诉次数"交叉(卡方)分析

题目	名称	机构性质				总计	χ^2	p
		政府	民营	科研机构	高等院校			
投诉次数	2次以下	81 (91.01)	64 (50.39)	3 (42.86)	21 (51.22)	169 (64.02)	65.955	0.000**
	2—4次	5 (5.62)	43 (33.86)	2 (28.57)	10 (24.39)	60 (22.73)		
	4—6次	0 (0.00)	8 (6.30)	0 (0.00)	3 (7.32)	11 (4.17)		
	6—8次	3 (3.37)	5 (3.94)	0 (0.00)	1 (2.44)	9 (3.41)		
	8—10次	0 (0.00)	0 (0.00)	0 (0.00)	2 (4.88)	2 (0.76)		
	10次以上	0 (0.00)	7 (5.51)	2 (28.57)	4 (9.76)	13 (4.92)		
总计		89	127	7	41	264		

$^{*}p<0.05$; $^{**}p<0.01$ 括号外为频数,括号内为百分比。

交叉(卡方)分析结果(见表6-2)显示:政府鉴定机构投诉次数主要集中在"2次以下"(81,91.01%),民营鉴定机构则主要集中分布在"2次以下"及"2—4次"(二者占比之和为84.25%),且民营鉴定机构"2—4次"投诉显著高于其他鉴定机构,而政府鉴定机构在这个层次样本频次仅为5。

用方差分析验证以上结果。方差分析(见表6-3)显示:政府机构年平均被投诉次数最少(1.16),科研机构最多(2.71),民营机构少于高等院校。但科研机构样本数太少,不具有参考价值。故仅考虑政府、民营、高等院校这三类机构。方差分析与交叉分析二者结果基本一致。

表6-3　"机构性质"与"机构投诉次数"方差分析

机构性质 (平均值±标准差)	投诉次数
政府($n=89$)	1.16±0.58
民营($n=127$)	1.86±1.26
科研机构($n=7$)	2.71±2.29
高等院校($n=41$)	2.15±1.65
F	10.427
p	0.000**

* $p<0.05$;** $p<0.01$。

以上分析说明,我国不同鉴定机构面临被投诉的概率是不同的,政府鉴定机构最少,这是否与政府鉴定机构的实力与管理较强有关?本研究没有做进一步论证。

二、不同性质机构对于培训的重视差异

鉴定人接受业务培训,对于提高鉴定质量和减少鉴定错误是一项基础性的工作。通过业务培训,除了可以提高业务素质,也可以在短时间内学习和休整,鉴定人可以对自己的工作进行反思总结,这对工作压力较大的鉴定机构来说,是一个很好的调整方式。那么,机构性质的不同,在安排培训的次数上是否也相应有所不同?一般认为,政府鉴定机构工作量并不大,且培训经费能够得到一定保障,政府鉴定机构对于培训应该是比较重视的。而民营鉴定机构则情况可能正

好相反，他们工作量大，培训经费需要自筹，即使他们重视培训，可能实际上也很难安排更多的机会。

但交叉（卡方）分析结果（见表6-4）与我们的预期有所不同。以“机构性质”为自变量与“您每年参加业务培训次数”（以下简称“参加培训次数”）进行交叉分析，分析结果呈现0.01水平显著性（chi = 45.757，$p = 0.000 < 0.01$），也就是不同性质的鉴定机构，每年安排培训的次数是显著不同的。政府机构参加培训的样本总频数为89，而民营机构样本总频数为127。在“0次”选项中，政府机构占比10.11%，高于平均水平7.20%，而民营机构则低于平均水平。“1次”选项中，政府机构占比49.44%，远高于平均水平29.17%，而民营机构则远低于平均水平。但在“2次”“3次”“4次”选项中，政府鉴定机构占比就明显落后于民营机构。高等院校机构在“2次”“3次”“4次”选项中，也比政府鉴定机构略高，但也明显低于民营机构。

表6-4 “机构性质”与“参加培训次数”交叉（卡方）分析

题目	名称	机构性质（%）				总计	χ^2	p
		政府	民营	科研机构	高等院校			
参加培训次数	0次	9 (10.11)	7 (5.51)	0 (0.00)	3 (7.32)	19 (7.20)	45.757	0.000**
	1次	44 (49.44)	23 (18.11)	2 (28.57)	8 (19.51)	77 (29.17)		
	2次	24 (26.97)	43 (33.86)	1 (14.29)	11 (26.83)	79 (29.92)		
	3次	7 (7.87)	25 (19.69)	0 (0.00)	9 (21.95)	41 (15.53)		
	4次	5 (5.62)	29 (22.83)	4 (57.14)	10 (24.39)	48 (18.18)		
总计		89	127	7	41	264		

* $p < 0.05$；** $p < 0.01$ 括号外为样本频数，括号内为百分比。

方差分析结果(见表6-5)也印证了交叉(卡方)分析结果。方差分析显示,政府机构平均值最低(2.49),科研机构最高(3.86),而民营机构和高等院校机构较为接近。由于科研机构样本数太少(n=7),因此,科研机构分析结果可能存在较大偏差,故可以不予考虑。故在三类机构(政府、民营、高等院校)中,政府机构人员平均每年培训业务次数是最少的。

结合上面对不同性质机构每年被投诉情况的分析,发现政府机构每年被投诉的次数最少,但政府机构每年为鉴定提供的培训机会也是最少的;反过来,高等院校每年被投诉的平均值高于政府机构和民营机构,但高等院校与民营机构每年提供培训的平均值却高于政府机构。这样,出现了一个让人困惑的现象:提供培训数量多,反而被投诉量更高。是什么原因导致了与直觉不一致的现象?是因为政府机构鉴定人素质最高吗?但高等院校鉴定人素质应该不会比政府机构鉴定人差,可见鉴定人素质差异可能并不是唯一原因。

表6-5 “机构性质”与“参加培训次数”方差分析

机构性质 (平均值±标准差)	参加培训次数
政府($n=89$)	2.49±0.98
民营($n=127$)	3.36±1.18
科研机构($n=7$)	3.86±1.46
高等院校($n=41$)	3.37±1.26
F	12.437
p	0.000**

$^{*}p<0.05$; $^{**}p<0.01$。

三、不同性质机构对不确定意见的态度差异

我们知道,由于各类鉴定标准陆续颁布,其中一部分鉴定项目意见表述可分为"确定性表述"和"不确定表述"。如笔迹鉴定意见分为:确定性意见、非确定性意见和无法判断,共3类9种。从理论上看,鉴定意见的表述,确定性意见应当少于非确定性意见,因为司法鉴定意见是建立在一定的数据信息、证据基础之上的推论,而所根据的数据信息和证据对鉴定意见的支持度很少能够达到100%的程度。所以,对非确定性意见的接受程度,其实能够反映出鉴定机构的科学态度。并且,强行将非确定性意见更改为确定性意见,其实也算是一种错误鉴定意见。因而,不接受非确定性鉴定意见,其实也能够从侧面反映一个鉴定机构犯错误的可能性。

将"机构性质"作为自变量,与"在司法鉴定实践中,您能接受不确定性鉴定意见吗"(以下简称"意见")进行交叉分析。交叉分析后显示出0.05水平显著性($chi = 9.008, p = 0.029 < 0.05$),也就是不同性质的鉴定机构之间,对于是否接受不确定性鉴定意见方面是存在显著差异的。通过百分比对比差异可知,科研机构选择"能"的比例为85.71%,明显高于平均水平73.11%;高等院校选择"能"的比例为80.49%,明显高于平均水平73.11%;但政府机构选择"不能"的比例为38.20%,明显高于平均水平26.89%。

从表6-6卡方分析不难发现,对于不确定性意见选择"能"接受的百分比,政府和民营都是显著低于科研机构和高等院校的。尤其是政府选择"能"的百分比远低于平均水平,选择"不能"的占比又远高于平均水平。这反映出政府鉴定机构对于不确定性鉴定意见的态度,与其他机构是显著不同的。

表 6-6　"机构性质"与"意见"交叉(卡方)分析

题目	名称	机构性质				总计	χ^2	p
		政府	民营	科研机构	高等院校			
意见	能	55 (61.80)	99 (77.95)	6 (85.71)	33 (80.49)	193 (73.11)	9.008	0.029*
	不能	34 (38.20)	28 (22.05)	1 (14.29)	8 (19.51)	71 (26.89)		
总计		89	127	7	41	264		

* $p<0.05$；** $p<0.01$ 括号外为样本频数，括号内为百分比。

四、鉴定机构工作负荷分析

工作量和工作负荷会影响鉴定意见的质量。我们在第五章提到的"认知终结需求"中，就表明工作负荷过重，会导致鉴定人使用代表性启发法和可得性启发法匆忙完成其工作，鉴定意见质量会受到严重影响。那么鉴定机构的工作负荷如何？

我们用方差分析并了解不同性质鉴定机构的工作负荷。虽然我们并没有直接提问"您所在鉴定机构年均完成案件工作量"，因为对鉴定人来说，对于鉴定机构的案件量可能并没有十分准确的了解，但对自己每年完成的案件工作量是清楚的，那么鉴定人的案件工作量就侧面反映了鉴定机构的案件工作量。通过询问"您从接触案件材料到形成鉴定意见，一般需要多长时间"，可以了解鉴定人的案件平均工作时间，也就从侧面了解了鉴定机构的案件平均工作时间。这样工作量和平均工作时间二者综合，就基本上能够了解鉴定机构的工作负荷。

对案件工作量进行方差分析(见表 6-7)，以"机构性质"为定类数据，以"您每年完成案件量"和"您从接触案件材料到形成鉴定意见，一般需要多长时间"为定量数据，进行差异分析。分析结果显示，"您每年完成案件量"呈现出 0.01 水平显著性($F=12.808$，$p=$

0.000),也就是在不同性质的机构中,每年完成案件工作量平均值政府最小(1.96),而民营机构平均值最大(3.57),科研机构样本太少不予考虑,高等院校则为(2.95)。也就是说,实际上政府机构每年完成鉴定案件量,在所有类型机构中平均值是最低的,这意味着政府机构鉴定人的年均工作量是最少的。

表 6-7 "机构性质"与案件工作量和案件平均时间方差分析

机构性质（平均值 ± 标准差）	您每年完成案件量	您从接触案件材料到形成鉴定意见，一般需要多长时间？
政府($n=89$)	1.96 ± 1.60	3.49 ± 1.05
民营($n=127$)	3.57 ± 2.02	3.43 ± 1.24
科研机构($n=7$)	3.00 ± 1.91	3.43 ± 0.98
高等院校($n=41$)	2.95 ± 2.00	3.68 ± 1.35
F	12.808	0.492
p	0.000**	0.688

* $p<0.05$; ** $p<0.01$。

对问题"您从接触案件材料到形成鉴定意见,一般需要多长时间",则未显示出机构差异性($F=0.492$, $p=0.688>0.05$)。这说明,在不同性质鉴定机构中,鉴定人案均工作时间没有差异,鉴定人并没有因为所在机构的性质不同,以及平均案件工作量的差异,导致案均花费时间而有所缩短。但民营鉴定机构的案件工作量平均值最高,在案均工作时间不变的情况下,这些民营鉴定机构的鉴定人必须延长工作时间才能完成任务。由此可见,在我国,民营鉴定机构的工作负荷是最大的。

第三节　鉴定人背景信息的认知相关性分析

鉴定人的认知偏差在背景信息(性别、年龄、执业时长、学历等)方面是否存在差异？由于情景偏差和确证偏差常常相伴而生,故在本次研究中,我们着重对情景偏差和确证偏差设计了6级量表题项,侧重于考察确证偏差的题项如下。

题项15:当您的鉴定意见和委托方预期不一致时,您会怀疑自己的意见。

题项16:当自己的鉴定意见与同事、同行不一致时,您会继续坚持自己的意见。

题项17:当工作经验比您更丰富、执业时长比您更长的同事或同行,在某一案件鉴定中,与您的意见不一致,您会坚持自己的意见。

题项19:在正式鉴定意见提出时,您会频繁改变鉴定意见。

题项22:您会参考同类案件结论所占大致比率,来决定您正在鉴定案件的最终意见。

侧重于对情景偏差进行考察的题项如下。

题项14:在工作中,您会认真听取并重点参考委托人特别是司法机关向您陈述案情。

题项18:在鉴定中,您需要经常借助鉴定材料以外的案情信息来帮助判断。例如,在某借条案件鉴定中,借入方经常向借出方借钱,并且亲笔书写借条。您在鉴定该案借条时,会参考这一信息。

题项20:在同一认定确定检材特征时,您需要经常参考样本。

题项 23：同一案件中有多个鉴定项目时，对其中一个项目进行鉴定，您会参考其他鉴定项目的意见。如在既有指纹也有签名的文书鉴定中，鉴定其签名时您会参考指纹的意见，鉴定其指纹时您会参考签名的意见。

题项 24：当得知您的鉴定意见与案件中其他证据之间发生矛盾时，您会改变自己的意见。

题项 25：在鉴定中，您获知您的鉴定意见和当事人的陈述相矛盾时，您会坚持自己的意见。

一、以性别为自变量的差异分析

（一）确证偏差的性别差异

确证偏差倾向是否在性别上存在差异，在调查之前，我们认为男性与女性的偏好确证的倾向应该是没有差异的。但我们以性别为自变量，对题项 15、16、17、19、22 进行了分析。结果显示：从以上题项显示出的确证偏差倾向方面，男性与女性是显著不同的。

表 6－8 “性别 v. 确证偏差”的方差分析

题项	您的性别（平均值 ± 标准差）		F	p
	男（$n=173$）	女（$n=91$）		
题项 15：当您的鉴定意见和委托方预期不一致时，您会怀疑自己的意见。	2.43 ± 1.49	1.96 ± 1.13	7.177	0.008**
题项 16：当自己的鉴定意见与同事、同行不一致时，您会继续坚持自己的意见。	4.62 ± 1.27	4.23 ± 1.37	5.440	0.020*

续表

题项	您的性别(平均值 ± 标准差)		F	p
	男(n = 173)	女(n = 91)		
题项 17:当工作经验比您更丰富、执业时长比您更长的同事或同行,在某一案件鉴定中,与您的意见不一致,您会坚持自己的意见。	4.34 ± 1.30	3.93 ± 1.26	5.929	0.016*
题项 19:在正式鉴定意见提出时,您会频繁改变鉴定意见。	1.88 ± 1.33	1.46 ± 0.91	7.385	0.007**
题项 22:您会参考同类案件结论所占大致比率,来决定您正在鉴定案件的最终意见。	2.81 ± 1.62	2.25 ± 1.41	7.706	0.006**

* $p < 0.05$; ** $p < 0.01$。

从表 6 - 8 可以看出,题项 15 男性、女性的平均值都不算太高,说明男性和女性在面对鉴定意见与委托方预期不一致时,发生动摇的可能性略低。但性别差异呈现出 0.01 显著性(F = 7.177,p = 0.008),而男性平均值高于女性,这说明男性在面对委托方预期与意见不一致时,倾向于改变自己的意见。

题项 16 的男性、女性平均值比较高,都在 4 以上,说明男性和女性在自己意见和同事、同行意见不一致时都倾向于坚持自己的意见。但这一态度存在显著的性别差异(F = 5.44,p = 0.02 < 0.05),说明男性更倾向于坚持自己的意见,而女性则倾向于有所动摇。

题项 17 中,男性的平均值明显高于女性,在面对工作经验比自己丰富的同行提出不同意见时,男性坚持意见的倾向比女性更为明显(F = 5.929,p = 0.016 < 0.05)。说明女性对于工作经验的意义更为重视,更容易受经验丰富的同行的意见的影响。

题项 19 中,男性、女性的平均值都比较低,这表明在整体上,男性和女性在提出正式鉴定意见时，频繁改变鉴定意见的倾向都不显著。但这一倾向有性别差异，男性更改鉴定意见的倾向比女性更为显著（$F=7.385$，$p=0.007<0.01$）。

题项22中，男性、女性的平均值都接近于量表中位数3，说明在整体上男性和女性在提出鉴定意见之前考虑同类案件结论的比率的倾向都比较明显，并且该倾向呈现出十分显著的性别差异（$F=7.706$，$p=0.006<0.01$），故男性更倾向于考虑同类案件结论比率。

这五个题项分析结果呈现出了共同点：确证偏差的行为倾向具有显著的性别差异，男性的确证偏差倾向明显高于女性。但是性别是否为构成差异的原因，还需要进行验证性研究。

（二）情景偏差的性别差异

情景效应倾向是否具有性别差异？调查之前，我们也认为，不同性别之间的情景效应行为倾向应该是不存在差异的。以性别为自变量进行方差分析，分析结果显示，其中部分题项存在显著差异。

表6-9 “性别 v. 情景偏差”的方差分析

题项	您的性别（平均值±标准差）		F	p
	男（$n=173$）	女（$n=91$）		
题项14：在工作中，您会认真听取并重点参考委托人特别是司法机关向您陈述案情。	4.91±1.45	4.57±1.53	3.092	0.080
题项18：在鉴定中，您需要经常借助鉴定材料以外的案情信息来帮助判断。例如，在某借条案件鉴定中，借入方经常向借出方借钱，并且亲笔书写借条。您在鉴定该案借条时，会参考这一信息。	4.05±1.69	3.77±1.55	1.773	0.184

续表

题项	您的性别(平均值 ± 标准差)		F	p
	男($n=173$)	女($n=91$)		
题项20:在同一认定确定检材特征时,您需要经常参考样本。	4.55 ± 1.55	3.90 ± 1.84	9.126	0.003**
题项23:同一案件中有多个鉴定项目时,对其中一个项目进行鉴定,您会参考其他鉴定项目的意见。如在既有指纹也有签名的文书鉴定中,鉴定其签名时您会参考指纹的意见,鉴定其指纹时您会参考签名的意见。	3.78 ± 1.67	3.73 ± 1.56	0.068	0.795
题项24:当得知您的鉴定意见与案件中其他证据之间发生矛盾时,您会改变自己的意见。	2.78 ± 1.52	2.65 ± 1.30	0.495	0.483
题项25:在鉴定中,您获知您的鉴定意见和当事人的陈述相矛盾时,您会坚持自己的意见。	5.05 ± 1.21	4.71 ± 1.42	3.965	0.047*

* $p<0.05$;** $p<0.01$。

从表6-9可以看出,除题项24外,题项14、18、20、23得分都在中位数以上,题项25的得分虽然最高,但意味着鉴定人会坚持自己的意见,表明此题项中的情景效应并不明显。题项14、18、20、23对情景效应的考察,由于题项24、25在题目表述上可能不够中性,也许鉴定人对此2题的回答并未反映出其真实态度。但题项14、18、20、23在题目表述上是中性的,通过描述具有情景效应的鉴定方法来考察鉴定人的情景效应。

分析结果显示，题项 14、18、20、23 平均值明显偏高，说明鉴定人经常使用这些明显有情景效应的方法来“保证”其鉴定意见的可靠性。但有意思的是，题项 20 呈现出显著的性别差异（$F = 9.126$，$p = 0.003 < 0.01$），也就是在确定检材特征时，男性更倾向于参考样本上的特征，女性虽也有此倾向，但不如男性显著。题项 14、18、23 则未表现出性别上的差异。题项 24 未呈现出性别差异，题项 25 略有性别差异，这两个题项的参考价值不如题项 20，故不予考虑。

二、以年龄为自变量的相关性分析

（一）年龄与确证偏差的相关性

由于年龄和确证偏差都是定量数据，因而对这二者进行相关性分析：考察不同年龄对于确证偏差量表选项，看是否存在因为年龄不同而呈现出的差异，并且观察二者之间是否存在相关性。此处我们采用 Pearson 相关分析法。

从表 6－10 中可以发现，仅题项 16、17 与年龄有相关关系。题项 15、19、20 的相关系数都接近于 0，且 p 值均未达到显著性要求：$0.668 > 0.05$，$0.163 > 0.05$，$0.652 > 0.05$。而题项 16、17 则具有显著的相关性：题项 16 相关系数为 0.165，$p = 0.007 < 0.01$，为正相关关系；题项 17 相关系数为 0.170，$p = 0.006 < 0.01$，为正相关关系。题项 16“当自己的鉴定意见与同事、同行不一致时，您会继续坚持自己的意见”与年龄呈正相关关系，这说明年龄越大这一倾向越强烈，年龄越大越会坚持自己的意见。同时，题项 17“当工作经验比您更丰富、执业时长比您更长的同事或同行，在某一案件鉴定中，与您的意见不一致，您会坚持自己的意见”与年龄也呈正相关关系，年龄越大面对这一情形越容易坚持自己的意见。

表 6-10　"年龄 v. 确证偏差"的 Pearson 相关分析

题项		您的年龄
题项 15:当您的鉴定意见和委托方预期不一致时,您会怀疑自己的意见。	相关系数	-0.026
	p 值	0.668
题项 16:当自己的鉴定意见与同事、同行不一致时,您会继续坚持自己的意见。	相关系数	0.165**
	p 值	0.007
题项 17:当工作经验比您更丰富、执业时长比您更长的同事或同行,在某一案件鉴定中,与您的意见不一致,您会坚持自己的意见。	相关系数	0.170**
	p 值	0.006
题项 19:在正式鉴定意见提出时,您会频繁改变鉴定意见。	相关系数	0.086
	p 值	0.163
题项 22:您会参考同类案件结论所占大致比率,来决定您正在鉴定案件的最终意见。	相关系数	-0.028
	p 值	0.652

* $p<0.05$; ** $p<0.01$。

从总体上来看,仅有题项 16、17 与年龄的变化呈正相关关系,而其他题项与年龄无相关关系,也就是说随着鉴定人年龄的增加,确证偏差的倾向可能会减弱。

(二)年龄与情景偏差的相关性

用 Pearson 相关分析法分析年龄与情景偏差的相关性。表 6-11 的分析结果显示,仅题项 20 与年龄呈现出显著相关性(相关系数 0.127,$p=0.039<0.05$),题项 14、18、23、24、25 未显示出与年龄的相关性。题项 20 与年龄之间呈现正相关性,也就是说,随着年龄数的增加,题项 20 的量表选项偏向较高的值。但题项 20 的分析结果值得关注并进一步进行研究,因为根据同一认定的标准程序来看,在分别检验阶段,检材特征和样本特征之间要分别进行,不应该通过参考样本来确定检材特征,这一标准的设置本质上也是为了防止

情景偏差。但这一现象却呈现出与年龄的相关性。是否现实中年龄越大的鉴定人对于这一标准反而越不怎么认真遵守了,这一现象值得思考。

表6-11 "年龄 v. 情景偏差"的 Pearson 相关分析

题项		您的年龄
题项14:在工作中,您会认真听取并重点参考委托人特别是司法机关向您陈述案情。	相关系数	-0.027
	p 值	0.657
题项18:在鉴定中,您需要经常借助鉴定材料以外的案情信息来帮助判断。例如,在某借条案件鉴定中,借入方经常向借出方借钱,并且亲笔书写借条。您在鉴定该案借条时,会参考这一信息。	相关系数	0.064
	p 值	0.298
题项20:在同一认定确定检材特征时,您需要经常参考样本。	相关系数	0.127*
	p 值	0.039
题项23:同一案件中有多个鉴定项目时,对其中一个项目进行鉴定,您会参考其他鉴定项目的意见。如在既有指纹也有签名的文书鉴定中,鉴定其签名时您会参考指纹的意见,鉴定其指纹时您会参考签名的意见。	相关系数	-0.009
	p 值	0.882
题项24:当得知您的鉴定意见与案件中其他证据之间发生矛盾时,您会改变自己的意见。	相关系数	0.058
	p 值	0.349
题项25:在鉴定中,您获知您的鉴定意见和当事人的陈述相矛盾时,您会坚持自己的意见。	相关系数	0.028
	p 值	0.654

* $p<0.05$; ** $p<0.01$。

分析(一)的结果显示,少数题项表明随着年龄的增加,确证偏差的倾向会减弱;而分析(二)的结果显示,仅题项20"在同一认定确定检材特征时,您需要经常参考样本",与年龄有正相关关系。所以,综合(一)(二)的分析结果,我们发现整体上自然年龄与认知偏差的相关性并不十分显著。

由于年龄分别与确证偏差和情景偏差的相关性并不显著，因而没有必要通过回归分析确定年龄是否对它们产生实际的影响关系。因而，此处省略与年龄相关的回归分析。

三、以执业时长为自变量的相关性分析

以年龄为自变量的相关性分析发现，大多数题项与年龄并没有显著的相关性，也许单纯的年龄因素并不会对确证偏差和情景偏差产生显著影响，但执业时长中包含了从业经验因素，因为有些年龄偏大的鉴定人并不一定一直从事司法鉴定工作，其中一部分人员是中途转行从事司法鉴定的，所以执业时长更能准确反映从业经验因素。那么，这些经验因素是否与确证偏差、情景偏差有相关性呢？

（一）执业时长与确证偏差的相关性

有意思的是，从表6－12的分析可以发现，与执业时长呈现出显著相关性的仍然是题项16、17。题项16的相关系数为0.129，$p=0.036<0.05$；题项17的相关系数为0.167，$p=0.006<0.01$。并且题项16、17的相关性也同样是正相关。题项15、19、22均未呈现出显著的相关性。

但和年龄相关性分析相比，其相关显著性比执业时长更高，题项16在年龄分析中的相关系数为0.165，且$p=0.007$，也即和执业时长相比，自然年龄更容易对题项16产生相关性。题项17在两种情况下的相关性分析结果几乎是一致的。所以，题项16更值得关注。是否在面对与同行的分歧时，职业经验因素的作用反而在减弱？这是需要进一步研究的。

表 6-12 “执业时长 v. 确证偏差”的 Pearson 相关分析

题项		您从事司法鉴定多少年?
题项 15:当您的鉴定意见和委托方预期不一致时,您会怀疑自己的意见。	相关系数	-0.061
	p 值	0.323
题项 16:当自己的鉴定意见与同事、同行不一致时,您会继续坚持自己的意见。	相关系数	0.129*
	p 值	0.036
题项 17:当工作经验比您更丰富、执业时长比您更长的同事或同行,在某一案件鉴定中,与您的意见不一致,您会坚持自己的意见。	相关系数	0.167**
	p 值	0.006
题项 19:在正式鉴定意见提出时,您会频繁改变鉴定意见。	相关系数	-0.054
	p 值	0.382
题项 22:您会参考同类案件结论所占大致比率,来决定您正在鉴定案件的最终意见。	相关系数	-0.080
	p 值	0.192

* $p<0.05$; ** $p<0.01$。

(二)执业时长与情景偏差的相关性

从表 6-13 可知,与执业时长呈现显著相关性的依然是题项 20。题项 20 与执业时长的相关系数为 0.166,$p=0.007<0.01$。这表明“在同一认定确定检材特征时,您需要经常参考样本”与从事司法鉴定的时间存在正相关关系。题项 20 在与年龄的相关性分析时,也呈现出与年龄的相关性。其他题项则与执业时长之间未呈现出显著相关性。

表 6-13　"执业时长 v. 情景偏差"的 Pearson 相关分析

题项		您从事司法鉴定多少年？
题项 14：在工作中，您会认真听取并重点参考委托人特别是司法机关向您陈述案情。	相关系数	0.024
	p 值	0.698
题项 18：在鉴定中，您需要经常借助鉴定材料以外的案情信息来帮助判断。例如，在某借条案件鉴定中，借入方经常向借出方借钱，并且亲笔书写借条。您在鉴定该案借条时，会参考这一信息。	相关系数	0.021
	p 值	0.735
题项 20：在同一认定确定检材特征时，您需要经常参考样本。	相关系数	0.166**
	p 值	0.007
题项 23：同一案件中有多个鉴定项目时，对其中一个项目进行鉴定，您会参考其他鉴定项目的意见。如在既有指纹也有签名的文书鉴定中，鉴定其签名时您会参考指纹的意见，鉴定其指纹时您会参考签名的意见。	相关系数	-0.036
	p 值	0.561
题项 24：当得知您的鉴定意见与案件中其他证据之间发生矛盾时，您会改变自己的意见。	相关系数	-0.047
	p 值	0.443
题项 25：在鉴定中，您获知您的鉴定意见和当事人的陈述相矛盾时，您会坚持自己的意见。	相关系数	-0.008
	p 值	0.895

* $p<0.05$；** $p<0.01$。

从分析二、三中我们发现，自然年龄和执业时长与确证偏差和情景偏差的相关性分析结果是高度重合的。也就是说，不论自然年龄，还是执业时长，仅仅呈现出相关性的题项是 16、17、20。这是否说明，执业经验对于情景偏差和确证偏差的相关性整体上并不高，而仅对其中某些情形有影响呢？并且，由于自然年龄与执业时长对题项的相关性分析，其结果高度重合，这是否可以认为执业经验对于认知偏差效应并没有实质性影响呢？同样，由于执业时长与确证偏差和情景偏差的相关较弱，因而执业时长与确证偏差、执业时长与情景偏差的回归分析此处从略。

四、以学历为自变量的方差分析

认知偏差是否与学历有关？我们一般会认为，学历越高，认知、决定、判断的思维能力越强，可能更具有客观性，有些高学历者甚至对于认知偏差的机制有所了解，可能有些高学历的鉴定人对于司法鉴定中的认知偏差还有一定的思考和研究。学历越高的鉴定人，可能会有意识地去克服认知偏差。那么实际情况是否如此？我们分别以学历为自变量，分析确证偏差和情景偏差与学历的方差。

（一）确证偏差与学历的方差分析

在题项4“您的学历”中，我们将学历分为四个层次选项：大专、本科、硕士、博士。这些数据是定类数据，因而采用方差分析（见表6－14）。方差分析发现，题项15、16、17、19、22均未呈现出与学历有关的显著差异关系。

题项15分析结果显示，鉴定人并不会因为学历的不同，在面对自己的鉴定意见与委托方预期不一致时，对自己意见的怀疑程度有所不同。结果显示，不同层次学历的平均值约为2.15—2.40，平均值普遍偏低，未呈现出与学历有关的显著差异关系（$F=0.158$，$p=0.924>0.05$）。

题项16分析结果显示，各层次学历对应平均值约为4.19—4.73，分值偏高，表明在与同事、同行意见不一致时，倾向于坚持自己的意见，未呈现出与学历有关的显著差异关系（$F=0.944$，$p=0.420>0.05$）。

题项17分析结果显示，各层次学历对应平均值约为4.15—

5.00，分值偏高，表明在与丰富经验的同事同行意见不一致时，倾向于坚持自己的意见，分值偏高，未呈现出与学历有关的显著差异关系（$F=1.406$，$p=0.241>0.05$）。

题项19分析结果显示，各层次学历对应平均值极低，说明在提出鉴定意见之前不会频繁改变鉴定意见。分值变动区间极为狭窄（1.66—1.80），说明各层次学历在这一选项高度集中。这一题项其实表明，鉴定人一旦形成鉴定意见就不容易改变，这实际上是确证偏差倾向较为显著的表现。该题项未呈现出与学历有关的显著差异关系（$F=0.077$，$p=0.972>0.05$）。

题项22分析结果显示，各层次学历对应平均值处于中位数，这一题项所描述的倾向不明显，分值区间极为狭窄（2.30—2.69），说明各层次学历在此题项选项高度集中。是否更具案件结论比率来决定鉴定意见，这一倾向并不十分明显。该题项未呈现出与学历有关的显著差异关系（$F=0.517$，$p=0.671>0.05$）。

从以上分析中，我们是否可以得出结论：学历的高低对于克服确证偏差效应并没有帮助，高学历鉴定人和低学历鉴定人，都存在确证效应，并且都不会有意识地克服这一效应？

表6-14　"学历 v.确证偏差"的方差分析

题项	您的学历（平均值±标准差）				F	p
	大专（$n=26$）	本科（$n=187$）	硕士（$n=41$）	博士（$n=10$）		
题项15：当您的鉴定意见和委托方预期不一致时，您会怀疑自己的意见。	2.15±1.29	2.26±1.41	2.37±1.37	2.40±1.65	0.158	0.924
题项16：当自己的鉴定意见与同事、同行不一致时，您会继续坚持自己的意见。	4.19±1.55	4.47±1.30	4.73±1.18	4.60±1.35	0.944	0.420

续表

题项	您的学历(平均值±标准差)				F	p
	大专（$n=26$）	本科（$n=187$）	硕士（$n=41$）	博士（$n=10$）		
题项17:当工作经验比您更丰富、执业时长比您更长的同事或同行,在某一案件鉴定中,与您的意见不一致,您会坚持自己的意见。	4.15±1.57	4.19±1.29	4.07±1.17	5.00±1.15	1.406	0.241
题项19:在正式鉴定意见提出时,您会频繁改变鉴定意见。	1.73±1.04	1.75±1.26	1.66±1.09	1.80±1.48	0.077	0.972
题项22:您会参考同类案件结论所占大致比率,来决定您正在鉴定案件的最终意见。	2.54±1.58	2.69±1.56	2.41±1.56	2.30±1.83	0.517	0.671

* $p<0.05$；** $p<0.01$。

(二)情景偏差与学历的方差分析

情景偏差与学历的方差分析(表6－15)显示,除题项14以外,题项18、20、23、24、25未呈现出与学历有关的显著差异关系。

题项14分析结果显示,该题项在各个层次学历的平均值都偏高,表明各学历层次的鉴定人都会倾向于"认真听取并重点参考委托人特别是司法机关向您陈述案情"。但差异比较大的是硕士层次(4.20)和博士层次(5.60)之间,该题项呈现出与学历相关的显著差异关系($F=4.298$,$p=0.006<0.01$)。

题项18分析结果显示,平均分值偏高(3.87—5.00),说明鉴定人会参考材料以外的案情信息来帮助判断,而这正是情景偏差行为的典型特征之一，该题项未呈现出与学历相关的显著差异关系（$F = 1.709, p = 0.166 > 0.05$）。

题项 20 分析结果显示，平均分值偏高（4.22—4.90），说明鉴定人经常参考样本确定检材特征，这也是情景偏差行为的典型特征之一，该题项未呈现出与学历相关的显著差异关系（$F = 0.444, p = 0.722$）。

表 6－15 "学历 v. 情景偏差"的方差分析

题项	您的学历（平均值 ± 标准差）				F	p
	大专（$n=26$）	本科（$n=187$）	硕士（$n=41$）	博士（$n=10$）		
题项 14：在工作中，您会认真听取并重点参考委托人特别是司法机关向您陈述案情。	4.46 ± 1.61	4.93 ± 1.43	4.20 ± 1.58	5.60 ± 0.70	4.298	0.006**
题项 18：在鉴定中，您需要经常借助鉴定材料以外的案情信息来帮助判断。例如，在某借条案件鉴定中，借入方经常向借出方借钱，并且亲笔书写借条。您在鉴定该案借条时，会参考这一信息。	4.19 ± 1.72	3.87 ± 1.64	3.93 ± 1.66	5.00 ± 0.94	1.709	0.166
题项 20：在同一认定确定检材特征时，您需要经常参考样本。	4.35 ± 1.79	4.32 ± 1.67	4.22 ± 1.71	4.90 ± 1.60	0.444	0.722

续表

题项	您的学历(平均值±标准差)				F	p
	大专 ($n=26$)	本科 ($n=187$)	硕士 ($n=41$)	博士 ($n=10$)		
题项23:同一案件中有多个鉴定项目时,对其中一个项目进行鉴定,您会参考其他鉴定项目的意见。如在既有指纹也有签名的文书鉴定中,鉴定其签名时您会参考指纹的意见,鉴定其指纹时您会参考签名的意见。	3.92±1.81	3.74±1.63	3.73±1.53	3.90±1.66	0.126	0.945
题项24:当得知您的鉴定意见与案件中其他证据之间发生矛盾时,您会改变自己的意见。	3.04±1.66	2.70±1.42	2.78±1.47	2.50±1.43	0.526	0.665
题项25:在鉴定中,您获知您的鉴定意见和当事人的陈述相矛盾时,您会坚持自己的意见。	4.85±1.43	4.96±1.28	4.80±1.36	5.10±0.99	0.259	0.855

$^{*}p<0.05$;$^{**}p<0.01$。

题项23的分析结果显示,平均分值在4左右且处于中位数范围之内,平均值区间较为狭窄(3.73—3.92),说明本题项显示出各个学历层次的倾向基本一致,该题项未呈现出与学历相关的显著差异关系($F=0.126$,$p=0.945>0.05$)。

题项24分析结果显示,平均分值在中位数以下且分值区间狭窄(2.50—3.04),这也说明本题项显示各个学历层次倾向基本一致,该题项未呈现出与学历相关的显著差异关系($F=0.526$,$p=0.665>0.05$)。

题项25分析结果显示，平均分值较高但分值区间狭窄（4.80—5.10），这说明鉴定人在面对鉴定意见和当事人陈述相矛盾时会倾向于坚持自己的意见，而不会轻易改变自己的意见。该题项未呈现出与学历相关的显著差异关系（$F=0.259$，$p=0.855>0.05$）。

综合（一）（二）的分析结果我们可以发现，整体上情景偏差的平均分值比确证偏差的分值高，说明情景偏差的倾向比确证偏差的行为倾向要更为明显，这跟情景效应本质上是一种启发法且有一定现实价值有关。在以上分析中，仅仅题项14显示出与学历有关的显著差异关系，而其他题项则未呈现出与学历有关的差异关系。这说明学历的高低，与是否有确证偏差和情景偏差无关，高学历也同样存在很高的偏差平均值。

同时，我们也对每年参加培训的次数与确证偏差、情景偏差进行了相关分析（为了避免行文过于烦琐，此处省略数据分析过程），并未发现培训次数与认知偏差之间存在相关关系，说明培训次数的多少也不会改变认知偏差的倾向。

这样看来，学历高低和培训次数与是否存在确证偏差和情景偏差都不存在相关关系，这是否意味着，试图通过提高学历和业务培训来改变消除或减轻认知偏差，可能是没有作用的？这一发现与我们对现实的体验不一致，还需要通过计划更为周密的研究来加以验证。

第四节　工作经验与认知偏差

在第五章引用的van den Eeden等人的研究中，被试者为犯罪现场勘查专家和在校大学生，在现场勘查实验中将二者做决定和判断的效能进行了对比。他们发现专家组和学生组相比，专家组的“无结论”所占比例高于学生组。②

但该研究没有对比两组因为工作经验而导致的确证效应和情景效应上的差异。在本研究中,我们在题项 21“您认为影响鉴定意见正确率的因素中,工作经验是最具有决定性的”设置了量表选项,用于考察鉴定人对工作经验的态度,在确证偏差和情景偏差题项中也采用量表选项。这样,我们就可以较为精确地研究工作经验和确证偏差、情景偏差之间的相关关系。

一、工作经验与确证偏差

(一)相关性分析

题项 21 是量表题项,而确证偏差题项 15、16、17、19、22 也是量表题项。因此,可以对它们进行相关性分析(见表 6 – 16)。

表 6 – 16 分析结果显示,题项 15 与“工作经验”的相关系数为 0.179,为正相关且相关性十分显著($p = 0.003 < 0.01$)。这说明鉴定人越是对工作经验有较高的认可度,就越可能在自己的意见与委托方预期不一致的情况时,怀疑自己的意见;也就是说,工作经验越丰富,在遇到与委托方预期不一致的情况时越可能容易发生动摇。

题项 16 与“工作经验”的相关系数为 0.151,为正相关且相关性十分显著($p = 0.014 < 0.05$)。这说明当自己的鉴定意见与同事、同行不一致时,对工作经验认可度越高的鉴定人,越可能倾向于坚持自己的意见。这实际上意味着,工作经验与该题项表示的确证偏差呈负相关关系。

题项 17 与“工作经验”的相关系数为 0.096,相关性不显著($p =$

② See Claire A. J. van den Eeden, Christianne J. de Poot & Peter J. van Koppen, *The forensic confirmation bias: a comparison between experts and novices*, 64 Journal of Forensic Science 120(2018).

0.119 > 0.05)。这一分析结果很有意思,对工作经验认可度高的鉴定人,反而对有同样工作经验的同行、同事的不同意见具有"免疫力",也就是说,即使鉴定人经验丰富,但面对同行、同事的不同意见,反而不会发生改变自己最初的意见。

题项16、17隐含着一个共同点:二者都是关于同事、同行意见对鉴定人的影响,这两题项表明,同事、同行的意见产生确证效应较小或者没有,或者说鉴定人可能很少参考同事、同行的意见作为自己意见的根据。

题项19与"工作经验"的相关系数为0.207,相关性十分显著($p = 0.001 < 0.01$)。在未出具正式鉴定意见时,更改最初的意见是一种正常现象,这说明鉴定人不会受最初所形成意见的束缚,而是会随着信息和证据的更新调整意见,这是确证偏差效应较小的体现。本题项呈现出的与"工作经验"的相关性,说明经验丰富的鉴定人在出具最后的鉴定意见时更为谨慎。这与 van den Eeden 等人的研究中专家组倾向于"无结论"的观点,是一致的。

表6-16　"工作经验 v. 确证偏差"Pearson 相关性分析

题　项		您认为影响鉴定意见正确率的因素中,工作经验是最具有决定性的
题项15:当您的鉴定意见和委托方预期不一致时,您会怀疑自己的意见。	相关系数	0.179**
	p 值	0.003
题项16:当自己的鉴定意见与同事、同行不一致时,您会继续坚持自己的意见。	相关系数	0.151*
	p 值	0.014
题项17:当工作经验比您更丰富、执业时长比您更长的同事或同行,在某一案件鉴定中,与您的意见不一致,您会坚持自己的意见。	相关系数	0.096
	p 值	0.119

续表

题　项	您认为影响鉴定意见正确率的因素中,工作经验是最具有决定性的	
题项19:在正式鉴定意见提出时,您会频繁改变鉴定意见。	相关系数	0.207**
	p 值	0.001
题项22:您会参考同类案件结论所占大致比率,来决定您正在鉴定案件的最终意见。	相关系数	0.304**
	p 值	0.000

$^{*}p<0.05$;$^{**}p<0.01$。

题项22与“工作经验”的相关系数为0.304,相关性十分显著($p=0.000<0.01$)。参考同类案件结论所占比率作为鉴定意见的根据,既是一种代表性启发法,也是确证偏差效应的表现之一,从相关性分析来看,与“工作经验”为正相关,且相关性十分显著。说明工作经验越丰富,鉴定人越倾向于利用自己的经验来做判断。

综合以上分析发现,题项15、19、22提供了一个与工作经验相关的确证偏差效应图景:随着工作经验的增加,鉴定人容易被委托方的意见所影响;在鉴定意见提出之前容易改变自己原有的意见;经常参考同类意见来做决定。这样的行为更符合一个工作经验丰富的鉴定人的特征。题项16、17表明与同事、同行相关的确证偏差效应反而不是很显著。但我们在与工作经验关系密切的执业时长分析中,没有发现与执业时长有关的差异。但此处的分析更直接地考察对工作经验的态度,因而此处的分析可能更接近真实情况。

但我们并不能笼统地说,“工作经验”与确证偏差效应一定是相关的。而是应该准确地说,“工作经验”与确证偏差效应的某些方面相关性较强,而与其他一些方面相关性较弱,甚至没有相关性。从现有的关于确证偏差的研究来看,研究者们基本上没有对确证行为进行细化,没有将确证偏差的各种情形分门别类地进行讨论。这样,对于确证偏差产生的机制的认识必然不深刻,甚至有些结论可能是相互矛盾的。从这个意义上来说,本研究相比同类研究可能更为深入。

(二)线性回归分析

相关性分析仅仅说明"工作经验"与"确证偏差"存在相关性,但"工作经验"与"确证偏差"之间是否存在因果关系,或者"工作经验"对"确证偏差"是否产生实际的影响,还需用回归分析来验证。

由于"确证偏差"题项有5项,如果逐一将"确证偏差"题项进行回归分析,那么分析结果将十分烦琐,行文将冗长不堪;如果需要逐一对"确证偏差"题项进行回归分析,那么可以在专题研究中进行,本研究从略。因而,我们将"工作经验"与"确证偏差"有显著相关关系的题项15、19、22进行了合并求平均值。合并后的题项为"确证偏差平均值"。之后,以"工作经验"为自变量,以题项"确证偏差平均值"为因变量,进行线性回归分析。分析结果如表6-17所示。

表6-17　"工作经验v.确证偏差"线性回归分析($n=264$)

	非标准化系数		标准化系数	t	p	共线性诊断	
	B	标准误	$Beta$			VIF	容忍度
常数	1.278	0.198	—	6.464	0.000**	—	—
您认为影响鉴定意见正确率的因素中,工作经验是最具有决定性的	0.227	0.045	0.294	4.986	0.000**	1.000	1.000
R^2	0.087						
调整R^2	0.083						
F	$F(1,262)=24.863$, $p=0.000$						
D-W值	2.124						

因变量:确证偏差平均值。

$^{*}p<0.05$; $^{**}p<0.01$。

由分析结果可知,R^2值为0.087,说明工作经验可以解释确证偏差平均值8.3%的变化原因。VIF值为1.000<5,说明回归模型不存在共线性问题。对回归模型的F检验($F=24.863, p=0.000<0.01$),表明回归模型构建具有意义,工作经验对确证偏差平均值的影响关系十分显著。“工作经验”的回归系数值为0.227($t=4.986, p=0.000<0.01$),这意味着“工作经验”对确证偏差平均产生显著的正向影响关系。

综合(一)(二)可以发现:“工作经验”与“确证偏差”存在相关关系,回归分析表明“工作经验”还对“确证偏差平均值”产生显著的正向影响关系,也就是“工作经验”对“确证偏差”倾向的确是有影响的。当然,由于模型拟合度为8.3%,其产生影响的幅度虽然并不是特别大,但回归显著性能充分说明“工作经验”是“确证偏差”的影响因素之一。

二、工作经验与情景偏差

(一)相关性分析

题项14、18、20、23、24、25也是量表题项,同样采用相关性分析。表6-18显示分析结果如下:

题项14与“工作经验”相关系数为0.183,为正相关关系,且相关关系十分显著($p=0.003<0.01$)。说明“工作经验”越丰富,越倾向于参考更为详细的案情来作为鉴定意见的依据。这一题项也可考察“任务不相关”信息的依赖度与“工作经验”的相关性。

题项18与“工作经验”相关系数为0.213,为正相关关系,相关关系十分显著($p=0.001<0.01$)。该题项中“鉴定材料以外的案情信息”也是典型的“任务不相关性信息”,分析结果表明,就帮助鉴定人判断而言,“工作经验”的利用与鉴定任务本身并不密切相关的信息,此二者之间存在相关关系。

题项20与“工作经验”相关系数为0.317,为正相关关系,相关关系十分显著($p=0.000<0.01$)。通过参考样本来确定检材特征,是典型的情景效应,我们已经知道鉴定中这一确定检材特征的方法是不符合标准程序的,却与工作经验有如此显著的相关关系,这说明工作经验丰富的鉴定人可能更倾向于利用样本确定检材特征,或者利用检材确定样本特征。

表6-18　“工作经验 v. 情景偏差”Pearson相关分析

题项		您认为影响鉴定意见正确率的因素中,工作经验是最具有决定性的
题项14:在工作中,您会认真听取并重点参考委托人特别是司法机关向您陈述案情。	相关系数	0.183**
	p值	0.003
题项18:在鉴定中,您需要经常借助鉴定材料以外的案情信息来帮助判断。例如,在某借条案件鉴定中,借入方经常向借出方借钱,并且亲笔书写借条。您在鉴定该案借条时,会参考这一信息。	相关系数	0.213**
	p值	0.001
题项20:在同一认定确定检材特征时,您需要经常参考样本。	相关系数	0.317**
	p值	0.000
题项23:同一案件中有多个鉴定项目时,对其中一个项目进行鉴定,您会参考其他鉴定项目的意见。如在既有指纹也有签名的文书鉴定中,鉴定其签名时您会参考指纹的意见,鉴定其指纹时您会参考签名的意见。	相关系数	0.278**
	p值	0.000
题项24:当得知您的鉴定意见与案件中其他证据之间发生矛盾时,您会改变自己的意见。	相关系数	0.218**
	p值	0.000
题项25:在鉴定中,您获知您的鉴定意见和当事人的陈述相矛盾时,您会坚持自己的意见。	相关系数	0.012
	p值	0.845

* $p<0.05$; ** $p<0.01$。

题项23与“工作经验”相关系数为0.278,为正相关关系,相关关系十分显著($p=0.000<0.01$)。题项23是鉴定项目之间相互验证,也是典型的情景效应,但这种信息不易界定是否属于“任务不相关信息”,然而在同一项鉴定委托中有多个鉴定要求时,容易发生这种情景效应。如此显著的相关关系表明,“工作经验”也与这种情景效应密切相关。

题项24与“工作经验”相关系数为0.218,为正相关关系,相关关系十分显著($p=0.000<0.01$)。题项24也属于“任务不相关信息”,鉴定人应当尽可能少接触案件中的其他证据,当得知自己的意见与其他证据发生矛盾时,应当立足于自己对特征的分析,而不是因此对自己的判断发生动摇。由于相关关系十分显著,“工作经验”可能对题项24产生显著影响。

题项25相关系数极低,为0.012,p值也未达到0.05($p=0.845>0.05$),这表明“工作经验”与题项25之间没有显著相关性。

同样,我们也通过回归分析来验证以上相关关系是否存在变量之间的实质性影响。

(二)线性回归分析

由于题项15与“工作经验”相关性十分不显著,故不再对题项15进行回归分析验证。我们同样将题项14、18、20、23、24进行合并求平均值,对“工作经验”与平均值之间进行回归分析。

由表6-19分析可知:R^2值为0.161,表明工作经验可以解释情景偏差平均值16.1%的变化原因,其拟合度较高。VIF=1.000,故模型不存在共线性问题。对模型进行F检验时发现模型通过F检验($F=50.301$,$p=0.000<0.05$),说明回归模型具有意义。回归系数值为0.267($t=7.092$,$p=0.000<0.01$),说明工作经验对情景偏差平均值产生显著的正向影响关系。

表 6－19　"工作经验 v. 情景偏差"线性回归分析($n=264$)

	非标准化系数		标准化系数	t	p	共线性诊断	
	B	标准误	Beta			VIF	容忍度
常数	2.817	0.164	—	17.187	0.000**	—	—
您认为影响鉴定意见正确率的因素中,工作经验是最具有决定性的	0.267	0.038	0.401	7.092	0.000**	1.000	1.000
R^2	0.161						
调整 R^2	0.158						
F	$F(1,262)=50.301, p=0.000$						
D－W 值	1.946						

因变量:情景偏差平均值。

$^{*}p<0.05$; $^{**}p<0.01$。

综合(一)(二)分析可以发现:"工作经验"和"情景偏差"之间存在相关关系,并且相关关系十分显著;回归分析发现,"工作经验"对"情景偏差"具有正向影响关系,并且正向影响关系十分显著。模型拟合度高达16.1%,说明"工作经验"对"情景偏差"具有十分充分的解释力。

通过对比,发现"确证偏差平均值"(2.747)远小于"情景偏差平均值"(3.914),也就是说,在本次调查中,被调查者呈现的情景偏差效应要比确证偏差效应显著。而"工作经验"对"确证偏差平均值"的拟合度(8.7%),明显小于"工作经验"对"情景偏差平均值"的拟合度(16.1%),说明"工作经验"对于情景偏差的影响要远高于确证偏差效应。这一分析结果可以反映出,人们对情景偏差在一定程度上持正面肯定态度。这在一定程度上反映了情景偏差具有启发法的属性,它的效应并非都是负面的,所以其情景效应平均值则高出许多。并且对工作经验更为重视的鉴定人,对情景效应的肯定态度就更为明显。

小　　结

经验研究与纯理论分析之间可以相互补充,可以使研究结论更具说服力。为了降低问卷的敏感性,我们将问卷标题设计为“认知与司法鉴定调查”。问卷共25个题项,题项内容包括样本背景信息、投诉、鉴定机构、认知偏差(含确证偏差和情景偏差)行为特征等。回收答卷264份,效度分析和信度分析都已达标,数据适合进行信息提取和分析。

样本背景分析发现:男性(173,65.53%)多于女性(91,34.47%);60岁以下从事司法鉴定的受访者中30—40岁者占比最大(86,32.58%);学历分布主要集中在本科阶段(187,70.83%);在40—50岁这一年龄段,从事司法鉴定年龄(执业时长)的分布最为均匀,各个执业时长段均包含其中;40—50岁学历构成也最为全面,虽以本科为主,但均含有大专、硕士、博士学历。

投诉、鉴定机构分析发现:4次及以下投诉占比最高(1—2次:169,64.02%;2—4次:60,22.73%),由于存在同一鉴定机构鉴定人参与调查的情况,而答卷来源分布省份有13个省。从被投诉机构来看,民营鉴定机构被投诉的情况最为显著,其次为政府鉴定机构。从鉴定机构对培训的重视程度上来看:政府鉴定机构主要集中在每年1次的水平,而民营鉴定机构在2、3、4次均超过平均水平,说明民营鉴定机构最为重视培训。但对培训重视程度与投诉、认知偏差之间未发现相关关系。政府鉴定机构对不确定鉴定意见的接受度最低,回答“不能”的比例(38.20%)远高于平均水平(26.89%)。政府鉴定机构的工作负荷最低,而民营鉴定机构的工作负荷最高。但工作负荷与认知偏差之间也未发现相关关系。

从鉴定人背景信息与认知的差异、相关关系分析发现:认知偏差存在与性别有关的差异，在确证偏差的行为特征方面，男性倾向明显高于女性；但在情景偏差方面，男性仅在少数行为特征上与女性有差异。鉴定人的认知偏差行为特征的主要方面，均未显示出与自然年龄、执业时长有关的差异。鉴定人的认知偏差行为特征，均未呈现出与学历、培训次数有关的差异，这一现象对司法鉴定错误管理非常重要，但由于需要进一步的研究加以验证，因而我们还下结论说：学历、培训次数等教育因素，可能无助于减少认知偏差行为倾向特征。

鉴定人对工作经验的认可度与偏差之间的关系，是同类研究特别关注的兴趣点，本研究也对此重点加以分析、探究。分析发现"工作经验"与"确证偏差"存在相关关系，且回归分析呈现出极高的显著性，说明对工作经验的认可度会影响确证偏差行为倾向。同时，我们也发现"工作经验"与"情景偏差"的相关性、回归性都十分显著，且"情景偏差平均值"远高于"确证偏差平均值"，说明工作经验认可度会十分显著地影响情景偏差行为倾向。相比之下，工作经验认可度对情景偏差的影响比对确证偏差的影响更为显著。为了避免内容过于烦琐，我们没有对确证偏差和情景偏差各个题项都分别进行回归分析，所以工作经验与这些题项各自的影响关系并没有一一展现，但我们认为工作经验对确证偏差和情景偏差各个题项的影响关系肯定是有差异的。这一问题，应当在专门的研究文章中去详细讨论。

同样，为了不使问卷过于复杂，在题项设计中，我们没有安排鉴定机构的质量控制的题项，因而也就没有办法揭示鉴定机构质量控制机制对鉴定人认知偏差行为的影响关系。但这对鉴定机构的质量控制的改进来说，也是十分重要的，在将来的研究中应当对此问题加以充分关注。

第七章　以认知科学为工具的司法鉴定错误管理

和普通人一样,司法鉴定专家也存在认知上的缺陷。正如人们在普通的社会生活中无法避免犯错误一样,在司法鉴定中也同样无法避免错误。如果试图从根本上消除司法鉴定错误,那么这一行为本身就是错误的,因为司法鉴定错误是无法被彻底消除的。但是,司法鉴定活动具有双重属性:一方面,它是一种科学活动,作为人类知识大厦最受信赖的支柱,科学常常是人类追求真相最为可靠的路径,司法鉴定因此也受到相当程度的信任;另一方面,它是一种法律活动,在科技突飞猛进而诉讼极为依赖科学证据的时代,司法鉴定也是现代司法最为重要的基石之一。司法鉴定的双重属性,决定了司法鉴定错误会产生极为高昂的社会成本:鉴定错误会引发对科学和司法公正的双重信任危机。这样的危机是现代社会不可承受之重。于是,我们就陷入了一个难以回避的两难之境:在司法鉴定中,我们犯不起错误;但是,我们又做不到绝对不犯错误。

因而,我们在面对司法鉴定错误时,应当具备一种现实主义的态度:一方面,要承认我们无法完全消除错误,鉴定专家也可能会犯错误;另一方面,在竭尽所能的条件下,尽可能少犯错误。所以,我们对错误采用的不是回避态度,也不是试图完全消除错误的态度,而是把司法鉴定错误控制在“合理可接受”的范围之内。但什么是“合理可接受”范围,并没有可供参考的标准。因为,这个“合理可接受”的范围,既包含了科学所能到达的理性极限,同时还包含了社会对科学本质的理解;既需司法鉴定业界的艰苦努力以不断提升司法鉴定质量,也需社会公众对科学观念的更新,对无法避免的司法鉴定错误有所容许。这样的态度或观念,实际上是“有限理性”①的态度或观念。因而,我们试图达到的目标是对司法鉴定错误进行“管理”,而不是消除。

在这样的观念的引导下,根据我们以认知科学为视角对司法鉴定错误风险的探究,同样以认知科学为工具,对司法鉴定错误的管理,试图通过这样一些路径来展开:

用批判性思维管理司法鉴定错误。批判性思维是思维的思维,是对思维的反思。司法鉴定作为一种认知行为,具有自己特有的思维,因而需要鉴定人对司法鉴定作为认知行为经常进行审视和反思。鉴定人需要认识到鉴定可能踏入的认知陷阱,并时刻保持警惕。当然,仅仅保持警惕还不够,还需要一些反思的工具才能有效地进行反思。司法鉴定错误与司法鉴定科学的科学性也有关。但司法鉴定各学科的科学性是参差不齐的,我们已经分析了司法鉴定科学自身存在的不足,那么提升司法鉴定的科学性也是司法鉴定错误管理的必要组成部分。司法鉴定的认知结构本身存在错误风险,针对这些结构性风险,我们需要对司法鉴定的认知结构进行优化以减少司法鉴

① 我们在第五章提到过“有限理性”,这一概念的提出者是人工智能先驱、现代决策理论大师、认知科学巨匠、诺贝尔经济学奖获得者赫伯特 · A. 西蒙(Herbert A. Simon),他对人类认知决策行为提出了新视角。有限理性是对“完全知识”(perfect knowledge)的否定,是对绝地理性的反思。西蒙认为:“理性是有限度的。无论是决策者的需求还是成本,都存在风险和不确定性。决策者对于可能的决策选项仅有不完全的信息。决策的理性,会受到成本函数或环境的约束,阻碍他采取最佳的行动策略。”“有限理性”对哲学、心理学、法律、公共政策、政治学、管理学等领域产生了广泛而深远的影响,它甚至改变了部分人文社会科学的基本研究范式。See Herbert A. Simon, *Theories of Bounded Rationality*, in C. B. McGuire, C. B. & Roy Radner eds., Decision and Organization, North - Holland Publishing Company, 1972, p. 161 - 175.

定错误。从认知偏差的视角来解释司法鉴定错误,是认知科学研究者们对司法鉴定的重要贡献,因而如何管控认知偏差,也就成了司法鉴定错误管理的题中应有之义。

第一节　批判性思维与司法鉴定错误管理

什么是批判性思维(critical thinking)?对这一名词的定义有许多种,而且很复杂。但无论对它的定义有多复杂,批判性思维的核心要义就是对思维的反思,对思维本身的审查、评估、检视。“批判性思维是对思维展开的思维,我们进行批判性思维是为了考量自己(或者他人)的思维是否符合逻辑、是否符合好的标准。”②批判性思维是我们日常思维的“监视器”,它对我们做出的每一项判断、决定、推理、论证,都根据常识、知识、逻辑进行审查,避免我们的判断、决定、推理、论证发生错误。批判性思维的灵魂在于对思维本身保持警惕,防止因为思维本身而导致错误。批判性思维可以防止自己草率、鲁莽、错误地做出判断,也可以防止自己轻信、盲从,从而掉入他人设置的“思维陷阱”。

我们知道,司法鉴定是一项认知活动。它的核心就是感觉、知觉、记忆、推理、判断、决定、论证,它同时也是一项思维活动,在第二、三、四章我们对司法鉴定这一认知活动背后的逻辑模式进行了概括,也同时揭示了其逻辑模式背后的错误风险。同时,我们还对司法鉴定的认知结构进行了二次解析。深入的结构解析中,我们也揭示了各个层级认知行为存在的“结构性风险”。应对这些风险时,我们要认识到司法鉴定作为认知行为存在的缺陷,并且以改善司法鉴定质量为目标。要达成这一目标,除了需要提升司法鉴定各学科领域的

---

② [美]布鲁克·诺埃尔·摩尔、[美]理查德·帕克:《批判性思维》,朱素梅译,机械工业出版社2015年版,第2页。

科学性,优化认知结构,构建司法鉴定的法律制度体系之外,作为鉴定人还需要具备批判性思维。因为,所有的知识的、技术的、制度的改进虽然都必不可少,但它们都是外在的。对于司法鉴定错误管理来说,这些方面的改进都不是第一位的。司法鉴定作为认知行为,核心要素依然是人,那么鉴定人对自己的思维保持警惕,对司法鉴定错误管理来说是第一要务。

由于批判性思维是一个较为庞大而复杂的论题,我们不可能也不必要在这里对其进行全面阐述,所以,我们仅对司法鉴定错误管理所需具备的批判性思维进行论述。

一、对司法鉴定错误风险的认知

鉴定人批判性思维的起点,是对司法鉴定错误风险的真切认知。本研究的基本目的之一,就是通过对司法鉴定的认知逻辑基础、知识要素、认知行为结构的深度剖析,揭示司法鉴定作为认知行为存在的结构性风险。在第二、三、四章我们用了很长的文字,对司法鉴定认知结构及结构性风险进行了追本溯源的探究。在这里,我们不打算重复这些内容。我们只希望,在本研究的启发下,鉴定人能够真切地认知这些错误风险是实际存在的,而不是虚构的、想象的、杜撰的。

如何才能真切认知司法鉴定错误风险的存在呢？其途径有三种:一是通过阅读近年国内外发表的对科学证据之科学性的反思性文献,了解科学哲学、科学社会学对现代科学的反思,了解科学证据原理、方法所面临的挑战,进而引发的各种争议和司法难题。二是深入理解司法鉴定的本质,本研究在一定程度上也是对司法鉴定本质的一种透视,正因为对其本质有了较为深入的理解,才能够真正理解司法鉴定存在错误风险的可能性,当然,本研究的视角和结论只是理解、认知司法鉴定错误风险的路径之一,但并不是唯一路径。三是了解或研究司法鉴定错误的实际案例,因为前两种途径是理论的、概括的、抽象的,它们也许有其逻辑上的说服力,但还不够真切、不够具体,没有耳闻目睹、触手可及的真实感,但错误案例却具有不同的力量,它可以给我们提供研究错误的真实“解剖”样本,直接告诉我们司法鉴定错误是实际存在的,错误风险也是实际存在的。当然,司法鉴定错误的案例是比较敏感的话题,据我们研究发现其规模不可小觑,但真正被完整披露的案例甚少。但这种案例并非不存在,在国内外相关报道或研究资料中都可以不同程度地接触到。

通过这样一些途径,我们可以真切地感受到司法鉴定错误风险的存在。这样会改变我们对司法鉴定的基本观感。也许,这一观感会给我们带来一些诧异甚至不适,还可能引起我们的一些恐慌。但这会在我们眼前呈现出司法鉴定的真实面目,从而可以消除它在我们心目中存在已久的幻象。只有这样,关于司法鉴定错误管理所需的批判性思维才能够得以激活,才能够让鉴定人认识到批判性思维的必要性和价值。

二、鉴定人需具备结构化思维

什么是结构化思维?结构化思维是用形式框架来对非形式问题进行重构的思维方式。结构化思维的目的在于用形式化思维来理解非形式问题,从而达到对问题有效解决的目的,同时也可以对问题解决策略进行有效审查。

(一)结构化思维的本质与例证

现实世界是纷繁复杂的,语言是千姿百态而灵活多变的。但客观世界的复杂性和语言的复杂性,会增加信息噪声,会扭曲和遮蔽问题的实质。而结构化思维,是一把“奥康剃刀”,把冗余的信息尽可能剔除,而凸显问题的真实脉络;也是一个思维“显微镜”,把隐蔽的关键信息凸显出来;并且还是一个思维“建筑师”,它可以用一个思维框架将复杂问题简单明晰。结构化思维要力图达到这样的目标：

> 使我们或他人思考与交流的内容更为清晰。
>
> 使我们或他人所信之事的背后的理由更为显而易见。
>
> 具备能力判断所信之事的理由是否成立。③

我们来看下面一些笔迹鉴定意见。

A："如果是观察仿写的字迹，那么书写速度很缓慢；因为检材笔迹的书写速度很缓慢，所以它是观察仿写的字迹。"

B："如果是观察仿写的字迹，那么书写速度很缓慢；因为检材笔迹不是观察仿写的字迹，所以它的书写速度不会缓慢。"

C："如果是摹写字迹，那么书写速度很缓慢；如果是仿写字迹，那么书写速度也很缓慢；所以，如果检材也是摹写字迹，那么检材也是仿写字迹。"

这三个笔迹鉴定的意见看起来好像都能够成立，但是如果我们具备结构化思维，将意见A、B、C分别结构化处理：

A，"如果p，那么q；因为q，所以p"。这样的论证形式是演绎论证的"肯定后件式"，但是演绎论证的肯定后件式是非必然性的，因为导致结果的原因可能很多种，仅仅通过结果并不必然导出一个原因。事实上，这就是我们在前面深入讨论过的回溯推理，这样的推理是存在错误风险的，其结论可能为真，但存在潜在的错误风险。

B，"如果p，那么q；因为非p，所以非q"。这实际上是演绎论证的"否定前件式"，演绎论证的否定前件式也是非必然性的，是无效论证。因为，如果p不是q的充分必要条件，p不发生，q也一样可能发生。即使不是摹写笔迹，也一样可能书写速度缓慢。

C，"如果p，那么q；如果r，那么q；所以，如果p，那么r"。这是一个连锁论证，但是它的中项不周延，因为中项q（书写速度缓慢）是在

---

③ Jonathan Haber, *Critical Thinking*, The MIT Press, 2020, p. 38.

许多条件下都会产生的笔迹现象，所以有两个共同结果的原因之间，并不一定构成因果关系。

这样，即使鉴定意见A、B、C是用自然语言表述的，但由于自然语言的不精确性和非结构化，要发现它们的错误，可能并不容易。但是如果我们能够将这些意见进行形式化、结构化处理，那么就很容易发现其中的问题。

（二）结构化思维的基础能力

首先，结构化思维与运用形式逻辑的能力密切相关。形式逻辑当然是结构化思维的基础。因为形式逻辑本身就是形式化的，形式逻辑是将内容抽离的思维结构。如果我们善于透过内容寻找鉴定意见及其论证背后的逻辑形式，那么我们就很容易实现对鉴定意见进行结构化审查。这样，就要求鉴定人需要具备一些形式逻辑基础知识。鉴定人要掌握演绎论证、非演绎论证的形式，知晓哪些推理是必然推理，哪些推理是或然推理，特别是演绎推理、归纳推理、回溯推理的各自优缺点要十分清楚。并且，要善于从日常对话、交流、阅读、写作的内容中发现其背后的逻辑形式，这样才具备了借助形式逻辑对复杂推理论证进行结构化改造的基本能力。

其次，结构化思维与语言"转译"的技能密切相关。结构化思维能力的一个重要指标，是能够从将纷繁复杂的自然语言"转译"为推理语言、论证语言。结构化思维所需的语言"转译"能力的核心，是用"省俭"的结构化语言来代替复杂的自然语言。上面所列举的鉴定意见A、B、C的结构化改造，既是形式逻辑运用的例证，也是将自然语言"转译"为结构化语言的例证。当然，现实生活中用结构化语言"转译"自然语言的情景，远不止形式逻辑一途。所有以等值的结构化语言来代表自然语言的能力，都是结构化思维所需要的语言"转译"能力。

最后,结构化思维与复杂论证的清晰化能力密切相关。论证的清晰化,形式逻辑并非都能奏效。形式逻辑虽有其简单性和严格性,但并不能概括所有的思维形式。所以,对于复杂论证来说,通过逐一解析论证的各项前提,分析前提之间的关系,进而通过事实和逻辑来推敲前提和结论之间的关系,最终可以用结构化语言、符号化或图示化手段来呈现论证的结构。这样,任何复杂论证都可以清晰化。威格摩尔(Wigmore)发明了一个十分有用的证据分析手段——图示法:

> 它是一种能使分析者建构、检验和重建关于事实问题论证的技术。它要求分析者在一个论证中,清晰阐述每一步骤,把论证分解为简单命题,然后图解(mapping)或"图示"(charting)这些命题与次终待证事实之间的全部关系。逻辑是简单的;复杂性存在于待分析的材料中,以及基于大量冲突证据的泛论证命题之间关系的确定中……图示作者的目的,应当是为支持或反对最终结论而建构最可能信服的论证,并使对抗性论证在一个单一聚合结构中联系起来。④

威格摩尔发明图示法的初衷,虽然是创建一套证据分析技术,但是正如上面引文所述,它实际上发明了一项将复杂论证清晰化的技术,也是一项将自然语言结构化的技术。这项技术既适用于法律证据的分析,也适用于一切论证的清晰化,当然还适用于对司法鉴定中的论证的检验。

三、鉴定人需要知道的非形式谬误

结构化思维本质上是形式化思维,因此结构化思维常常可以发

④　[美]特伦斯·安德森、[美]戴维·舒姆、[英]威廉·特文宁:《证据分析》,张保生等译,中国人民大学出版社 2012 年版,第 157 页。有关"图示法"的详细介绍参见该书第五章。

现形式谬误:推理、论证形式的谬误。但是有些谬误与推理形式无关,而与自然语言、论证内容、对话情境有关,所以这类所谓的“谬误”有些时候其实是正确的。

(一)统计三段论中的谬误

统计三段论的大前提是统计命题。也就是说,大前提一般表述为“对大多数 x,如果 x 是 A,那么 x 是 B”,在这样的大前提推理或论证时,结论不一定完全为真,因为这个统计命题并非全称命题,并未完全排除其他的可能情形。来看下面一段关于交通事故行人与车辆接触方式鉴定的论证:

> 事故车辆油漆颜色是蓝色,油漆有 n 层,对事故车辆油漆用拉曼光谱仪进行表面分析,分析结果图谱为 a;事故中死者上衣左肩部纤维中有少许蓝色油漆碎片和颗粒,显微镜下观察油漆颗粒,可见油漆也有 n 层,用拉曼光谱仪对死者上衣左肩部纤维中的油漆进行表面分析,分析结果图谱为 b。经对两种油漆比对,发现二者颜色相同(都为蓝色),二者油漆层数相同(同为 n 层),图谱 a 与图谱 b 物质峰相同。所以,事故车与死者发生过接触。

这一鉴定意见的论证过程,其中隐含的大前提是“如果事故车的油漆和死者衣物上的油漆有相同属性(油漆颜色、涂层、物质成分分析数据等),那么事故车与死者发生过接触”。但鉴定人需要警惕:这个大前提是个统计命题或归纳命题,而并非必然命题。也就是说,并非任何情况下,发现“事故车的油漆和死者衣物上的油漆有相同属性(油漆颜色、涂层、物质成分分析数据等)”,都必然可以得出结论“事故车与死者发生过接触”。相反,只在大多数情况下,这个大前提成立,因而在这个大前提中应当有个限定语“在多数情况下”。但是,鉴定人可能会忽视了这一限定语的必要性,错将统计命题当成全称命题,在没有考虑其他综合因素的情况下,贸然得出结论:“事故车与死者发生过接触。”这个结论多数情况下可能是正确的,但并不能完全排除其他可能的解释,因而存在错误风险。

事实上,司法鉴定科学知识命题多数是统计命题,大多数鉴定意见的论证都是以统计命题为大前提的回溯三段论推理。所以,鉴定人需要警惕,勿将统计三段论当成以全称命题为大前提的演绎推理三段论。

(二)因果解释谬误

我们已经知道,作为回溯推理,司法鉴定也是一个因果解释的过程。鉴定人观察到的现象往往是行为的结果,如现场提取到的指印、脚印、工具痕迹、枪弹痕迹等,需要鉴定的笔迹、印章、声音、生物检材或其他化学物质,伤者的活体或死者的遗体,或者一个事件的现场等,这些都是在特定行为的影响下的产物,鉴定人需要透过它们对先行的行为进行重建或解释。所以,鉴定人常常需要通过“是什么”(观察所得),来回答“为什么”(因果解释)的问题。

因果解释并不仅仅存在于法医学鉴定中的死亡方式判断、文件鉴定中的文件形成方式判断、火灾鉴定中的起火原因判断、环境损害鉴定中的污染源判断等。事实上,在司法鉴定的认知行为的每个层级,都可能需要因果解释。在特征识别中,需要判断某个观察现象是否是有价值的特征,就可能需要判断这个现象是怎么形成的;在特征比较中,需要判断特征是否相同,也许需要分析特征形成的机理,以准确判断特征的异同,并且要对特征异同形成的原因进行解释;在个体识别中,需要判断哪些特征是个体特征,哪些是种类特征,这样也需要对特征的形成原因、过程、机理进行解释;关系推断在于确定某些现象之间的关系,那么因果解释也就必不可少;事件重建是以因果解释为基础,各种现象之间的关系澄清了,那么事件重建也就基本完成了。这样,司法鉴定作为因果解释行为,需要注意一些因果解释行为中的谬误。

1."在此之后,因是之故"的谬误

"在此之后,因是之故"(post hoc,ergo propter hoc)是"事件 A 与 B 之间的关联关系(correlation)被错误地解释为事件 A 引起了事件 B"⑤。事件 A 与 B 之间存在关联,不等于 A 会引起 B。事件 A 与事件 B 存在时间、空间上的关联,但并不等同于事件 A 会引起事件 B。比如,我打个响指,碰巧遇到停电,客厅的电灯就灭了。"打响指"和"电灯灭"是两个有时空关联性的事件:"电灯灭"在"打响指"之后发生,但"电灯灭"这一事件并非一定是"打响指"所引起。如果仅仅因为"电灯灭"发生在"打响指"之后,就因此说"打响指"是"电灯灭"的原因,那这就是"在此之后,因是之故"的因果解释谬误。

在司法鉴定中也会有"在此之后,因是之故"的谬误。如在下面这个案例中,就存在这样的谬误:

> 甲男和乙女系男女朋友关系,某夜甲与乙在乙的住所同睡,二人有性行为,次日醒来甲发现乙已经死亡。法医鉴定认为乙的死亡是甲与乙的性行为所致,理由是性行为之后不久乙死亡。

很明显,乙的死亡完全有其他的可能原因。法医将乙的死亡归因于乙与甲的性行为,其理由仅仅是死亡发生在二人性行为之后不久。从以上文字内容来看法医的鉴定意见,会觉得有些不可思议。但是,在现实中面对乙的死亡发生在二人性行为之后这一情况,则很可能得出以上判断。特别是先后相继的事件,在时间间隔不太久的情况下,在不自觉中,人们很容易将这两个彼此之间可能并不存在关系的事件联系起来,从而进行因果解释。

---

⑤ Douglas N. Walton, *Informal Fallacies*: *Towards a Theory of Argument Criticisms*, John Benjamins Publising Company, 1987, p. 11.

2.“共同变化，是为因果”的谬误

“共同变化，是为因果”的意思是“如果在多个场合出现的某种结果都伴随着相互关联的现象或者总是与另一现象之间共同变化，那么就认为二者之间可能有因果关系”⑥。客观世界中有许多现象是在同时发生、发展、消亡的，孩子随着体重增加，知识也在增加，但我们不会将孩子知识的增加归因于体重的增加；某段时间交通事故数量增加，股市指数也在增加，当交通事故数量减少时，股市指数也在减少，那么我们会认为交通事故数量会影响股市指数吗？显然不会，至少在没有经过充分研究的情况下，我们不会轻易认为二者之间存在因果关系。

司法鉴定中也可能存在这样的因果解释谬误：

> 病人在服用某种药物时，身体出现某种不适症状，当停止服药时这种症状减轻。后来病人在某一次大剂量服用此药物后死亡。鉴定专家认为，是这种药物导致了病人的死亡，但病人服用的这种药物剂量并不足以致死。

根据这种药物剂量的变化和不适症状之间的变化，鉴定专家形成一个假设：该药物导致了病人的死亡。作为假设，这是合理的。但是病人的死亡，可能是这种药物导致的，也可能是别的原因导致的，可能是碰巧加大剂量的情况下，因为别的原因导致了病人的死亡。因而，仅仅依据药物剂量和症状之间的共变关系，就因此认定二者之间存在因果关系，这显然没有考虑到别的可能性。我们需要知道，共同变化只是因果关系的必要条件，而非充分条件，更不是充分必要条件。

3. 因果解释不充分

严格来说，因果解释的不充分并不是一个典型的非形式谬误。但

⑥　[美]布鲁克·诺埃尔·摩尔、[美]理查德·帕克：《批判性思维》，朱素梅译，机械工业出版社2015年版，第274页。

是,因果解释的不充分,则可能导致错误的解释。因果解释要达到充分的程度,必须要达到这样的标准:原因是结果的必要且充分条件。当然,有些时候因果解释是否充分与特定的目标或需求有关,有时只需要达到原因是结果的必要条件即可,有时仅需达到充分条件即可。

鉴定人所观察到的现象,常常可能是多个原因的结果,或者可能是一个原因导致的多个现象之一。因而,司法鉴定中的因果解释要达到充分性的程度,需要对原因和结果之间的必要性和充分性进行深入研究,反之则可能导致因果解释的不充分。如图 7-1,在一项文件形成方式的鉴定中,要求鉴定文件上字迹的形成方式(直接书写、打印、复印形成)。

图 7-1 是需要判断形成方式字迹的显微照片,鉴定人根据自己对显微照片的观察做出以下论证:

> 字迹可见墨迹在笔痕两侧堆积而呈现中淡边浓现象,笔画色料平实,未见墨粉堆积,未见分色打印特征,墨迹覆盖处可见纸张纤维,墨迹边缘不整齐有墨迹洇散现象。因而,字迹是直接书写形成而非复印或打印形成。

(箭头所示为墨迹在笔痕两侧堆积而呈现中淡边浓现象)

图 7-1 需要判断形成方式的字迹显微照片⑦

⑦ 彩图见附件:彩图索引表。

以上论证就是一个因果解释不充分的例子。判断直接书写的充分必要条件是:字迹要符合用墨水字迹和直接书写的特征。墨水字迹特征包括:墨迹边缘不整齐,有墨迹洇散现象,墨迹覆盖处可透出纸张纤维形态;直接书写特征:有笔痕,如墨迹出现向笔画两侧堆积的现象,压痕检验可见明显压痕。但图 7-1 的论证中,没有列出压痕检验的结果,也没有排除是否为喷墨打印形成。因而,对图中字迹形成原因判断的结论为“字迹是直接书写形成”并不充分。这一结论虽然可能是正确的,但因果解释不充分,所以这样的鉴定意见依然可以认为是错误的。

4. 无法检验的因果解释

以回溯推理为基本推理模式的司法鉴定,根据所观察到的现象来“还原”原因,而这些原因往往都已成为过去。当然,有些原因与结果之间的关系是恒定的、有规律的、可以再现的。比如,我们上面所举的字迹形成方式的例子,不管何时、何人、何地,只要是在纸面上形成的手写的字迹,都必然具有手写字迹的特征:墨水字迹特征和直接书写特征。所以,我们一旦观察到这样的墨水字迹特征和直接书写特征,就可以推断其形成方式。因为,这些相同的原因大概率地会导致相同的结果。因此,对用于解释这些结果的原因,可以通过设置类似条件进行检验。

然而,有些原因是特殊的,仅仅在某些特定条件下产生的一个特定的结果,而一旦时过境迁,这一原因就未必会产生这样的结果。如用钝器打击形成的创伤,每次打击形成的创伤形态都不一样,交通工具与行人的接触方式也千差万别,每个人前后书写的相同的单字也不可能完全相同,同一人的相同手指所形成的指印也不可能完全相同……那么,形成这些差异的原因是什么?老实说,我们可能并不十分清楚。但是,如果我们对这些差异的解释仅凭想象,而无法通过实验验证,或在相同条件下无法观察到类似结果的验证,这样的因果解释就是无法检验的,仅具备假设的地位,而并非事实上的因果解释。

无法检验的因果解释在事件重建中最容易发生。在第三章我们已经指出:事件重建是解释层对本体层的解释或描述。本体层就是信息层的原因,解释层利用了本体层和信息层的因果关系。但本体层是已经"往而不返"的历史事件,因而通过本体层来检验解释层是否成立,是无法实现的。但是,可以通过本体层事件的元素和信息层信息元素之间的关系,即"事件元素—信息元素"之间的因果关系,来检验解释层对事件层的解释。但这种解释也是有限的,有些解释可能是无法检验的。因此,我们在第三章引用过 Inman 和 Rudin 的告诫。[⑧] 这一告诫本质上就是在告诉我们,在事件重建中有些方面是无法检验的,事件重建要尽可能避免这种无法检验的因果解释。

5. 与已知事实和理论不相容的因果解释

因果解释一般需要两个前提:一是原理性、理论性前提,这就是所谓三段论的大前提;二是对现象的观察陈述,也就是所谓的三段论小前提。如果因果解释所依据的原理性、理论性大前提并不成立,或者不符合大前提所描述的情形,那么因果解释也是不成立的;同样,如果因果解释所依据的对现象的观察陈述不成立,那就是与事实不相容的因果解释。当然,因果解释可能利用的事实和理论不止这些方面,如因果解释的结论与已知事实不相容,或与已知的理论不相容,也是属于这种因果解释谬误。

这种因果解释的谬误在司法鉴定中可能不是很常见,但并非不存在。比如,将有两处致命伤的死亡原因解释为自杀,这就是与理论或常识不相容的,因为一般来说自杀就只应该有一处致命伤。又如,打印方式判断中,将本为墨粉堆积形成的笔画识别为墨迹印染形成的笔画,这就是与事实不相容的因果解释。

---

⑧ See Keith Inman & Norah Rudin, *Principles and Practice of Criminalistics: The Profession of Forensic Science*, CRC Press, 2001, p. 188.

6. 循环因果解释

司法鉴定中,鉴定人经常要听取案件委托方提供的案情介绍,其目的是鉴定人常常要依据案情来帮助自己在具体案件鉴定中作决定。这一现象,在第六章的问卷调查的结果中显示得很清楚了。这本是情景效应的一种体现,很多时候有其必要性。但是如果鉴定人不谨慎,就可能陷入循环因果解释的谬误:一方面鉴定人通过案情来佐证鉴定意见,另一方面案情的真实性又通过鉴定意见来获得支持。事实上,多数时候案情的细节获得证实的程度是不同的,有些细节通过查证获得有效证实,有些则未获得充分证实,而有些则可能是委托方的推测。这样,如果这些未获充分证实的案情或仅为推测的案情,在一定程度上影响了鉴定意见的形成;反过来,鉴定意见又"印证"了这些案情。实际上这些案情与鉴定意见成为彼此支持、互为根据的关系。这在逻辑上实际上是循环论证的表现,作为因果解释又实际上是循环因果解释。虽然,"在所有的对话情境中,问答的闭环顺序作为丐题(begging question)的实例并非总是谬误的"[⑨],但是在这种循环因果解释中,如果案情或者鉴定意见二者之一是错的,但二者碰巧能够相互"印证",那么这两者实际上都是错误的,因为这种能够相互印证的假象,可能会掩盖二者都是错误的实质。因而,这就是循环因果解释的谬误。

批判性思维者应当具备严谨、审慎的思维态度,但对有效的批判性思维来说,仅有严谨、审慎的态度还不够,还需要掌握一些反思思维的工具。上述这些都是鉴定人应当具备的批判性思维基础,掌握了这些基础,鉴定人应该具备了服务于鉴定错误管理的、最基本的批判性思维能力。但是,批判性思维的训练与养成,并非一朝一夕之功,需要付出艰苦的努力,需要熟悉形式谬误,也要熟悉非形式谬误,

---

⑨ Douglas N. Walton, *Informal Fallacies: Towards a Theory of Argument Criticisms*, John Benjamins Publising Company, 1987, p. 66.

还要善于解剖问题的结构，推敲问题的本质，这些能力的养成都是需要专门训练的。

第二节 司法鉴定知识科学性之提升

司法鉴定错误管理的基础性工作，就是提升司法鉴定知识的科学性。即使鉴定人具备了批判性思维，可以发现司法鉴定中的各种潜在错误，也只解决了问题的一面；而问题的另一面是提升司法鉴定的可靠性，直接提升司法鉴定的正确率，就需要提升司法鉴定知识的科学性来实现。

在第三章，我们分析了科学知识的局限，在此基础上我们描述了法庭科学（司法鉴定科学）所面临的信任危机，进而介绍了 PCAST 为提升法庭科学有效性、可靠性所做的基础性工作：提出了一个评价法庭科学知识有效性的基本框架，即基础有效性评估和应用有效性评估。其中，基础有效性评估就是评价法庭科学知识科学性的基本框架。在 PCAST 的报告中，详细介绍了 7 个法庭科学分支的基础有效性的情况，7 个分支学科包括：(1) 单一来源和简单混合来源的 DNA 分析；(2) 复杂混合来源的 DNA 分析；(3) 咬痕；(4) 潜在指印；(5) 火器鉴定；(6) 鞋印；(7) 毛发。其中，绝大多数分支的基础有效性未获得证实。这说明司法鉴定所依据的原理、方法知识的科学性有待提升。

一、全面评估司法鉴定分支学科的基础有效性

虽然 PCAST 已经对部分分支学科的基础有效性进行了研究，但这 7 个分支仅仅是司法鉴定学科体系中的很小一部分，还有相当一部分分支学科没有涉及。即使现在已经评估过 7 个分支学科，其基础有效性的研究也还很不充分：所使用的基础研究样本规模太小，对

分支学科的核心理论假设的证实不够充分等。

评估司法鉴定各分支学科基础有效性的第一步，就是明确各分支学科的核心理论假设，以及根据理论假设而推论出的各种因果解释理论。司法鉴定各分支学科所追求的目标是不一样的，根据司法鉴定认知行为的层级结构来看，有的分支学科仅仅是达到特征识别的目标就可以，而有的学科则需要特征比较，或个体识别，或关系推断，或事件重建。由于追求目标的差异，那么其核心理论假设也就有所不同，所派生出的因果解释理论也有所不同。

各种微量物证的检验中，多数情况下需要定性检验（种类识别），有时需要定量检验（如物质含量），对这类物证检验的核心理论假设，是特定目标物质与特定行为之间的因果关系。那么在司法鉴定认知行为的层级结构中，这类检验基本上处于特征识别和特征比较这两个层级。因而，需要研究各种物质在特定情形下呈现出的基本特征，或对基本特征与特定行为之间的因果关系进行研究。如毒品、毒物检验基本上属于这类分支学科。这类分支学科中，特定目标物质与特定行为之间的因果理论解释是否充分，需要逐一梳理，重点找出那些因果理论解释不够充分的部分。

法医病理鉴定中，对各种死亡、创伤机理的解释，包含了特征识别、特征比较、关系推断，甚至可能包含事件重建。法医病理学的核心理论假设，就是各种死亡现象、尸体现象、创伤形态的形式，可以用各种对应的导致死亡、创伤的因素来解释，并且不同的致死、致伤因素呈现出来的死亡、创伤现象有所不同。那么这些死亡、创伤现象与致死、致伤因素之间的关系是否真的具有专属性和稳定性，需要逐一审查评估，同样也需要找出对二者之间关系的描述缺少证据的部分。

在个体识别（或同一认定）型的物证鉴定中，包含了特征识别、特征比较、个体识别这些层级的行为。这类物证的鉴定的核心理论假设就是“个体独特性假设”，我们在第二、三章分别提出并且论述过该假设,PCAST 的报告也实际上评估的就是这 7 类物证鉴定中每一类物证的个体独特性。但是,该报告并未将所有的个体识别类的物证全部涵盖进去,如声纹、笔迹、工具痕迹、轮胎印痕、步法、印章印文、打印文件、纤维等,都没有进行个体独特性假设的验证。虽然在第四章我们引用了一些批评个体独特性假设的文献,但我们对这种批评意见也持一定的保留态度,对这些未经个体独特性假设进行验证的物证类型,我们希望有人专门对它们分别进行这样的验证性研究工作,当然这项工作是很艰难的。通过验证性研究工作,可以明确哪些物证类型是根本无法进行个体识别的,哪些是在一定条件下可以进行个体识别的。对于无法进行个体识别的物证,就应当明确在鉴定技术标准中载明,防止出现对个体识别的滥用。

在需要进行现场勘验的司法鉴定中,常常需要进行事件重建。如火灾、爆炸、交通事故、枪击等现场,几乎都是要进行事件重建的。事件重建背后的核心理论假设,是"基础融贯论":通过现场可以找到的各种证据形成一些对事件要素的基本命题,然后将这些基本命题以融贯叙事的方式推论出事件的全貌。但我们也分析了事件重建中存在的缺陷:解释层对本体层的过度解释,以及解释层真值的证成方式。对不同类型的现场勘验,或不同类型事件的重建,重建所能达到的程度是有所不同的。现场勘验类的司法鉴定,需要分别评估不同类型现场中的事件重建所能达到的细节程度,以及在解释层真值的证成所能达到的程度。

通过对以上类型司法鉴定(但不限于以上类型司法鉴定)基础有效性的全面评估,目的在于将其科学可靠性进行全面梳理,将基础可靠性不太高的鉴定类型明确排除在可采信的鉴定意见之外,保留那些基础有效性高的鉴定类型。这样虽然会导致司法实践中的某些专门性问题无法得到解决,但我们应当诚实地面对某些鉴定类型中其科学基础存在的重大缺陷,以防止因为这些缺陷导致更多更大的鉴定错误发生。

二、加强司法鉴定科学研究

提高司法鉴定知识科学性的重要途径，就是加强对司法鉴定的科学研究。尤其是在司法鉴定的某些分支领域存在争议的情况下，要提升这些分支领域的科学性，除了加强其研究，没有别的办法可以奏效。我国对司法鉴定科学的研究，还有很大的提升空间。

（一）建立全国性的司法鉴定研究机构

在结构设置方面，目前在司法部下设有"司法鉴定科学研究院"，还有隶属于公安系统的"公安部物证鉴定中心"，以及部分医学、公安、政法高等院校等与司法鉴定有关的教学科研机构，机构规模虽然也较为可观，但总体来说层级并不高。到目前为止，并没有一个国家层级的司法鉴定科学研究机构存在。

然而，世界上其他国家却有国家层级的司法鉴定科学研究机构。美国建立了国家层面的"法庭科学组织联盟"（the Consortium of Forensic Science Organizations，CFSO），还有美国司法部和国家标准与技术局共同组建的"国家法庭科学委员会"（National Commission of Forensic Science，NCFS）[⑩]；而"美国国家科学院国家研究委员会"组织各研究机构提出了影响世界法庭科学发展趋势的著名报告——《美国法庭科学的加强之路》。欧洲组建了"欧洲法庭科学研究机构联盟"（European Network of Forensic Science Institutes，ENFSI）。澳大利亚和新西兰组建了"澳新警务顾问局国家法庭科学研究院"（The Australia New Zealand Policing Advisory Agency National Institute of Forensic Science，ANZPAA NIFS）及"澳新法庭科学协会"（The

---

⑩ See Douglas H. Ubelaker，*The Global Practice of Forensic Science*，John Wiley & Sons Ltd.，2015，p. 303.

Australian and New Zealand Forensic Science Society, ANZFSS)[11]等。此外,除了这些专门的法庭科学研究机构,在国家层级的科学组织里,法庭科学也占有一席之地。

由于缺少国家层面的统一的司法鉴定研究机构,对司法鉴定科学的研究缺乏国家层面的视野和规划,与研究有关的资源的获取会受到较大阻碍。研究人员、研究资金、硬件设备、研究规划与执行、司法鉴定学科的全面发展等方面,都会受到严重制约。因而,加强司法鉴定科学研究的首要任务,是建立并发展全国性的司法鉴定研究机构。并且,在时机成熟的时候,要与其他国家的法庭科学研究机构建立常规的、紧密的合作关系。

(二)加大司法鉴定科学研究经费投入

多数欧美国家对法庭科学的研究,在国家预算层面常常占有一席之地。国家级的科学协会或科学院常常也会有专门委员会或部门,为获取法庭科学研究资源提供支持。这样,能够保证法庭科学研究投入可以持续地保持相当大的规模。

但我国在司法鉴定投入上,经费来源无非是这样一些:司法鉴定科学研究院的研究经费来自司法部的行政拨款、鉴定业务收入、科研项目申报获取的经费,公安部物证鉴定中心的研究经费来自公安部行政拨款、科研项目申报获取的经费,其他高等院校的科研经费是从院校办学总经费中划拨以及科研项目申报中获取的。除了科研项目经费,其他来源的经费并不能够保证一定用于科学研究中,而科研经费中实际用于司法鉴定研究的比例也不确定。并且,所有这些经费来源,都不能够持续地以相当大的比例或规模用于司法鉴定科学研究。所以,这导致了司法鉴定科学研究的经费长时间在总体上以较

---

⑪ See Douglas H. Ubelaker, *The Global Practice of Forensic Science*, John Wiley & Sons Ltd., 2015, p. 20 – 22.

低水平投入。因而,要促进司法鉴定的科学研究,就必须在经费上有持续、稳定且较大规模的投入。唯有如此,才能满足司法鉴定科学研究的实际所需。

(三)推进司法鉴定的学科建设

在我国,司法鉴定学科处于一个较低水平发展的状态。在公安院校与司法鉴定有关的专业是刑事科学技术,但这个专业主要是为刑事侦查服务,其学科体系和内容与司法鉴定有重叠之处,但也有些内容是司法鉴定并不会涉及的。在部分公安院校,刑事科学技术有本科、硕士研究生、博士研究生三个层次学历教育。政法院校也有少量名为刑事科学技术的本科、硕士专业,或名为司法鉴定的本科专业,或名为证据科学的相关专业。所以,在我国高等教育体系中,还没有建立起一个涵盖本科、硕士、博士三个层次司法鉴定学科的教育体系。[12]

在我国,学科发展多数是依托于相对应的高等教育体系,由于完整的司法鉴定学科教育体系阙如,故而与学科教育体系密切相关的学科建设受到严重阻碍。首先,导致司法鉴定人才供给短缺,司法鉴定科研人才供给严重不足。由于没有专门的司法鉴定学科教育体系,司法鉴定人多数是从其他专业转行从业的,[13]从事司法鉴定科学研究的人员,也多数是从其他学科转入的,司法鉴定科学研究则仅仅是其他学科人员"跨学科"研究的内容,这并不具有可持续性。这样,导致司法鉴定科研人才缺少一个持续稳定的供给渠道,司法鉴定科

---

⑫ 需要说明的是,教育部在2023年新增设的本科专业目录中,在法学下开设了名为"司法鉴定"的专业,这一举措是非常正确的,必将大大推动司法鉴定的学科发展。同时,国内部分院校正在筹建名为"法庭科学"的本科、硕士、博士研究生学历教育,这对推动司法鉴定的学科建设也同样具有推动作用。

⑬ 第六章的问卷调查已经显示:30—50岁年龄段的转行从事司法鉴定的人员比例很高。

研队伍也无法得到持续性发展壮大。其次，导致全国性的司法鉴定科学研究协会缺位。到目前为止我国还没有一个国家层面的司法鉴定科学协会之类的组织，这样全国性的、经常性的司法鉴定科学研究交流活动无法有效展开。在中国科学院、中国科协也没有名为司法鉴定的专业部门或委员会，这和美国国家科学院有专门部门和人员关注法庭科学发展的举措，形成鲜明对比。最后，导致缺少相应的高水平专业期刊等学科发展基础设施。科学研究离不开学科发展，学科发展离不开学术创新和学术交流，高水平学术期刊是学术创新和学术交流的基础设施之一。我国目前与司法鉴定有关的期刊有《中国司法鉴定》《证据科学》《刑事技术》等，这些期刊的共同特点就是刊物权威性不够高，目前没有一家期刊进入 CSSCI 或 SCI 期刊目录，没有一家期刊具有国际影响力。

因此，要克服这些学科发展阻碍，强化我国司法鉴定科学研究，就必须建立起一个包含司法鉴定专业教育、科研协会、学术期刊等要素的学术生态圈。在这样一个学术生态圈里，司法鉴定学科建设才能持续、稳健发展，这样司法鉴定科学研究才能获得持久的发展动力。

（四）加强司法鉴定统一性基础理论研究

司法鉴定各个分支学科的建立和发展，一般分为两种模式：第一种模式是从现有的成熟自然科学中分离出来，结合司法鉴定中的专门问题，持续发展后成为独立的司法鉴定分支学科，如 DNA 鉴定、理化物证鉴定、声纹鉴定、电子数据证据鉴定等；第二种模式是从司法鉴定的专门领域中原生发展起来的分支学科，如指纹、足迹、枪弹痕迹、现场勘验等。属于第一种模式的分支学科常常是新型的跨学科领域，属于第二种模式的分支学科是较为传统的司法鉴定学科，其知识体系有一定的离散性，但其发展也在很大程度上获得了跨学科研究的助力。

无论是哪种模式下发展起来的分支学科,从总体上看,它们都缺乏统一性的、一般性的基础理论。[14] 司法鉴定分支学科,还缺少一个能够贯穿始终的原理性基础理论体系来统领司法鉴定各分支学科。由于缺少这样的原理性基础理论,司法鉴定大多数分支学科的发展将继续以跨学科研究的名义"寄居"在其他学科身上,难以获得发展的独立性。并且,由于缺少这样的统一性理论,司法鉴定分支学科的发展,缺少核心目标,缺少作为独立学科赖以存在的基础。这样的司法鉴定科学,由于缺少一般性原理的指导,导致分支学科的基础不牢固,知识体系凌乱芜杂,其科学性当然经不起推敲。因而,在发展各个分支学科的应用技术的同时,很有必要对司法鉴定统一性基础理论进行整理、探索、研究。这对整合司法鉴定学科体系,提升科学性,具有十分重要的意义。

实际上,本研究提出的司法鉴定行为认知结构模型,就具有一定的一般性和概括性,它能够为司法鉴定分支学科中的认知错误风险提供一个一般性解释框架。这一模型,已经具有这样的统一性基础理论的属性。当然,这对建立一个统一性的司法鉴定基础理论体系来说,还远远不够。

三、更新鉴定意见的生成模式

(一)传统模式

传统的鉴定意见生成模式存在这样一些不足:特征描述方式以

---

⑭ 时至今日,这一现象并未改观。在法庭科学发展史上又一标志性文献《悉尼宣言》(The Sydney Decalaration)中,特别强调了法庭科学缺乏统一性学科原理的现状,并呼吁改变这一现状。See Claude Roux, et al. ,*The Sydney Declaration – Revisiting Essence of Forensic Science Through its Fundamental Principles*,332 Forensic Science International 111182(2022).

自然语言为主，量化程度低；鉴定意见基于单向假设论证而生成，没有体现正反假设论证的均衡性；决定过程缺乏精确性。

传统的鉴定意见生成模式，大多是以对证据特征的自然语言描述为主。DNA鉴定本身是从量化程度比较高的分子生物学中派生出来的，但除此之外，大多数传统的司法鉴定分支学科，都是基于自然语言的特征描述。如指印鉴定中的三级分类特征、宏观细节特征、微观细节特征的描述，都是基于自然语言的特征进行的；笔迹鉴定中的书写动作特征，也都是基于自然语言进行描述的。对特征的证明力或独特性，没有进行量化处理。在指印鉴定中对特征比对之后，发现相同特征和不同特征，因为没有各自独特性或证明价值进行量化，对二者证明力的评价，无法精确进行。因此，根据相同特征和不同特征各自的价值或证明力的差异来推出鉴定意见，基本上就只能依靠鉴定人的主观"感觉"。在这样的条件下，鉴定意见可能并不准确，容易引起争议，并且难以对鉴定意见的形成过程进行有效审查。在面对更为严格的科学性检验时，很有可能被认为缺乏科学性。

鉴定所发现的特征，根据其对鉴定意见的证明关系，总体上可以分为两种：一是支持鉴定意见；二是不支持鉴定意见。绝大多数情况下，鉴定中发现的所有特征，总体来说，对鉴定意见既有支持的方面，也不支持的方面。鉴定意见生成的传统模式里，仅仅选择了支持鉴定意见的一面，从而形成支持性假设，但对不支持鉴定意见的另一面，则很少考虑，对相反假设是否成立的理由则很少予以深究。这就是我们所说的"单向假设"。从下面的例子中，我们可以体会到"单向假设"论证存在的缺陷：

> 医生可能观察到很大比例被虐待儿童都会表现出压力症状，如咬指甲。当且仅当被虐待儿童比未被虐待过的儿童更容易咬指甲，那么咬指甲就是被虐待的证据。如证明被虐待儿童和未被虐待儿童一样可能咬指甲，那么这一观

察对证明虐待来说就是无用的证据。如果被虐待儿童比未被虐待儿童更容易咬指甲,那么我们就有更强的被虐待证据。假如80%的被虐待儿童咬指甲,而仅有10%的其他儿童也咬指甲,那么被虐待儿童咬指甲的可能性就是未被虐待儿童的8倍。如果有90%的未被虐待儿童咬指甲,那么咬指甲就是指向偏离虐待的证据。

有两点需要注意:第一,证据的强度(或证明价值)不仅取决于有多少被虐待儿童咬指甲,也取决于有多少未被虐待儿童咬指甲;第二,也是极为重要的,在这个阶段我们所知道的仅仅是案件中证据的概率。[15]

儿童咬指甲这一特征,对正反两种情形(被虐待过与未被虐待过)都有一定的支持度,在如何用咬指甲证明儿童是否被虐待方面,需要知道儿童咬指甲这一特征对正反假设的支持度有多少,而不能只看对二者之一的支持度。相反,如果不在鉴定中同时考虑这两种情形,那么就很容易偏执于一种假设,并且会有意无意地忽视相反假设的存在,从而可能导致错误。因而,从更为科学的角度来看,特征对鉴定意见的证明关系是正反两面共存的,因而需要对正反两方面的假设都需要同时关注,并且根据一定的标准来进行取舍,这样体现了正反假设论证的均衡性。但在传统模式中,这种正反假设论证的均衡性体现得不是很充分。

即使是一些鉴定人意识到这种正反假设论证需要同时进行,但由于缺乏有效论证工具,也无法对这两种情况进行准确取舍。因为,一方面,无法准确确定特征对鉴定意见的支持和不支持的程度分别有多大;另一方面,即使准确获知支持和不支持的程度,但对如何取

---

[15] Bernard Robertson, G. A. Vigaux & Charles E. H. Beger, *Interpreting Evidence: Evaluating Forensic Science in the Courtroom*, John Wiley & Sons, Ltd., 2016, p. 11.

舍正反假设,也依然仅凭经验进行。因而,这样的决定过程是不清晰的,因为它缺少严格的、可核证的取舍标准。这样,在不同的鉴定人那里,取舍的情况就可能有所不同。这样的决定模式不具有可重复性,因而是不精确的。

(二)更新后的模式

针对传统模式存在的不足,对鉴定意见生成模式的更新宜采用如下思路进行。

1. 特征量化

特征量化是传统模式更新的基础性工作,缺少这一环节,后续的目标都无法实现。特征可以用自然语言命名,但是特征的独特性,或特征在特定样本总体里出现的概率或者所占比例应当进行量化,对检材、样本之间特征的相似度和不相似度进行量化,特征对正向假设和反向假设支持的条件概率应当进行量化。当然,对有些鉴定分支领域里的证据特征量化,是很不容易的。如笔迹鉴定、痕迹鉴定、语音鉴定等分支领域,它们的特征量化都比较难。但是,如果要提高这类司法鉴定的科学性,特征的量化是必由之路。因而,能够量化的方面,都应该进行量化。对司法鉴定基础理论的研究,应当将特征量化作为重点研究方向之一。

2. 双向假设论证模式

对同样的特征,既要考虑它对正向假设的支持,也要考虑它对反向假设的支持。任何证据对假设的支持,都应当同时考虑这两个方面。比如,在犯罪现场发现了一些血迹,在鉴定中需要解决这些血迹是否来自某个已知的犯罪嫌疑人 a,那么此时需要提出正反两种假设:"血迹来自嫌疑人 a"(正向假设 H_p),"血迹来自除嫌疑人 a 以外的其他人"(反向假设 H_d)。从血迹分析(血迹形态分析、血型、DNA 分析等)中获得的信息 E,对正向假设 H_p 的支持情况如何,对反向假

设 H_d 的支持情况又是如何的。这两方面的情况都要同时进行计算、推断、论证。具体来说,如果从血迹分析所获得的信息 E 支持正向假设 H_p,那么相当于在计算、论证正向假设条件下,证据信息 E 成立的概率,表示为 $Pr(E|H_p)$;同样信息 E 支持反向假设,则是计算、论证反向假设条件下,证据信息 E 成立的概率,表示为 $Pr(E|H_d)$。这样就实现了对血迹来源的正反双向假设的论证。其他类型的鉴定,也应该这样进行。

3. 使决定过程精确化

决定过程的精确化,是以特征量化和双向假设论证模式为基础的。因为,只有特征量化之后才能有效进行双向假设论证,而双向假设论证模式,则是为采用精确的决定过程作准备。还是以上面的血迹来源鉴定为例,仅仅计算出了概率 $Pr(E|H_p)$ 和 $Pr(E|H_d)$ 是不够的,面对两种假设如何取舍,也就是鉴定人应当选择哪一个假设作为最后的鉴定意见,这才是鉴定最终要完成的任务。然而,如何精确地取舍或者如何精确地做决定,才是对传统的革新。事实上,如何取舍假设,是对这两个假设在相同证据的条件下成立的概率的比值来决定的,也就是 $V = Pr(E|H_p)/Pr(E|H_d)$,当然还要事先规定与特定意见表述相对应的 V 值范围。这样,能够保证鉴定中的决定过程可以更为精确。

到这里,我们已经不难看出,传统的鉴定意见生成模式,是粗放的经验模式,而试图用来代替传统模式的则是贝叶斯决策模式。事实上,这一模式在国外的法庭科学理论和实践中早已成为主流,虽然在某些具体分支领域的推行存在困难,但国外同行一直在致力于克服这些困难,其目的就在于更新传统的鉴定意见生成模式,使鉴定意见的生成过程更为直观、精确,使其过程可重复,便于第三方进行核证,从而达到提升司法鉴定科学性的目的。我国司法鉴定科学研究者正在意识到这一模式更新的必要性,但在如何将贝叶斯决策模式在鉴定实践中推广,使鉴定人普遍接受这一模式,尚需更多时日和更多努力。

第三节　司法鉴定认知行为之优化

在本研究中,我们对司法鉴定认知行为及其结构进行了深度解析,分析了司法鉴定认知行为隐藏的错误风险来源。对司法鉴定错误管理而言,由司法鉴定认知行为本身所导致的错误风险,似乎是无法从根本上消除的,事实上我们承认这种错误风险的确无法彻底消除。但是,我们可以通过对各个层级的认知行为进行优化,来降低其错误风险。由于各个层级认知行为的错误风险来源不同,所以我们需要对各个层级的认知行为之优化分别进行讨论。

一、特征识别之优化

在本研究中,特征识别行为被分为"原生特征的识别"和"派生特征的识别"。原生特征的识别是"自下而上"和"自上而下"两种认知模式的结合;派生特征的识别则是完全由概念驱动的,因而以"自上而下"这一认知模式为主。

(一)原生特征识别的优化

由于原生特征的识别以感觉、知觉为基础,因此"自下而上"的模式需要从感觉、知觉中获得信息材料,从材料中概括、提炼概念。因而对原生特征识别的优化,首先是对鉴定人感觉、知觉、记忆、注意等认知心理要素的优化,这些认知要素的优化最终要落脚到感觉、知觉、记忆、注意等方面能力的基本保障和提升。

鉴定人基本认知能力之保障,需要从鉴定人的执业资格获取及延续之时即开始实施。对鉴定人的执业资格考察之时,就应当涵盖对鉴定人认知能力考察的内容。需要借助认知心理学专家之力,对申请鉴定人职业资格的鉴定人进行认知能力评估。通过对鉴定人感觉、知觉、记忆、注意等认知心理要素的全面评估,对认知能力评估未达标者不应授予鉴定人执业资格。由于认知能力可能因为疾病、衰老等因素而退化,因而鉴定人的认知能力是可能降低的。对此,鉴定人在申请延续执业资格之时,也应当将认知能力评估作为一个资格延续审核的重要内容之一,对认知能力评估未达标者,亦不应当延续资格或者应当暂停执业资格。这样,通过资格获取和资格延续的环节,将鉴定人的认知能力的评估作为重要考察内容,以保证鉴定人的基本认知能力符合从事司法鉴定职业的要求,从而减少因为鉴定人认知能力的缺陷导致司法鉴定错误。此外,在司法鉴定人能力验证的过程中,也应当将鉴定人的认知能力考察作为重要内容,在鉴定材料的特征分析环节,要重点考查这些认知能力。

鉴定人基本认知能力的提升极具个性化特点。每个鉴定人是否提升认知能力,完全由其个人的意愿决定,采用哪种提升方案,也是鉴定人根据自己的认知特点来决定。因而,从制度层面很难保证每个鉴定人都能够有效提升自己的认知能力。但可以在认知心理学家的帮助下,为鉴定人提供一些提升认知能力的建议。

鉴定人认知能力的提升,主要是关注并保持自己的认知健康,提升认知技能。如何保持认知健康和提升认知技能,根据认知心理学家和神经科学家的相关研究,我们对鉴定人提出如下建议:

(1)经常冥想。鉴定人的注意力是特征识别的基础性能力之一,特别是长期重复同一类案件的鉴定,对细节的注意力会减弱,这会削弱对特征的识别能力。冥想可以改善注意力,提升对细节的感觉、知觉、注意等能力。

(2)训练可视化(visualization)技能。可视化是用图形对信息的视觉表象化,是一项非常有用的判断、决策技能,它具有跨领域的通用性。⑯在特征识别中,有相当一部分特征是视觉特征,这在可视化方面是便捷的。但对于一些非视觉特征,需要鉴定人具备将其转化为可视化特征的能力。其实,不只是在特征识别中需要这种可视化能力,在司法鉴定中的各层级认知行为中,也都需要这种能力。因而鉴定人保持认知健康和提升认知技能,需要训练信息的可视化技能,帮助判断和决策。

(3)拼图(Jigsaw Puzzle)训练。拼图本是一种游戏,将一些零碎图片的颜色、线条等关系拼合成一幅完整的图画。拼图游戏可以有效训练观察、比较、逻辑分析、图形综合能力等视觉—空间(visospatial)信息觉知和分析能力。⑰ 对特征的识别和比较都是十分好的训练素材,特别是对于提升特征识别和比较能力来说,拼图训练是十分有帮助的。此外,棋牌类游戏对于认知能力提升也有帮助。

(4)社会交往。轻松愉快的社交活动有益于保持认知功能健康。研究显示,社会交往可以防止认知功能下降和痴呆。⑱ 这对于年龄比较大的鉴定人来说,保持认知能力需要有一定程度的社会交往。

(5)保持学习兴趣和习惯。司法鉴定是一个需要终身学习的职业,在鉴定人的执业生涯中,会不断碰到新问题,司法鉴定科学知识也在不断更新,司法鉴定科学是一个门类庞杂的学科群,鉴定人需要不断更新知识储备,才能跟上时代的需要。并且,保持学习兴趣和习

---

⑯ See Lace M. Padilla, et al., *Decision making with visualizations: a cognitive framework across disciplines*, 3 Cognitive research: principles and implications 29(2018).

⑰ See Patrick P. Fissler, *Jigsaw Puzzling Taps Multiple Cognitive Abilities and Is a Potential Protective Factor for Cognitive Aging*, 10 Frontiers in Aging Neuroscience 299 (2018).

⑱ See Andrew Sommerlad, *Association of social contact with dementia and cognition: 28 - year follow - up of the Whitehall II cohort study*, 16 PLOS Medicine e1002862 (2019).

惯,学习新技能、学习新语言、学习乐器等有助于大脑活跃,从而保持较高的认知能力。

以上建议仅仅是众多改善认知能力的建议的一部分,这个清单还可以被拉长,鉴定人可以结合自己的情况,选择适合改善自己认知健康且保持高水平认知能力的方案。

此外,原生特征识别的错误风险也可能来自观察工具的低效,如显微镜的分辨率不够、聚焦不准等,这种情况下的优化策略则是升级、更新观察工具。

(二)派生特征识别的优化

我们知道,派生特征的识别属于"自上而下"的认知模式。"自上而下"的认知模式是概念驱动的模式。对这类特征的识别,感觉、知觉等经验信息成分比较少,其概念并非通过感觉、知觉等经验信息的长期刺激或强烈刺激而形成,而是通过知识学习和传递获得。

在本研究中,我们认为派生特征识别的错误风险来自两方面:一是来自概念或科学知识的错误;二是来自推理论证的错误。

1. 降低第一种错误风险的策略

第一种错误风险来源可以分为三种情况:一是鉴定人的概念输入不完善;二是鉴定人选择概念适用范围和对象不准确;三是科学知识的局限。对于这三种情况,降低其错误风险的策略分别有所不同。

对于第一种情况,鉴定人需要认真学习司法鉴定专业知识,确保对相应的专业知识基本概念的理解准确,对基本知识体系的掌握准确完整,对基本方法、基本技能的掌握和运用恰当。司法鉴定管理机关对鉴定人资质的授予,应当坚持专业主义原则,鉴定人一般应当从接受过系统专业知识训练的人士中进行选拔。我国当前对于司法鉴定人的资质进行授予时,对鉴定人专业知识的要求并不高,有些鉴定人并未接受过所执业范围内的系统专业训练,有些鉴定人仅仅具备一些专业实践经验，但并未接受过完整的专业知识训练。这在概念输入不完善方面，有一定的典型性。

对于第二种情况，鉴定人选择概念适用范围和对象不准确，主要还在于鉴定人缺少相当的实践。在认知心理学看来，知道概念所对应的术语并不等于对概念的把握。如知道“电流”这一名词，并不等于正确输入了“电流”的概念，要正确掌握“电流”的概念，除了要理解电流的定义，还需要通过相应的电流验证实验来对电流的真正意义有所把握。因而，要正确输入概念，还需要鉴定人在学习专业理论知识的同时，积极进行专业实验、实践，真正知道如何理解、运用概念，知道所需解决问题的结构与概念结构之间是否具有相似性。这样才能正确选择概念适用范围和对象。

对于第三种情况，即关于科学知识的局限。如何应对这个问题我们在第二节实际上已经部分讨论过，也就是提升司法鉴定科学的科学性。但在第二节提出的是一个提升科学性的整体方案，司法鉴定每个专业领域中的知识，也不同程度地存在局限或不完善的情形。提升科学性的整体方案当然是必不可少的，但各个专业领域的知识还需要该领域的专家们不断改进、不断完善。总之，这种情况下的错误风险问题只能交给科学的不断发展和进步来解决。

2. 降低第二种错误风险的策略

来自推理论证的错误可以分为两种情况：一是专属性推理论证错误；二是通用性推理论证错误。

专属性推理论证模式，是属于专业知识领域中特有的推理论证模式、方法。如“速度 = 距离/时间”，对速度的计算就相当于按照这个公式进行的推理论证，而这个推理论证的模式来自运动学；又如公式 $G = mg$ 可用于根据质量计算重力，也可根据重力来推算质量，这种质量与重力互换的关系模式来自力学这一专门领域。因而，专属性推理论证错误，其实依然是关于专业知识的错误。这方面的错误风险降低策略，与第一种错误风险的降低策略是基本一致的，故不再重复。

通用性推理论证模式，是指在任何领域中都可适用的推理论证模式。通用性推理论证模式主要来自两大领域：数学和逻辑学。数学和逻辑学是思维的基本形式，它们是所有科学的基本推理工具。如果专属性推理论证错误是关于内容的错误，而通用性推理论证错误则是关于思维形式的错误。降低这方面错误风险的策略，一方面要加强数学和逻辑学的学习，另一方面训练批判性思维也是减少这方面错误的有效途径。

二、特征比较之优化

特征比较的错误风险主要来自三方面：注意聚焦偏差，差异（或相似）来源的解释障碍，类比推理的归纳属性。相应地，特征比较的优化，应当克服注意聚焦偏差，克服差异（或相似）来源解释障碍，鉴定人应当了解类比推理的局限性。

（一）克服注意聚焦偏差

在特征比较中，鉴定人在不知不觉中将自己的注意力仅仅聚集在特征的相似点或差异点上，这就是注意聚焦偏差。特征比较中，特征相似点和差异点是同时存在的。鉴定人需要同时注意到相似特征和差异特征各自的数量和质量，但是由于案情信息、个人偏好，或相似和差异二者之一的数量、质量具有压倒优势，那么就容易发生鉴定人在无意之中将自己的注意仅仅集中在相似或差异二者之一的情况。也可以说，注意聚焦偏差是一种认知偏差，也可能是确证偏差的底层心理机制。

克服注意聚焦偏差，需要鉴定人意识到：在任何案件的鉴定中，相似特征和差异特征都具有同等重要的地位，即使是二者之一在数量或质量上明显具有压倒优势,也不能因此只关注其中之一方面。在案件鉴定中,鉴定人应当做好特征记录,在特征记录中要明确将特征记录页分为左右两个部分,分别用于记载相似特征和差异特征,这样能够防止自己仅仅凭短时记忆对特征进行比较,从而能够促使鉴定人的注意和记忆得到相对均衡的分配。此外,注意聚焦偏差的存在,也与贝叶斯决策思维的缺失有关。贝叶斯决策思维是一种均衡决策思维,它要求决策者要同时注意到问题解决的正反两方面,如果在鉴定实施程序中以贝叶斯决策模式为基本要件,是可以克服鉴定人的注意聚焦偏差的。

(二)差异(或相似)来源解释障碍之克服

特征比较中,特征差异(或相似)是如何产生的?鉴定人必须回答这一问题,因为特征相似或差异的形成原因,常常可以决定特征相似或差异对鉴定意见的支持程度,从而最终决定鉴定意见。然而,特征差异(或相似)的来源解释常常存在困难,因为许多原因实际上可能是一过性的、偶然的。特别是特征差异的解释尤其困难,因为在特征比较中,特征差异出现的概率远高于特征相似,即使是检材和样本的来源相同,也可能因为一些因素导致特征差异的出现,而要找到这些因素可能会很困难。

解释特征差异(或相似)的原因虽然困难,但并非绝对不可能。克服这种解释障碍,首先,要充分研究导致特征差异(或相似)的原因,特别是要充分研究导致特征变化的原因。比如导致指纹特征、笔迹特征、印章特征、创伤特征、物质成分与含量等特征变化的原因,这需要司法鉴定科学的研究人员和实务专家共同携手,才能充分了解并总结这方面的原因。当然,科学研究永远是探寻一般规律,这些原因与特征变化之间的因果关系也是一般规律,这些一般规律当然在很大程度上可以解释变化形成的原因,但有一些偶然性、情景性、临时性因素导致的特征变化,可能很难根据一般规律来进行解释。其次,通过实验验证解释特征差异(或相似),对于那些符合一般规律的特征变化,我们可以通过设置相似条件来加以验证,这些符合一般规律的特征变化,是否系因为某些已知条件所形成的,这样可以确保解释更为充分。同时,对于那些偶然性、情景性、一过性因素,也可以先提出原因假设,然后通过实验验证假设并且逐一排除无效假设,最终确定有效假设,从而也可以在一定程度上确定一些偶然性、情景性因素。

然而,即使实施了以上两个方案,也不能保证对所有差异(或相似)来源都能进行合理解释。因为特征变化原因的一般性探究,可能无法用于解释偶然性、情景性、一过性因素;实验验证也无法保证可以穷尽一切无效假设;而且,想象力的有限性决定了鉴定人不可能在每个案件中都能提出所有的原因假设。所以,关于差异(或相似)来源的解释障碍是永远存在的,是不可能得到彻底清除的。我们能做的,仅仅是减少这些障碍而已。

(三)了解类比推理的局限性

特征比较是一个类比推理过程,它具有归纳属性:从部分特征的相同(不同),可以归纳出其他特征也应当是相同(不同)的。在本研究中我们多次表明,归纳推理的局限性,也就是它不是必然推理,它的结论是盖然性的。

在类比推理中,我们降低类比推理因为归纳属性而导致的错误风险,一方面,需要鉴定人充分认识到,即使归纳推理给我们以很强的确信感,但归纳所依据的特征永远是有限的,因而依然存在无限的、未进入归纳程序的特征,而这些特征中是可能存在反例的。所以,鉴定人始终要以可撤销的态度来面对类比的结论。另一方面,鉴定人要尽可能多地寻找特征,无论是相似特征还是差异特征,都要尽可能多地挖掘，确保其数量充分，以降低类比因为归纳而导致的错误风险。当然，对特征的开发研究也有助于发现更多特征。这也是司法鉴定科学研究的任务之一，通过深入开发研究，可以发现更多有价值的特征，这样也有利于降低类比推理因为归纳而导致的错误风险。

三、个体识别之优化

个体识别本质上是分类过程。个体识别的错误风险来自三方面：个体独特性假设的缺陷、种类识别的错误、个体识别的滥用。因而个体识别的优化，相应地也包括以下三个方面。

（一）个体独特性假设缺陷之弥补

Saks 和 Koehler 是主张彻底放弃个体独特性假设的。他们的理由是，经过多个学科领域的专家多年的努力，这一假设并未得到证实。所以，他们认为"有见识的法庭科学家们久已承认，物证专家们信仰的个体化，是基于传说、直觉或猜测，而不是根据其科学基础"⑲。但是，我们对这一态度是不支持的。

个体独特性的假设未获证实，但也并未在一些重要的证据领域中获得证伪。比如 DNA 证据、指纹证据等，迄今为止也并未找到两枚完全相同的指纹；除了同卵双胞胎，也同样没有找到两个人有完全相同的 DNA 基因组；在其他的科学证据领域中，也同样没有获得证伪。如果我们注意到 Saks 和 Koehler 在 2008 年发表的文章，当时的数据科学、人工智能、计算机算力的水平不可与今日相提并论。对这一假设进行验证，无疑是需要处理规模惊人的数据，在 Saks 和 Koehler 发表的文章之前的几十年里，人们所具备的数据处理能力和现

---

⑲ Michael J. Saks & Jonathan J. Koehler, *The Individualization Fallacy in Forensic Science Evidence*, 61 Vanderbilt Law Review 199(2008).

在相比是相当低下的，这种情况下根本不具备进行个体独特性假设验证的基本条件。所以，那些试图验证这一假设的机构，所使用的样本规模都非常小。这对于验证这一假设来说，是远远不够的。

所以，我们认为，随着数据科学、人工智能技术、计算机算力的跨越式发展，对个体独特性假设的验证依然可以继续尝试。即使将来有一天这一假设被证伪，也依然是有价值的。与此同时，我们也不能坐等这一假设被证实或被证伪的那一天到来，而应该有一些临时性的替代措施。Saks 和 Koehler 的另一建议也值得参考：一方面，根据现有的所积累的样本的规模，计算特征相符的检材样本，二者具有相同来源的可能性有多大，据此判断是否采用相应的鉴定意见；另一方面，其他类型的个体识别，需要从 DNA 鉴定中获得启发，通过抽样估算各种特征在样本总体中的频率，运用乘法规则综合多个特征在样本总体中存在的概率，将这一结果提交给事实判断者参考其证据价值。[20]

（二）减少种类识别错误

种类识别的错误，常常是因为种类特征定义不明晰。因而，减少种类识别的错误，应当从精确定义种类特征入手。尤其是笔迹、牙痕、工具和枪弹痕迹、鞋印等形态学证据，根据这类证据进行个体识别，它们的特征定义常常是不够精确、明晰的，因而，要减少种类特征错误，需要对这类证据的种类特征进行全面、系统的精确定义，确保种类特征的内涵描述准确，而外延范围边界明晰，保证符合某一个种类特征的所有个体都能被纳入其中。但与这一种类特征不符合的个体则不会因为特征定义不明而被错误纳入其中。

然而，精确定义特征，并不是十分容易的事。这也属于提升司法

---

⑳ See Michael J. Saks & Jonathan J. Koehler, *The Individualization Fallacy in Forensic Science Evidence*, 61 Vanderbilt Law Review 199 (2008).

鉴定科学性的内容,属于司法鉴定科学基础研究的一部分。加强司法鉴定科学的基础研究,在第二节已经充分讨论,此处不再重复。

此外,种类识别错误与特征识别错误有关。因为种类特征识别,立基于特征识别之上。种类特征识别的错误,除了因为特征不明晰,也因鉴定人对特征的感觉、知觉偏差。因而,鉴定人基本认知能力的保障和提升,也有助于提高鉴定人对种类特征的识别能力,从而减少种类识别的错误。

(三)明确个体识别的适用范围

个体识别被滥用,是将本不具备个体识别条件的个体进行了个体识别。滥用个体识别,一方面,是将本不具备个体识别条件的某类个体,误认为可以进行个体识别;另一方面,是将特定的个体,在不具备个体识别的条件下勉强进行个体识别。

对于第一种情况,需要通过司法鉴定科学研究和鉴定标准制定,明确哪些种类的客体可以进行个体识别,对其进行个体识别所能够借助的途径是什么?比如纤维、油漆、毛发、土壤、玻璃、药物、毒品等客体基本上都是无法进行个体识别的。又如虽然对人是可以进行个体识别,但对人进行个体识别的途径包括人脸(包括面颅骨)、虹膜、指纹、DNA、语音、笔迹等,但无法通过人体气味、汗液、ABO血型这些途径对人进行个体识别。如何确定可以进行个体识别的客体,也跟“个体独特性假设”有关。因为只有确定了特定个体具有独特性,才能够以此为根据对个体进行识别,但如果无法确定其个体独特性,那么就无法将其认定为可以进行个体识别的客体。但是“个体独特性”假设正在面临挑战,验证每一种个体的独特性,都是十分庞大的工程。因而,明确可以个体识别的客体范围,也是一项艰巨的任务,也属于司法鉴定科学基础研究的内容。但是,在现有的鉴定客体范围内,对大家一致认为适宜进行个体识别的客体,可以暂时纳入鉴定标准,并明确对其进行个体识别的途径,这样可以在一定程度上减少对个体识别的滥用。

对于第二种情况,对原则上可以进行个体识别的客体种类,需要设置特定种类个体识别的特征条件标准。如通过指纹进行的个体识别,至少需要明确满足个体识别的细节特征的最低数量。[21] 在已经引入贝叶斯决策框架的鉴定类型中,当然需要明确个体识别似然比(LR)值的范围,只有符合了这个值的范围,才可以进行个体识别。当然,标准本身并不能完全防止鉴定人勉强将低质量的证据用于个体识别,这需要鉴定人具备较高的职业伦理素质,以科学客观、实事求是的态度,来决定低质量的证据是否适宜进行个体识别。

四、关系推断之优化

关系推断中,需要保证待确定关系的客体之间处于相同的背景条件之下,才可以进行特征比较及关系推断。在变量精确量化的鉴定项目中,关系推断会更为容易而准确,而在未精确量化变量的前提下,对关系的推断可能会出现错误。因此,可以从以下两个方面来优化关系推断。

(一)坚持相同条件原则

形成条件相同,是解释变量形成的重要前提。因为,只有保持其他变量不变的情况下,如果待验证变量发生变化引起另外一些相应的变化,待验证变量才有可能是导致特定变化的原因。如为了证明

---

[21] 有时会出现这样的现象:虽然指纹上的特征数量并未满足特定的标准,但是某些细节特征特别稀有,价值特别高,因而也可以作为鉴定意见的重要依据。长期以来,这种情况成为拒绝建立指纹特征数量标准的理由,但是为了防止错误及对个体识别的滥用,没有满足数量标准的指纹鉴定应当被确定为“无结论”。这样处理虽然可能会导致一些有个体识别条件的指纹被拒之门外,但这样做降低了错误鉴定的风险,也减少了滥用个体识别的机会。

某种药物是否可以治疗某种疾病,就需要在使用该药物的同时,不能也进行其他的治疗,而应该在同一病人在一定时间里仅仅用该药物,并且在其他同类病人身上并不使用该药物,这样就才能证明该药物对特定疾病的疗效。同样,对各种关系或关联性的解释,都需要保持特定的环境因素的不变,才能证明这种关系的存在。

因而,关系推断的优化,应当尽可能保持待验证变量以外的其他参数不变,而仅仅使待验证变量发生变化。然而,我们也知道,绝对保证其他条件不变,实际上是做不到的。对于添改的文书来说,纸张、墨水、温度、湿度等环境条件,就一直在发生变化,因而在鉴定时,要保证环境条件与添改之时的条件完全一致,是做不到的。但在同一张纸上,仅仅对怀疑被添改部位和其他部位之间进行墨迹、物质成分、笔痕等特征的对照比较,这样二者条件虽然也同样不是完全相同,但也极为接近了。所以,相同条件原则中的“相同条件”仅仅是个理想状态,要完全做到是很难的。但在关系推断时,要尽可能地使待验证变量以外的参数保持大体稳定。

(二)精确量化变量

我们已经知道,关系推断实际上证明是不同条件概率之间的非对等关系,即证明 $Pr(H|E,I) \neq Pr(H|\bar{E},I)$,也就是变量的变化导致了条件概率值的变化。但有些鉴定项目中的变量是没有量化的,也就是 E 和 $\bar{E}$ 都没有量化。如仿写笔迹中的特征“笔画弯曲抖动”(E),是作为一个判断笔迹仿写(H)的变量。在多大程度上,在哪种形态上,笔画才构成“弯曲抖动”?这是没有精确的量化标准的,需要完全依据鉴定人对笔画形态的主观感知和评价来决定。特别是在 E 和 $\bar{E}$ 对 H 形成的条件概率值极为接近的时候,要证明 $Pr(H|E,I) \neq Pr(H|\bar{E},I)$ 就很困难了。所以,对变量的精确量化,有助于准确量化条件概率值。然而,在前面我们也反复提到,量化特征是司法鉴定科

学基础研究的重要任务,也是更新鉴定意见生成模式的要求,对变量的精确量化的意义也在于此。

五、事件重建之优化

事件重建是基于证据对事件的解释,而对事件的解释并不等于事件本身,解释有发生错误的风险。事件重建的基本模式,即图3-3的“事件重建的认知结构模型”。这个模型的认知结构可以分为三层:本体层、信息层、解释层。根据苏珊·哈克的知识证成理论,事件重建的证成基本符合“基础融贯论”的模式:本体层为信息层和解释层的证成提供依据(基础论);解释层通过信息层获得证成,且解释层内部、信息层内部的命题彼此之间相互证成(融贯论)。事件以基础融贯论为基本证成模式,基础论的困难和融贯论的困难,都会在事件重建中存在:没有任何科学原理和科学规律,能够保证解释层和事件本身完全相符;彼此融贯的证成并不一定为真,也可能为假。因而,对事件重建的优化,可以按以下思路进行。

(一)事件重建应当以实物证据为主要根据

事件重建中,本体层已经成为过去,但在信息层遗留有“事件”的遗迹——证据。证据又可以分为言辞证据和实物证据。言辞证据的可变性、主观性较强,因而事件重建不能过多依赖言辞证据。对言辞证据来说,具有决定性的核实途径不是其他言辞证据,因为其他言辞证据也需要核实,这样一来,言辞证据的可靠性最终要落到实物证据上去。因而,解释层所依据的整个证据体系,都必须依靠实物证据来支撑,这也是事件重建的证成为何需要基础论的理由。因而,在事件重建中,实物证据越多,利用越充分的,其解释层的基础就越牢固,解释层的可靠性就越高。如果实物证据越少,那么解释层的解释就越可能缺乏说服力,事件重建的证成模式就会变异为单纯的“融贯”模式。因而，在事件重建中，要尽可能多地利用现场、物证、数字证据等证据材料，通过对现场勘验和物证分析，来为解释层提供充分的根据，这样有利于降低事件重建的错误风险。

（二）确保信息层和解释层的“融贯”

仅有实物证据显然是无法完成事件重建的。实物证据也需要解读、解释并转化为命题，才能发挥其证明作用。同时，在信息层还可能有言辞证据。因而，实物证据转化而来的命题与言辞证据命题之间，应当形成一个融贯的命题系统，也即这些作为证据的命题，彼此之间不可发生矛盾、冲突。解释层也是一个命题系统，解释层具有叙事的特点。在这个叙事中包括了时间、空间、行为等要素，这个叙事性的命题系统所讲的“故事”，应该是符合时间、空间、行为等要素的，并且也与已知事实和具有高度共识的科学理论不相违。这样的解释层才是融贯的。同时，信息层和解释层之间也应该是融贯的：解释层一定是立足于信息层展开的，解释层的每一个命题都可以追溯到信息层命题的支持。这样，确保信息层内部的融贯、解释层内部的融贯、信息层和解释层命题之间的融贯，是减少事件重建错误风险的必要条件。当然，仍然需要记住的是，融贯只是证成的必要而非充分条件，不融贯则事件重建一定没有获得证成，错误风险更大；融贯之后事件重建的证成只完成了一部分，虽然并未完全消除错误风险，但相比之下错误风险会降低很多。

（三）根据现实条件决定事件重建所能获致的细节

事件重建只是对事件的解释性“叙事”，它并不等同于对事件的“复原”。事件已经一去不复返，复原在根本上是不可能的。因而，对事件的重建所能达到的细节，要根据现实条件来决定。事件重建的现实条件包括：事件重建的规模，信息层蕴含证据的充分程度，工具的效能。

事件重建的规模大小不一。交通事故、火灾、建筑物垮塌、水体的污染等事件的重建，规模较大。对于这些规模较大的事件重建，不应当过分追求细节，能达到法律所规定的构成要件的层次的细节即可，也可能因为信息层蕴含证据十分充足，也可以获得更小的细节，但比构成要件层次更低的细节可能就没有其必要性了，反而会耗费更多的成本。在一些规模较小事件的重建中，可能需要弄清更小的细节，比如添改文书、伪造文件等，这些事件本来规模十分微小，重建所需要达到的细节就更为微观。

不管哪种规模的事件重建，所有试图达到的细节都必须是建立在证据的基础之上的。事件重建离不开想象和推断，全部的叙事不过是把细节按照一定的事实和逻辑“组装”起来的。所有的想象都需要证据来证实，所有的推断都需要以实际证据为起点。因而，所有能够获得的细节，都是以证据的充分程度来决定的，都要结合信息层蕴含证据的充分程度来决定所能达到的细节。相反，脱离证据支持所获得的细节，都是站不住脚的，是有极高错误风险的。

事件重建的工具既包括知识工具，也包括物质工具。知识工具和物质工具也是所能达到细节的现实条件。如放大镜、光学显微镜、扫描电子显微镜的分辨率是递增的，所能够观察到的微观世界尺度是逐级变小的，因而能够达到的事件重建的细节，也是逐渐增加的。可见工具的效能，也在一定程度上决定了能达到的细节程度。

所以，事件重建所能到达的细节，必须立足于以上现实条件，脱离现实条件的细节重建，只会沦为猜测，经不起推敲和质疑，有较高的错误风险。

（四）要意识到事件重建是可撤销的

事件重建是一种最佳解释推理，它也是对回溯推理的应用，回溯推理是或然性推理,是可撤销的推理。对同一事件,根据同样的证据,也许有多个看起来“合理”的解释版本,事件重建不过是选择其中一个所谓“最佳”的解释。但是看起来的“合理”,并不意味着解释层就是完全符合本体层的。也可能鉴定人暂时还未找到相反的证据,暂时还无法推翻或排除一些看起来“合理”的解释。因而,一方面,鉴定人要让自己的解释更加严密而无懈可击;另一方面,鉴定人还必须意识到,作为解释的事件重建,可能会因为相反证据的出现而被推翻或撤销,鉴定人不可被当下的解释版本所禁锢,而应当意识到事件的重建具有可撤销的特点。从而,在面对新的证据时,要及时调整原有的解释,形成新的解释。

第四节　司法鉴定中的认知偏差管控

认知偏差会导致鉴定错误,理所当然地,司法鉴定中的错误管理离不开对认知偏差的管控。由于一部分认识偏差是认知中的启发法所导致的,因而对这类认知偏差无法完全消除。比如代表性启发法、可得性启发法、锚定效应等,它们都具有认知上的积极意义,但在一定条件下都会导致认知偏差(甚至情景偏差也具有这样的特点)。因而对这类偏差,我们只能通过一定的策略降低其负面效应,而不能将其从司法鉴定的认知行为中抹去。所以,对于认知偏差我们是无法彻底消除的,只能对它们加以管控,降低其错误风险。

一、增进对认知偏差的了解

大量研究表明,认知偏差是实际存在的。但在我国司法鉴定科学研究和实务人士中,对认知偏差的了解程度很低。在着手本研究之前,几乎没有与司法鉴定中的认知偏差这一论题有关的原创性文献,仅有少量与此有关的翻译论文。在我国的司法鉴定科学研究中,没有人对鉴定人的认知行为和认知偏差进行实验研究,我国司法鉴定实务人士对认知偏差为何物不甚了了,对司法鉴定中是否会发生认知偏差更是知之甚少。司法鉴定错误的管理,当然离不开对司法鉴定中的认知偏差的管控。对认识偏差的管控的第一步就是要了解认知偏差,进而了解司法鉴定中存在的认识偏差风险。

所以,司法鉴定认知偏差管控,首先应当提高鉴定人、司法鉴定机构、司法鉴定管理部门对认知偏差的了解程度,尤其是提高对司法鉴定中的认知偏差的了解程度。司法鉴定科学的研究者们,有义务对这些研究进行深度学习,并传播相关的研究成果。鉴定的管理者也有义务了解相关研究,特别是对司法鉴定中的认识偏差研究。司法鉴定管理者应当通过业务培训、资质管理、学术研讨、制定规章等方式,向鉴定机构和鉴定人介绍司法鉴定中的认知偏差的错误风险,以及对这种风险进行管控的必要性。鉴定机构在组织业务培训时,也应当有介绍认知偏差的内容,结合各个专业特点,组织鉴定人讨论可能存在认知偏差的环节。只有这样,才能促使鉴定机构、鉴定人对司法鉴定中的认知偏差有较为全面的了解,意识到认知偏差会导致鉴定错误的风险,以及意识到对认知偏差进行管控的必要性,在我国的司法鉴定实务中进行认知偏差的管控才能顺利、有效地推行。

二、对启发法负面效应的管控

启发法是有其实际价值的。在日常生活中,不可能对所有的决定都进行仔细推敲、审查,防止发生错误。果真如此,生活将变得不堪重负。并且,日常生活中非重大事项的决定即使发生错误,也不会有什么严重后果。因而作为一种日常认知和判断的快捷方式,启发法自有其实际价值。但在司法鉴定中,鉴定人所决定的都是事关各方的重大事务。鉴定人必须耐心细致、谨小慎微。但长期从事司法鉴定工作,特别是长期面对同一类型案件鉴定,鉴定人的认知与判断行为将发生改变：从审慎的慢速判断渐渐演变为近乎直觉的快速判断。这实际上是启发法在逐渐主导鉴定人的认知与判断。我们认为，可以通过执业休假、案件多元化、启发法问题清单等措施，来减少启发法的负面效应。

（一）执业休假

长期从事一项有压力的工作，容易产生职业倦怠（occupational burnout）。职业疏离感是职业倦怠的症状之一。通俗地讲，职业疏离感就是失去了工作热情，工作中注意力容易分散，对细节的关注度降低。司法鉴定也是一项有压力的工作，因为存在考核、投诉、错误风险等因素，鉴定人长期处于这种压力之下，是容易产生职业倦怠感的。这会导致鉴定人的认知和判断行为中，启发法的行为模式逐渐占据主导地位，本应细致入微地进行特征观察比较，审慎严密地进行推理论证，但由于职业热情枯竭，依靠启发法进行认知判断的倾向就越发严重。

为了减少鉴定人的职业倦怠，进而减少启发法的负面效应，鉴定人应当进行执业休假。鉴定机构应当定期对鉴定人的职业倦怠现象进行监测评估，对职业倦怠症状较为明显的鉴定人，应当强制执行带薪休假。虽然和其他民营企业一样，我国民营鉴定机构有年假制度，但年假时间偏短，且员工常常没有进行实质性休假，但在鉴定人也可享受休年假的待遇的同时，结合评估也应当适时进行执业休假。

（二）案件多元化

鉴定人长年累月地处理同一种案件，初期会出现鉴定效率显著提高的现象。这一方面是因为鉴定人对同类问题的解决策略已经十分熟悉，另一方面还因为鉴定人也在不自觉地启动了利用启发法做判断的模式。这一现象虽有其有利的一面，但其背后实际上隐藏着鉴定人对问题结构的差异丧失了敏感性。因为反复面对的是同一性质的问题,故而鉴定人渐渐地不再关心这些问题之间的细微差异,仅凭脑中的“典型情景”进行判断。为了避免这种现象,受理案件种类较多的鉴定机构,应当给鉴定人提供多种类型的案件,这样促使鉴定人主动研究这些不同类型案件中的问题结构,保持对问题结构差异的敏感性。这样,可以减少启动启发法判断模式的机会,从而控制启发法的负面效应。综合型鉴定机构内部,也可以通过轮岗的方式使鉴定人有更多机会接触到不同类型的案件,这样也可实现案件多元化。

(三)利用启发法审查问题清单进行自我认知监控

执业休假和案件多元化,是通过间接的途径,减少鉴定人过多依赖启发法做判断的机会。而设置启发法审查问题清单,是通过鉴定人的自我认知监控,对自己利用启发法做判断的过程进行的深度“反观”,从而发现自己利用启发法做判断可能踏入的陷阱。这实际上也是运用批判性思维进行错误管理的一种形式。

启发法审查问题清单应当包含但不限于以下内容:

(1)当下的鉴定材料与同类案件鉴定材料是否相似?

(2)当下的鉴定中待解决的问题与同类案件待解决的问题是否有差异?

(3)如果有,其差异在何处?

(4)为何有差异?

(5)如果按照与同类案件相同的方法进行鉴定,本案是否会发生错误?

(6)对鉴定材料特征识别是否全面?

(7)目前的鉴定方法是否最容易想到的?

(8)是否穷尽了所有能够利用的鉴定方法?

(9)是否还存在全新的鉴定方法?

(10)对鉴定材料的初始判断是什么？

(11)初始判断在后续的鉴定中是否遇到了解释障碍？

(12)相反的判断是否能够成立？

(13)初始判断是否需要修正？

……

清单中的1—5项用于审查代表性启发法,6—9项用于审查可得性启发法,10—13项用于审查锚定效应。对于1—5项,在案件受理时就应当对照进行审查,6—9项和10—13项应当在鉴定实施过程中进行对照审查。

当然,实际上还存在其他的启发法,我们也可以根据这类启发法的形成机制来自行编制审查问题清单。对非启发法导致的认知偏差,根据其形成的心理机制,也可以编制问题清单。

三、案件信息流管控

情景偏差是因为鉴定人接触了与任务无关的信息,而这些案件信息又具有一定的诱导或暗示作用,鉴定人也有意无意地把这种信息作为一种判断的依据,从而导致了鉴定错误。我们已经知道,根据情景信息进行认知和判断,具有其积极意义,因为事实上许多认知都是通过情景信息完成的。但有些情景信息有暗示、误导作用,而有的情景信息则是必要的。因而,哪些信息应当首先披露给鉴定人,而哪些信息应当暂缓披露,哪些信息应当最后披露,哪些信息不宜披露？这样按照一定的先后顺序向当事人披露信息的过程,我们称为案件信息流管控。

(一)案件信息流管控的三种模式

Krane等人针对观察者效应致信《法庭科学杂志》(*Journal of Forensic Science*),提出在DNA鉴定中"按序披露"(sequential unmasking,SU)案件信息,屏蔽任务无关信息。他们主张将应当提供给鉴定人的信息按照一定顺序披露,如先提供案件中作为检材的DNA,鉴定人完成检材DNA分析并记录结果,之后再提供样本DNA(但不得提供样本DNA供体的信息,如案件当事人或嫌疑人信息),完成分析并记录结果,最后才进行比较。[22]

根据案件信息与任务相关程度的不同,Dror等人将信息分为五个层次:第一层,痕迹证据(检材—作者注);第二层,样本材料;第三层,案情信息;第四层,基率预期,即鉴定人根据经验对特定案件鉴定结果的预判;第五层,组织和文化因素。[23] 他们认为,为了防止较高层次的信息诱使鉴定人的判断产生情景偏差,这些信息应当按照"线性顺序披露"(linear sequential unmasking,LSU),也即接触第一层检材信息时,不得接触样本材料,完成检材分析之后要记录对检材分析的置信度;对检材置信度比较高的检材,鉴定人接触样本材料之后可以返回对检材的分析,而对置信度较低的检材,鉴定人一般不得再返回对检材进行分析,而只能通过别的专家彼此独立分析检材,达成一致确信意见后才能解除样本。显然,Dror等人提出的LSU与Krane等人提出的SU是有所不同的,SU可以返回对检材进行分析,并且Krane等人仅仅针对DNA鉴定提出的这种信息披露程序方案。

但后来,Dror和Kukuka认为上述LSU的程序存在一些局限性:LSU仅适用于通过特征比较来进行个体识别的鉴定项目(如DNA鉴定或指纹鉴定),并且其仅仅是用于减少认知偏差,但并非用于减少干扰噪音或提高做决定的质量。因而提出一个LSU的扩展版,即

---

[22] See Dan E. Krane, et al., *Sequential unmasking: a means of minimizing observer effects in forensic DNA interpretation*, 53 Journal of Forensic Science 1006(2008).

[23] See Itiel E. Dror, et al., *Context management toolbox: a Linear Sequential Unmasking (LSU) approach for minimizing cognitive bias in forensic decision making*, 60 Journal of Forensic Science 1111(2015).

LSU－E,可以适用于所有的鉴定领域。[24] 但他们并未为 LSU－E 提供一个统一的信息披露顺序模式,而仅提供了用于决定信息披露顺序的三个指标:诱偏力(biasing force),偏差诱发力弱的信息应当先于偏差诱发力强的信息披露;客观性(或主观性),客观性强的信息应当先于客观性弱的信息披露;相关性(或不相关性),相关性强的信息应当先于相关性弱的信息披露。每个标准并不是二分法指标,而是连续体(continuum)指标;三个指标不是彼此孤立的,它们相互之间是有关联的;决定披露顺序时还要考虑信息带来的潜在收益。[25] 他们也认为,这只是一般性的方法,“当然,这导致一个实务性问题,如何用最好的方式执行 LSU,如用案件管理人员——有效执行的策略在每个学科和/或每个实验室之间都可能非常不一样——但是首先我们得承认这些问题,并且需要想办法应对它们”[26]。

因而,他们在另外一篇文章中继续讨论了如何在具体案件中执行 LSU－E,[27]从该文章附件提供的 LSU－E 工作清单来看,主要是方案执行者为这三个指标评分,评分分为 5 级,用数字 1—5 表示,执行者自行评价后圈定数字来表示这三个指标的高低。比如“指印是从犯罪现场获取的”这一信息的三个指标值分别为:诱偏力 1,主观性 3,不相关性 1;又如嫌疑人的人口信息的指标值为:诱偏力 5,主观

---

[24] See Itiel E. Dror & Jeff Kukuka,*Linear Sequential Umasking－Expanded(LSU－E):A general approach for improving decision making as well as minimizing noise and bias*,3 Forensic Science International:Synergy 100161(2021).

[25] See Itiel E. Dror & Jeff Kukuka,*Linear Sequential Umasking－Expanded(LSU－E):A general approach for improving decision making as well as minimizing noise and bias*,3 Forensic Science International:Synergy 100161(2021).

[26] Itiel E. Dror & Jeff Kukuka,*Linear Sequential Umasking－Expanded(LSU－E):A general approach for improving decision making as well as minimizing noise and bias*,3 Forensic Science International:Synergy 100161(2021).

[27] See Adele Quigley－McBride et al,*A practical tool for information management in forensic decisions:Using Linear Sequential Unmasking－Expanded(LSU－E) in casework*,4 Forensic Science International:Synergy 100216(2022).

性4,不相关性5。从而,信息披露顺序则根据这些指标值的高低来决定。

(二)分阶段推行三种模式

实际上,从SU、LSU到LSU-E总体上都遵循着一个基本原则:控制案件信息,使其按照一定的时间顺序提供给鉴定人,减少导致偏差的可能性。从总体上来说,我们赞同这种案件信息流的管控方式。但这几个模式到底谁更优,并没有研究者开展经验研究来验证。从直观上来看,SU执行起来相对较为容易,但过于粗放,对于减少通过样本材料来确定检材特征的现象无法根本消除;LSU相对较为严格,克服了SU的一些弱点,但仅仅针对减少认知偏差而设计;LSU-E则最为严格,并且适用范围广,但执行起来并不容易,它自身也存在主观性。

因而,我们认为,这几种模式可以分阶段在我国推行。SU模式虽然仅仅针对DNA鉴定设计,但也可以推广到别的同一认定型的鉴定中。在我国鉴定人对认知偏差了解程度极低的情况下,能够推广SU模式已经不容易。所以,作为促进在我国司法鉴定实务人士了解认知偏差的补充,可以在最初的阶段推行SU模式,这样执行难度较低,推行起来较为容易。待SU模式执行一段时间,鉴定机构和鉴定人对SU模式执行前后效果的比较,意识到司法鉴定中需要更进一步控制认知偏差时,可以推行LSU模式。而鉴定机构和鉴定人认为,需要将案件信息流控制扩展到所有类型的司法鉴定中,并且改善鉴定人做决定和判断的品质时,即可推行LSU-E的模式。

但LSU-E的设计者,将具体案件的信息披露顺序的决定权交给了案件管理人,案件管理人仅仅通过信息评分工作清单来决定顺序,对于具体的鉴定类型并未加以充分研究。从这一点来说,我们是不赞成的。在每类案件中,信息的诱偏力、客观性、相关性都不一样,但在同一类型中还是有共同点,因而还是应当研究不同类型鉴定案件中信息披露的共同顺序,并将研究结果提供给案件管理者参考。案件管理者可以结合这个顺序和评分工作清单,来更为准确地决定具体案件的信息披露顺序。

小　结

司法鉴定错误是不可能绝对避免的。对待司法鉴定错误,应当以“有限理性”的态度,将其控制在“合理可接受”的范围内。因而,对待司法鉴定错误,我们无法消除它,但可以对其进行管理。

司法鉴定错误管理,首先需要鉴定人具备批判性思维。批判性思维,是反思思维的思维。它对我们做出的每一项判断、决定、推理、论证,都可以根据常识、知识、逻辑进行审查,避免我们的判断、决定、推理、论证发生错误。对司法鉴定错误风险的认知,是在司法鉴定错误管理中运用批判性思维的前提。结构化思维是批判性思维的基本思维工具。结构化思维的目的在于用形式化思维来理解非形式问题,从而达到对问题有效解决的目的,同时也可以对问题解决策略进行有效审查。要具备批判性思维,鉴定人还需要知道一些非形式谬误,如统计三段论中的谬误,一些常见的因果解释谬误。

科学知识存在的局限,也是一些司法鉴定错误的原因之一。因而,司法鉴定错误管理,需要提升司法鉴定知识的科学性。司法鉴定知识的科学性常常面临一些争议,因而需要加强对司法鉴定科学的基础研究,故首先需要全面评估司法鉴定分支学科的基础有效性。之后,需要加强对司法鉴定的科学研究;对现有的司法鉴定意见生成模式进行更新,尽量进行特征量化,实施双向假设论证模式,使决定过程精确化。

司法鉴定认知行为存在结构性错误风险,因而需要对各层级司法鉴定行为进行优化。特征识别的优化,在于改善认知心理要素以及概念的形成、传递、组织的品质。特征比较的优化,需要克服注意聚焦偏差,克服差异(或相似)解释障碍,了解类比推理的局限性。个体识别之优化,需要弥补个体独特性假设的缺陷,减少种类识别的错误,明确个体识别的适用范围。关系推断之优化,需要坚持相同条件原则,精确量化变量。事件重建的优化,需要以实物证据为主要根据,确保信息层和解释层的"融贯",根据现实条件决定事件重建所能达致的细节,鉴定人要意识到事件重建是可撤销的。

通过认知偏差的管控来促进司法鉴定错误管理,也是必不可少的内容。但我国的鉴定机构和鉴定人对司法鉴定中的认知偏差,并不是十分了解,因而对认知偏差的管控,首先需要增进对认知偏差的了解。有些认知偏差,是启发法的负面效应导致的,因而需要对启发法的负面效应进行管控。鉴定人的职业倦怠感会导致鉴定人过度依赖启发法,减少这一现象,应当对鉴定人强制带薪执业休假;案件多元化可以减少过多使用启发法;最为重要的是,利用启发法审查问题清单进行自我审查和自我管控。对于情景偏差和确证偏差的管控,主要通过对案件信息流的管控来实现。案件信息流管控有三种模式:SU,LSU和LSU-E。这三种模式的复杂程度和精细化程度是逐渐增加的,因而在我国推行案件信息流管控的制度,应当分阶段实施。

结　论

认知科学是研究意识的本质、结构和运作机制的学科群。哲学、心理学、逻辑学、语言学、神经科学、计算机科学等学科都不同程度地与认知科学有关。司法鉴定是一个认知过程,认知在司法鉴定中具有核心地位。因而,用认知科学来考察司法鉴定,就具有一定的必然性。认知科学是探究司法鉴定认知行为的有力工具,可以为司法鉴定错误提供"病理解剖",从而可以为减少司法鉴定错误提供认知科学方案。

一、对司法鉴定错误的界定

司法鉴定错误一般具备以下条件:(1)用于描述鉴定意见或鉴定行为;(2)本质上是鉴定意见依据不充分、鉴定意见不符合案件真相、鉴定不符合规范;(3)由非故意心理状态所致。由于导致错误的既有信息处理的理性因素,也有作为人类的情绪、压力等非理性因素,因而司法鉴定错误具有主体属性;司法鉴定错误也可能是由认知工具所引起的,故具有工具属性;司法鉴定需要立足于观察事实,同时对事实作出判断,因此司法鉴定错误也具有事实属性;司法鉴定用于帮助规范的实施,同时又受规范的约束,所以司法鉴定错误还具有规范属性。根据导致错误的变量划分,可以将司法鉴定错误分为:假阳性错误、假阴性错误、无结论错误;按照错误的层次不同,司法鉴定错误又可以分为:原子型错误、组件型错误、系统型错误。

二、司法鉴定的逻辑基础是回溯推理

表面上看司法鉴定是对科学原理的应用,所以一般认为司法鉴定是演绎三段论推理:作为大前提的科学原理,与作为小前提的观察事实相结合,结论则是另一个事实。这是一个"从特殊到特殊"的推理过程。的确,司法鉴定的三段论中,大前提确实是科学原理,小前提也的确是观察事实,但小前提肯定的是作为条件句大前提的后件。其形式如下:

对于任意 x,如果 x 是 A,那么 x 是 B

因为 x_1 是 B

所以,x_1 可能是 A

这一推理形式并非真正的演绎推理,而是被称作回溯推理或反演绎推理。回溯推理中,作为大前提的科学原理之选择以及观察事实之选择,二者是相互影响、相互促进的。贝叶斯推理是回溯推理的精确应用,相比之下,回溯推理更为基础。

三、司法鉴定科学知识标准具有不完备性

由于大前提是科学原理,那么司法鉴定认知的另一要素是知识要素。什么是知识的形式化标准?知识最初的定义是"可证成的真信念"(JTB),符合这一定义必须满足三个条件:

(1)S 相信 p。

(2)p 是真的。

(3)S 关于 p 的信念是有证成的。

但盖梯尔反例却发现这一定义并不足以涵盖所有知识成立的条件。面对各种争论,"什么是知识"这一问题,目前似乎没有高度共识的答案。但"可证成的真信念"并非因此失去意义。它可以成为知识

的必要条件,但并非充分条件。也就是满足了该定义的要求,并非一定是可靠的知识,但不满足这一条件,则一定是不可靠的知识。

虽然哲学并没有为一般知识和科学知识定义充分必要条件,但司法审判是需要确定性的,什么是科学知识,法律必须有所回应。从弗赖伊规则到道伯特"三部曲"可以看出法律人的策略:(1)规定可靠性的底线而不是上限(如弗赖伊规则就试图这么做,虽然实际上效果并不理想);(2)不直接回答什么是科学,但间接描述所谓可靠的科学方法大致所具有的特征;(3)不规定构成科学方法的充分条件,因为什么是科学方法的充分条件难以说清,但以底线原则规定科学方法的必要条件(如科学必须开放接受批评);(4)不从整体上构建审查科学可靠性的规则,而是从具体学科讨论具体的局部性原理;(5)不完全从理论层面解决科学可靠性问题,更重视从程序操作或实践层面去保证科学证据最基本的可靠性,比如通过同行评议、错误率、具体学科中的基本原理的充分研究、鉴定人的能力验证等。法律人的策略虽然无法从理论上一劳永逸地解决科学知识的标准问题,但他们提供了一个鉴别科学知识可靠性的实践程序。

四、司法鉴定认知行为的层级关系及各层级的结构

司法鉴定作为认知行为是很复杂的。它可以分为:特征识别、特征比较、个体识别、关系推断、事件重建。这些行为之间是一种层级关系:从局部到整体、从分析到综合、从微观到宏观。这一关系并不意味着所有司法鉴定都必须逐一经历这五个层级,然而高层级行为需要低层级行为的支持。

特征识别是一个用概念去接受感知觉信息的过程。特征识别可以被分为原生特征的识别和派生特征的识别,原生特征的识别是认知者自行形成概念,派生特征识别则是通过学习获得概念。特征比较是复杂的认知行为,有各种形式的特征比较方法,但都是基于特征

的相似性展开，特征比较具有类比推理、归纳推理的特点。个体识别是基于"个体独特性假设"而存在的，个体识别是限缩个体范围的过程。关系推断是基于关联性定义的，也就是 $Pr(H|E,I) \neq Pr(H|\bar{E},I)$，它表示相反证据对同一关系支持的条件概率不等值，也为关系提供了方法框架。事件重建的基本认知过程：获取重建所需的信息材料，逐一分析每一个可能于重建的信息材料，建立这些信息材料之间的关系（时间线关系、空间关系），综合所有的关系形成对事件的假设性解释。

五、司法鉴定的结构性错误风险

（一）回溯推理可修改性可能导致鉴定错误

司法鉴定认知的逻辑基础是回溯推理。由于回溯推理具有临时性、可修改性、合情性，因而，它不是一种必然推理。那么，和演绎推理相比，回溯推理的结论并不具有保真性。这样，以回溯推理为逻辑基础的司法鉴定，在逻辑上存在导致错误鉴定意见的可能性。

（二）科学标准的不完备性及科学知识的局限可能导致鉴定错误

科学标准的不完备性，科学知识的局限，法庭科学在 20 世纪末以来面临的信任危机，法庭科学有效性的评估与人们的预期相距甚远，司法鉴定技术标准明晰程度不足导致对技术标准的理解差异，这些都是科学知识给司法鉴定带来的错误风险。

（三）司法鉴定认知行为的内在结构可能导致鉴定错误

司法鉴定认知行为在特征识别中因概念形成上的偏差，感知觉器官接收客体刺激信号的能力缺陷等，会导致特征识别的错误风险；鉴定人通过学习而获得的概念偏差或错误，也可能导致特征识别错误。特征比较具有类比推理的特点，类比推理又具有归纳的属性，归

纳推理是一种非必然推理,因而特征比较会因为归纳推理而出现错误。因为种类识别的错误、滥用个体识别以及个体独特性假设的缺陷,会导致个体识别的错误。关系判断中,在 E 和 $\bar{E}$ 的环境信息 I 保持一致方面存在困难,因而利用 $Pr(H|E,I) \neq Pr(H|\bar{E},I)$ 的方法框架来推断关系,可能因为 I 的不同而发生错误;并且,若关系推断中经验成分更多而缺少量化,缺少必要的精确性,E 和 $\bar{E}$ 对 H 的支持概率相差并不显著时,仅凭经验进行非精确的估计,也容易发生错误。事件重建的认识论路径,是类似于苏珊·哈克的基础融贯论(foundherentism),基础融贯论的立场是证据主义的,对信念的证成是基于证据且有程度之分的,因而信念的证成只是基于证据对真实的连续接近,事件重建只是解释对事件的连续接近,而不等于事件真相本身,由于人们有一种填满事件每个细节的心理倾向,因而就容易发生过度解释的风险。司法鉴定各层级的认知行为之间存在一种"错误风险累积效应"。

六、认知启发法与认知偏差导致司法鉴定错误

认知偏差是 Tversky 和 Kahneman 于 20 世纪 70 年代提出的概念。Tversky 和 Kahneman 主要提出了三种启发法:代表性启发法、可得性启发法和锚定效应。这三者均可能引起认知偏差。Gigerenzer 提出了启发法的"快速和省俭"的特点。进化视角下的启发法也同样肯定了启发法的实际意义。法庭科学中的认知偏差研究虽然起步较晚,但研究成果较为显著,并且引起了法庭科学界的注意。在 NAS、PCAST 的报告中都认可了对法庭科学中的认知偏差研究,并且强调了应当在鉴定实践中充分考虑如何防止认知偏差对鉴定行为和鉴定意见的影响。

鉴定人也会运用启发法。代表性启发法是鉴定人在大脑中形成了一些特征的"典型",而符合这种"典型"的特征就容易被鉴定人识

别,但鉴定实践中常常会遇到不典型的情形,这样就会发生错误。可得性启发法是通过记忆提取的顺畅性来做决定,鉴定人通过自己容易想起的理由去解释需要回答的问题,但有可能真实的原因却处在自己所能想起的解释范围之外。锚定效应是通过最初的参照点来决定后续的认知行为,鉴定人一旦认定某一"重要"特征,在后续确定其他特征时,就会以此为参照,但有时这个参照点并不是真正有价值的"重要"特征,这样就会发生错误。

情景效应本质上也可以被认为是一种启发法。日常的认知行为和科学的认知行为,常常也是要利用情景信息的,因为情景信息常常确实可以提供有价值的线索。大量经验研究表明,情景效应是会导致鉴定错误的,一般认为鉴定错误主要是因为鉴定人在鉴定中接触了一类情景信息——任务不相关信息。但什么是任务不相关信息,它和任务相关信息的界限在哪里,并没有明确的标准。但可以通过列清单的方式将一些任务不相关信息列举出来,然而这也无法穷尽所有任务不相关信息。

如果情景效应是一种有理性成分的行为,确证偏差则是非理性的。因为选定了一种假设,或偏好某类证据,因而一直坚持这些被"锚定"的假设和证据无视其他假设和证据,这样就出现了偏差或错误。法庭科学中的确证现象也很常见,因确证偏差带来的鉴定错误也是存在的。

七、对司法鉴定错误基于问卷调查的经验研究

在本研究中,我们进行了一项经验研究——问卷调查。我们将问卷标题设计为"认知与司法鉴定调查"。问卷共 25 个题项,题项内容包括样本背景信息、投诉、鉴定机构、认知偏差(含确证偏差和情景偏差)行为特征等。回收答卷 264 份,效度分析和信度分析都已达标,数据适合进行信息提取和分析。

样本背景分析发现：男性（173，65.53%）多于女性（91，34.47%）；60岁以下从事司法鉴定的受访者中30—40岁者占比最大（86，32.58%）；学历分布主要集中在本科阶段（187，70.83%）；在40—50岁这一年龄段，从事司法鉴定年龄（执业时长）的分布最为均匀，各个执业时长段均包含其中；40—50岁学历构成也最为全面，虽以本科为主，但均含有大专、硕士、博士研究生学历。

投诉、鉴定机构分析发现：4次及以下投诉占比最高（1—2次：169，64.02%；2—4次：60，22.73%），答卷来源分布省份有13个省。从被投诉机构来看，民营鉴定机构被投诉的情况最为显著，其次为政府鉴定机构。从鉴定机构对培训的重视程度上来看：政府鉴定机构主要集中在每年1次的水平，而民营鉴定机构在2、3、4次均超过平均水平，说明民营鉴定机构最为重视培训。但在培训重视程度与投诉、认知偏差之间未发现相关关系。政府鉴定机构对不确定鉴定意见的接受度最低，回答“不能”的比例（38.20%）远高于平均水平（26.89%）。政府鉴定机构的工作负荷最低，而民营鉴定机构的工作负荷最高。但在工作负荷与认知偏差之间也未发现相关关系。

在鉴定人背景信息与认知的差异、相关关系分析发现：认知偏差存在与性别有关的差异，在确证偏差的行为特征方面，男性倾向明显高于女性；但在情景偏差方面，男性仅在少数行为特征上与女性有差异。鉴定人的认知偏差行为特征的主要方面，均未显示出与自然年龄、执业时长有关的差异。鉴定人的认知偏差行为特征，均未呈现出与学历、培训次数有关的差异，这一现象对司法鉴定错误管理非常重要，但由于需要进一步的研究加以验证，我们还下结论说：学历、培训次数等教育因素，可能无助于减少认知偏差行为倾向特征。

鉴定人对工作经验的认可度与偏差之间的关系，是同类研究特别关注的兴趣点。本研究也对此重点加以分析、探究。分析发现“工作经验”与“确证偏差”存在相关关系，且回归分析呈现出极高的显著性,说明对工作经验的认可度会影响确证偏差行为倾向。同时,我们也发现“工作经验”与“情景偏差”的相关性、回归性都十分显著,且“情景偏差平均值”远高于“确证偏差平均值”,说明工作经验认可度会十分显著地影响情景偏差行为倾向。相比之下,工作经验认可度对情景偏差的影响比对确证偏差的影响更为显著。为了不使内容过于烦琐,我们没有对确证偏差和情景偏差各个题项都分别进行回归分析,所以工作经验与这些题项各自的影响关系并没有一一展现,但我们认为工作经验对确证偏差和情景偏差各个题项的影响关系肯定是有差异的。

同样,为了不使问卷过于复杂,在题项设计中,我们没有安排鉴定机构的质量控制的题项,因而也就没有办法揭示鉴定机构质量控制机制对鉴定人认知偏差行为的影响关系。但这对鉴定机构的质量控制的改进来说,也是十分重要的,在将来的研究中应当对此问题加以充分关注。

八、司法鉴定错误管理的认知科学方案

司法鉴定错误是不可绝对避免的。对待司法鉴定错误,应当以“有限理性”的态度,将其控制在“合理可接受”的范围内。因而,对待司法鉴定错误,我们无法消除它,但可以对其进行管理。

司法鉴定错误管理,首先需要鉴定人具备批判性思维。批判性思维,是反思思维的思维。它对我们做出的每一项判断、决定、推理、论证,都可以根据常识、知识、逻辑进行审查,避免我们的判断、决定、推理、论证发生错误。对司法鉴定错误风险的认知,是在司法鉴定错误管理中运用批判性思维的前提。结构化思维是批判性思维的基本工具,其目的在于用形式化思维来理解非形式问题,从而达到对问题有效解决的目的,同时也可以对问题解决策略进行有效审查。要具备批判性思维,鉴定人还需知道一些非形式谬误,如统计三段论中的

谬误,一些常见的因果解释谬误。

司法鉴定错误管理,需要提升司法鉴定知识的科学性。司法鉴定知识的科学性常常面临一些争议,因而需要加强对司法鉴定科学的基础研究,故首先需要全面评估司法鉴定分支学科的基础有效性。之后,需要加强对司法鉴定的科学研究;对现有的司法鉴定意见生成模式进行更新,尽量进行特征量化,实施双向假设论证模式,使决定过程精确化。

司法鉴定认知行为存在结构性错误风险,因而需要对各层级司法鉴定行为进行优化。特征识别的优化,在于改善认知心理要素以及概念的形成、传递、组织的品质。特征比较的优化,需要克服注意聚焦偏差,克服差异(或相似)解释障碍,了解类比推理的局限性。个体识别之优化,需要弥补个体独特性假设的缺陷,减少种类识别的错误,明确个体识别的适用范围。关系推断之优化,需要坚持相同条件原则,精确量化变量。事件重建的优化,需要以实物证据为主要根据,确保信息层和解释层的"融贯",根据现实条件决定事件重建所能获致的细节,鉴定人要意识到事件重建是可撤销的。

通过认知偏差的管控来促进司法鉴定错误管理,也是必不可少的内容。但我国的鉴定机构和鉴定人对司法鉴定中的认知偏差并不是很了解,因而对认知偏差的管控,首先需要增进对认知偏差的了解。有些认知偏差,是启发法的负面效应导致的,因而需要对启发法的负面效应进行管控。鉴定人的职业倦怠感会导致鉴定人过度依赖启发法,为了避免这一现象,应当对鉴定人强制带薪执业休假;案件多元化可以减少过多使用启发法;最为重要的是,利用启发法审查问题清单进行自我审查和自我管控也有益于此。对于情景偏差和确证偏差的管控,主要通过案件信息流的管控来实现。案件信息流管控有三种模式:SU,LSU 和 LSU－E。这三种模式的复杂程度和精细化程度是逐渐增加的,因而在我国推行案件信息流管控的制度,应当分阶段实施。

参考文献

一、中文文献

1. [德]汉斯·波塞尔:《科学:什么是科学》,李文潮译,上海三联书店2001年版。
2. [德]卡尔·拉伦茨:《法学方法论》,陈爱娥译,商务印书馆2003年版。
3. [美]爱德华·J. 伊姆温克尔里德:《科学证据的秘密与审查》,王进喜等译,中国人民大学出版社2020年版。
4. [美]布鲁克·诺埃尔·摩尔、[美]理查德·帕克:《批判性思维》,朱素梅译,机械工业出版社2015年版。
5. [美]丹尼尔·卡尼曼:《思考,快与慢》,胡晓姣、李爱民、何梦莹译,中信出版社2012年版。
6. [美]路易斯·P. 波伊曼:《知识论导论:我们能知道什么?》(第2版),洪汉鼎译,中国人民大学出版社2008年版。
7. [美]迈克尔·H. 格莱姆:《联邦证据法》(第4版),法律出版社1999年版。
8. [美]欧内斯特·内格尔:《科学的结构》,徐向东译,上海译文出版社2005年版。
9. [美]特伦斯·安德森、[美]戴维·舒姆、[英]威廉·特文宁:《证据分析》,张保生等译,中国人民大学出版社2012年版。
10. [美]托马斯·库恩:《科学革命的结构》,金吾伦、胡新和译,北京大学出版社2003年版。
11. [新加坡]何福来:《证据法哲学——在探究真相的过程中实现正义》,樊传明等译,中国人民大学出版社 2021 年版。
12. [英]卡尔·波普尔:《猜想与反驳:科学知识的增长》,傅季重等译,上海译文出版社 2005 年版。
13. [英]罗素:《人类的知识:其范围与限度》,张金言译,商务印书馆 1983 年版。
14. [英]尼尔·麦考密克:《法律推理与法律理论》,姜峰译,法律出版社 2005 年版。
15. [英]培根:《新工具》,许宝骙译,商务印书馆 1984 年版。
16. [英]苏珊·哈克:《证据与探究——走向认识论的重构》,陈波、张力锋、刘叶涛译,中国人民大学出版社 2004 年版。
17. 郭景元主编:《现代法医学》,科学出版社 2000 年版。
18. 金岳霖:《知识论》,商务印书馆 1983 年版。
19. 武宏志、周建武、唐坚:《非形式逻辑导论》,人民出版社 2009 年版。
20. 杨立云:《认知科学视野下的侦查错案研究》,法律出版社 2019 年版。
21. 杨立云:《侦查认识原理研究》,群众出版社 2009 年版。

二、外文文献

1. A Wilke. & R Mata, *Cognitive Bias*, in V. S. Ramachandran eds., *Encyclopedia of Human Behavior*, 2nd edition, Elsevier Academic Press, 2012.
2. Adele Quigley – McBride, et al., *A practical tool for information management in forensic decisions: Using Linear Sequential Unmasking – Expanded (LSU – E) in casework*, 4 Forensic Science International: Synergy 100216 (2022).
3. Alex Biedermann & Kyriakos N. Kotsoglou, *Forensic science and the principle of excluded middle: "Inconclusive" decisions and the structure of error rate studies*, 3 Forensic Science International: Synergy 100 (2021).
4. Amalia Amaya, *Inference to the Best Legal Explanation*, in Hendrik Kaptein, Henry Prakken, & Bart Verheij, eds., *Legal Evidence and Proof: Statistics, Stories, Logic*, Ashgate Publishing Ltd., 2009.

5. Amos Tversky & Daniel Kahneman, *Judgment Under Uncertainty: Heuristic and Biases*, 185 Science 1124(1974).

6. Amy M. Jeanguenat, Bruce Budowle & Itiel E. Dror, *Strengthening forensic DNA decision making through a better understanding of the influence of cognitive bias*, 57 Science & Justice 415(2017).

7. Andrew R. W. Jackson & Julie M. Jackson, *Forensic Science*, 4th edition, Pearson Education Ltd., 2017.

8. Andrew Sommerlad, *Association of social contact with dementia and cognition: 28 – year follow – up of the Whitehall II cohort study*, 16 PLOS Medicine e1002862(2019).

9. Angi M. Christensen, et al., *Error and Its Meaning in Forensic Science*, 59 Journal of Forensic Sciences 123(2014).

10. Anil K. Jain, Patrick Flynn & Arun A. Ross, *Handbook of Biometrics*, Springer, 2008.

11. Arie W. Kruglanski, *A motivated gatekeeper of our minds: need – for – closure effects on interpersonal and group processes*, in Richard M. Sorrentino, & E. Tony Higgins eds., Handbook of motivation and cognition: the interpersonal context(Vol. 3), Guilford Press, 1996.

12. Bernard Robertson, G. A. Vigaux & Charles E. H. Beger, *Interpreting Evidence: Evaluating Forensic Science in the Courtroom*, John Wiley & Sons, Ltd., 2016.

13. Brandon L. Garrett, *Judging Innocence*, 108 Columbia Law Review 55 (2008).

14. Bruno Latour & Steve Woolgar, *Laboratory Life: The Construction of Scientific Facts*, Princeton University Press, 1986.

15. C. Michael Bowers, *Forensic Testimony: Science, Law and Expert Evidence*, Elsevier Academic Press, 2014.

16. Casey O' Callaghan, *Peception*, in Keith Frankish & William M. Ramsey, eds., The Cambridge Handbook of Cognitive Science, Cambridge University

Press,2012.

17. Cathering L. Bonventre, *Wronful convictions and forensic science*, 3 WIREs Forensic Science e1406(2021).
18. Chales S. Peirce, *Collected Papers of Charles Sanders Peirce. Vol.* 2, *Elements of Logic*, edited by Charles Hartshorne and Paul Weiss, Harvard University Press, 1965.
19. Chris Baber & Mark Butler M, *Expertise in crime scene examination: comparing search strategies of expert and novice crime scene examiners in simulated crime scenes*, 54 Human Factors 413(2012).
20. Christophe Champod, *Identification/ Individualization: Overview and Meaning of ID*, in Jay A. Siegel et al. eds., Encyclopedia of Forensic Sciences, Academic Press, 2000.
21. Claire A. J. van den Eeden, Christianne J. de Poot & Peter J. van Koppen, *The forensic confirmation bias: a comparison between experts and novices*, 64 Journal of Forensic Science 120(2018).
22. Claude Roux, et al., *The Sydney Declaration – Revisiting Essence of Forensic Science Through its Fundamental Principles*, 332 Forensic Science International 111182(2022).
23. Craig Adam, *Forensic Evidence in Court: Evaluation and Scientific Opinion*, John Wiley & Sons, 2016.
24. D. Michael Risinger, et al., *The Daubert/Kumho Implications of Observer Effects in Forensic Science: Hidden Problems of Expectation and Suggestion*, 90 California Law Review 1(2002).
25. Dan E. Krane, et al., *Sequential unmasking: a means of minimizing observer effects in forensic DNA interpretation*, 53 Journal of Forensic Science 1006 (2008).
26. Daubert v. Merrell Dow Pharmaceuticals, Inc., 509 U. S. 579 (1993), at 593.
27. Dauglas N. Walton, *Abductive Reasoning*, the University of Alabama Press,

2005.

28. David Grieve, *Possession of Truth*, 46 Journal of Forensic Identification 521 (1996).

29. Donna Wielbo, *History: Forensic Science*, in Jay Siegel et al. eds., Encyclopedia of Forensic Sciences, Academic Press, 2000.

30. Douglas H. Ubelaker, *The Global Practice of Forensic Science*, John Wiley & Sons Ltd., 2015.

31. Douglas N. Walton, *Informal Fallacies: Towards a Theory of Argument Criticisms*, John Benjamins Publising Company, 1987.

32. Emily West & Vanessa Meterko, *DNA exonerations 1989 – 2014: Review of Data and Findings from the First 25 years*, 717 Albany Law Review 79 (2015/2016).

33. Erica Beecher – Monas, *Evaluating Scientific Evidence: An interdisciplinary framework for the intellectual due process*, Cambridge University Press, 2007.

34. Everett Baxter, Jr., *Complete Crime Scene Investigation Handbook*, CRC Press, 2015.

35. Federal Justice Center, *Reference Manual on Scientific Evidence*, 3rd edtion, The National Academies Press, 2011.

36. Floris P. de Lange, Micha Heilbron, & Peter Kok, *How Do Expectations Shape Perception?* 22 Tends in Cognitive Science 764 (2018).

37. Forensic Science Regulator Guidance. (2020). *Cognitive Bias Effects Relevant to Forensic Science Examinations*. FSR – G – 217.

38. Fransis Galton, *Finger Prints: The Classic* 1892 *Treatise*. republished by Dover Publications, Inc., 2005.

39. Gary Edmond, et al., *Contextual bias and cross – contamination in the forensic sciences: the corrosive implications for investigations, plea bargains, trials and appeals*, 14 Law, Probability and Risk 1 (2015).

40. Gary Edmond, et al., *Thinking forensic: Cognitive science for forensic prac-*

titioners ,57 Science & Justice 144(2017).

41. General Electric Co. v. Joiner,522 U. S. 136(1997),at 146.

42. Gerd Gigerenzer, *Fast and Frugal Heuristics:The Tools of Bounded Rationality* , in Derek J. Koehler & Nigel Harvey eds. , Blackwell Handbook of Judgment and Decision Making,Blackwell Publishing,2004.

43. Glenn Langenburg,Christophe Champod & Pat Wertheim,*Testing for Potential contextual bias effects during the verification stage of the ACEV methodology when conducting fingerprint comparisons*,54 Journal of Forensic Science 571(2009).

44. Glinda C. Cooper & Vannessa Meterko, *Cognitive bias research in forensic science:A systematic review*, 297 Forensic Science International 25(2019).

45. Gregory L. Murphy, & Aaron B. Hoffman, *Concepts*, in Keith Frankish & William M. Ramsey,eds. ,The Cambridge Handbook of Cognitive Science, Cambridge University Press,2012.

46. Heddi H. Harralson, & Larry S. Miller, *Huber and Headrick's Handwriting Identification:Facts and Fundamentals*,2nd edition,CRC Press,2018.

47. Henry C. Lee,*Henry Lee's Crime Scene Handbook*,Academic Press,2001.

48. Herbert A. Simon,*Theories of Bounded Rationality*,in C. B. McGuire,C. B. & Roy Radner eds. ,*Decision and Organization.* North – Holland Publishing Company,1972.

49. Hilary Moses Daluz, *Fundamentals of Fingerprint Analysis*, Boca Raton: CRC Press.

50. Ian Evett, *The logical foundations of forensic science: towards reliable knowledge*. 370 Philosophical Transactions of the Royal Society B 20140263 (2015).

51. Itiel E. Dror & Greg Hampikian,*Subjectivity and bias in forensic DNA mixture interpretation*,51 Science & Justice 204(2011).

52. Itiel E. Dror & Jeff Kukuka,*Linear Sequential Umasking – Expanded(LSU – E): A general approach for improving decision making as well as minimizing*

noise and bias,3 Forensic Science International:Synergy 100161(2021).

53. Itiel E. Dror & Nicholas Scurich,*(Mis)use of scientific measurements in forensic science*,2 Forensic Science International:Synergy 333(2020).
54. Itiel E. Dror & Robert Rosenthal,*Meta – analytically Quantifying the Reliability and Biasability of Forensic Experts*,53 Journal of Forensic Sciences 900(2008).
55. Itiel E. Dror,David Charlton & Ailsa E. Péron,*Contextual information renders experts vulnerable to making erroneous identifications*,156 Forensic Science International 74(2006).
56. Itiel E. Dror, et al. ,*Cognitive bias in forensic pathology decisions*,66 Journal of Forensic Science,1751(2021).
57. Itiel E. Dror, et al. ,*Cognitive issues in fingerprint analysis:Inter – and intra-expert consistency and the effect of a "target" comparison*,208 Forensic Science International 10(2011).
58. Itiel E. Dror,Ailsa E. Péron,Sara – Lynn Hind,David Charlton,*When Emotions Get the Better of Us:The Effect of Contextual Top – Down Processing on Matching Fingerprints*,19 Applied Cognitive Psychology 799(2005).
59. Itiel E. Dror,*Cognitive bias in forensic science*,Science & Technology 2012 Yearbook,McGraw – Hill,2012.
60. Itiel E. Dror,*Cognitive neuroscience in forensic science:understanding and utilizing the human element*,370 Philosophical Transactions of the Royal Society B:Biological Sciences 20140255(2015).
61. Itiel E. Dror,*Human expert performance in forensic decision making:Seven different sources of bias*,49 Australian Journal of Forensic Sciences 541(2017).
62. Itiel E. Dror,*Practical Solutions to Cognitive and Human Factor Challenges in Forensic Science*,4 Forensic Science Policy Management:An International Journal 105(2013).
63. Itiel E. Dror, *The vision in "blind" justice:Expert perception,judgment,and*

visual cognition in forensic pattern recognition, 17 Psychonomic Bulletin & Review 161(2010).

64. Itiel E. Dror, et al. , *Context management toolbox: a Linear Sequential Unmasking(LSU) approach for minimizing cognitive bias in forensic decision making*, 60 Journal of Forensic Science 1111(2015).

65. Itiel E. Dror, et al. , *When Emotions Get the Better of Us: The Effect of Contextual Top – Down Processing on Matching Fingerprints*. 19 Applied Cognitive Psychology 799(2005).

66. Itiel E. Dror & David Charlton, *Why Experts Make Errors*, 56 Journal of Forensic Identification 612(2006).

67. Itiel E. Dror & Stoel, R. , *Cognitive forensics: human cognition, contextual information and bias*, in Gerben Bruinsma and David Weisburd eds. , Encyclopedia of Criminology and Criminal Justice, Springer, 2014.

68. Itiel E. Dror, *A hierarchy of expert performance*, 5 Journal of Applied Research in Memory and Cognition 121(2016).

69. Itiel E. Dror, David Charlton & Ailsa E. Péron, *Contextual information renders experts vulnerable to making erroneous identifications*, 156 Forensic Science International 74(2006).

70. Itiel E. Dror. *Cognitive neuroscience in forensic science: understanding and utilizing the human element*, 370 Philosophical Transactions of the Royal Society B: Biological Science 255(2015).

71. Jacques Herbra & François Daoust. *History of Forensic Science*, in J. A. Siegel, P. J. Saukko and M. M. Houck eds. , Encyclopedia of Forensic Sciences, 2nd edition, Elsevier Academic Press, 2013.

72. Jay Friedenberg, Gordon Silverman, G. , & Micheal Spivey, *Cognitive Science: An Introduction to the Study of Mind*, 4th edition, SAGE publication Inc. , 2021.

73. John B. Gould & Rrichard A. Leo, *One Hundred Years Later: Wrongful Convictions after a Century of Research*, 100 Journal of Criminal Law & Crimi-

nology 825(2010).

74. John I. Thornton, *The Snowflake Paradigm*, 31 Journal of Forensic Science 399(1986).

75. John M. Butler, *Fundamentals of Forensic DNA Typing*, Elsevier Academic Press, 2010.

76. John R. Josephson & Susan G. Josephson, *Abductive Inference: Computation, Philosophy, Technology*, Cambridge University Press, 1994.

77. John R. Vanderkolk, *Forensic Comparative Science: Qualitative Quantitative Source Determination of Unique Impressions, Images, and Objects*, Elsevier Academic Press, 2009.

78. Jon J. Nordby, *Scientific Foundations of Crime Scene Reconstruction: Introducing Method to Mayhem*, CRC Press, 2017.

79. Jonathan Haber, *Critical Thinking*, The MIT Press, 2020.

80. Jongmin Kim, Nathan Novemsky & Ravi Dhar, *Adding small differences can increase similarity and choice*. 24 Psychological Science, 225(2012).

81. José Luis Bermúdez, *Cognitive Science: An Introduction to the Science of the Mind*, 3rd edition, Cambridge University Press, 2020.

82. Karl Ask & Pär Anders Granhag, *Motivational source of confirmation bias in criminal investigation: the Need for Cognitive Closure*, 2 Journal of Investigative. Psychology and Offender Profiling 43(2005).

83. Karl Poper, *The Logic of Scientific Discovery*, Routledge, 2005.

84. Katherine Ramsland, *Beating The Devil's Game: A History of Forensic Science and Criminal Investigation*, NY: Berkley Books, 2007.

85. Keith Frankish & William Ramsey, *The Cambridge Handbook of Cognitive Science*, Cambridge University Press, 2012.

86. Keith Inman & Norah Rudin, *Principles and Practice of Criminalistics: The Profession of Forensic Science*, CRC Press, 2013.

87. Kelly M. Pyrek, *Forensic Science Under Siege*, Elsevier Academic Press,

2007.

88. Kumho Tire Co. v. Carmichael,526 U. S. 137(1999),at 148.

89. Lace M. Padilla, et al., *Decision making with visualizations: a cognitive framework across disciplines*, 3 Cognitive research: principles and implications 29(2018).

90. Larry S. Miller, *Bias among Professional Document Examiners: A Need for Procedural Change*, 12 Journal of Police Science & Administration 407 (1984).

91. Levi B. Larkey & Arthur B. Markman, *Processes of similarity judgment*, 29 Cognitive Science, 1061(2005).

92. Martie G. Haselton, Daniel Nettle & Damian R. Murray, *The evolution of cognitive bias*, in David M. Buss ed., The Handbook of Evolutionary Psychology, John Wiley & Sons Inc., 2005.

93. Matteo Motterlini, Paul Karl Feyerabend, in Sahotro Sakar& Jessica Pfeifer eds., *The Philosophy of Science: An encyclopedia*, Taylor & Francis Group, LLC, 2006.

94. Max M. Houck & Jay A. Siegel, *Fundamentals of Forensic Science*, Elsevier Academic Press, 2015.

95. Michael J. Saks & Jonathan J. Koehler, *The Individualization Fallacy in Forensic Science Evidence*, 61 Vanderbilt Law Review 199(2008).

96. Michael Lynch, *Social Constructionism*, in Sahotro Sakar & Jessica Pfeifer eds., The Philosophy of Science: An encyclopedia, Taylor & Francis Group, LLC, 2006.

97. Michael M. Saks, et al., *Context Effects in Forensic Science: A Review and Application of the Science of Science to Crime Laboratory Practice in the United States*, 43 Science & Justice 77(2003).

98. Micheal J. Saks & Jonathon J. Koehler, *The Coming Paradigm Shift in Forensic Identification Science*, 309 Science 892(2005).

99. Mohammed A. Almazroue, Itiel E. Dror & Ruth M. Morgan, *Organizational and Human factors effecting forensic decision – making: workplace stress and well – being*, 63 Journal of Forensic Science 258(2020).

100. NAS, *Strengthening Forensic Science in the United States: A Path Forward. Washington*, DC: National Academies Press, 2009.

101. Nina Sunde & Itiel E. Dror, *Cognitive and human factors in digital forensics: Problems, challenges, and the way forward*, 29 Digital Investigation 101(2019).

102. Ogle, R. R., Plotkin, S. L. (2018). *Crime Scene Investigation and Reconstruction*, 4th edn., Hoboken: Pearson.

103. Patrick P. Fissler, *Jigsaw Puzzling Taps Multiple Cognitive Abilities and Is a Potential Protective Factor for Cognitive Aging*, 10 Frontiers in Aging Neuroscience 299(2018).

104. Paul K. Feyerabend, *Against Method*, 4th edition, Verso, 2010.

105. Paul L. Kirk, *The ontogeny of criminalistics*, 54 Journal of Criminal Law, Criminology & Police Science 236(1963).

106. PCAST, *Report to the President Forensic Science in Criminal Courts: Ensuring Scientific Validity of Feature – Comparison Methods*, (2016).

107. Philipe Pasquier, et al., *Argument and Persuasion in the Cognitive Coherence Theory*, in Paul. E. Dunne & Trevor J. M. Bench – Capon eds., Computational Models of Argument: Proceeding of COMMA 2006, IOS Press, 2006.

108. Philips G. Zimbadro & Gerrig J. Richard, *Perception*, in Daniel Levitin ed., Foundations of Cognitive Psychology: Core Reading, MIT Press, 2002.

109. Rachel A. Searston, Jason M. Tangen & Kevin W. Eva, *Putting Bias into Context: The Role of Familiarity in Identification*, 40 Law and Human Behavior 50(2015).

110. Raymond S. Nikerson, *Confirmation Bias: A Ubiquitous Phenomenon in*

Many Guises,2 Review of General Psychology 175(1998).

111. Richard Saferstein & Tiffany Roy, *Criminalistics: An Introduction to Forensic Science*, 13rd edition, Pearson Education, Inc., 2021.

112. Risinger, D. Michael, et al., *Daubert/Kumho implications of observer effects in forensic science: hidden problems of expectation and suggestion*, 90 California Law Review 1(2002).

113. Sargur N. Srihari, Sargur N. Srihari & Lisa Hanson, *Development of individuality in children's handwriting*, 61 Journal of Forensic Sciences 1292 (2016).

114. Sargur N. Srihari, Sung – Hyuk Cha, Hina Arora & Sangjik Lee, *Individuality of handwriting*, 47 Journal of Forensic Sciences 856(2002).

115. Sherry Nakhaeizadeh, Itiel E. Dror & Ruth M. Morgan, *Cognitive bias in forensic anthropology: Visual assessment of skeletal remains is susceptible to confirmation bias*, 54 Science & Justice 208(2014).

116. Simon A. Cole, *More Than Zero: Accounting For Error In Latent Fingerprint Identification*, 95 The Journal of Criminal Law & Criminology 1030 (2005).

117. Simon A. Cole, *Forensic without Uniqueness, Conclusions without Individualization: the new epistemology of forensic identification*. 8 Law, Probability and Risk 235(2009).

118. Susan Haack, *Defending Science—within reason: between scientism and cynicism*, Armhesrt: Prometheus Books, 2007.

119. Suzanne Bell, *Encyclopedia of Forensic Science*, Infobase Publising, 2008.

120. Tal Golan, *Laws of Men and Laws of Nature: the history of scientific expert testimony in England and America*, Harvard University Press, 2004.

121. Tom Warlow, *Firearms, the Law and Forensic Ballistics*, CRC Press, 2005.

122. W. Jerry Chisum & Brent E. Turvey, *Crime Reconstruction*, Elsevier Academic Press, 2007.

123. William G. Lycan, *Judgment and Justification*, Cambridge University Press, 1988.

124. William J. Bodziak, *Forensic Footwear Evidence*, CRC Press, 2016.

附　　件

彩图索引表

页码	彩图
第 44 页	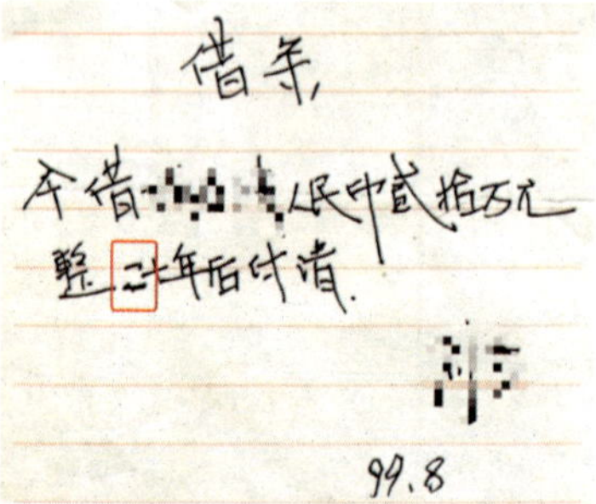 要求鉴定《借条》中的“二”是否为添加而成。 (a) 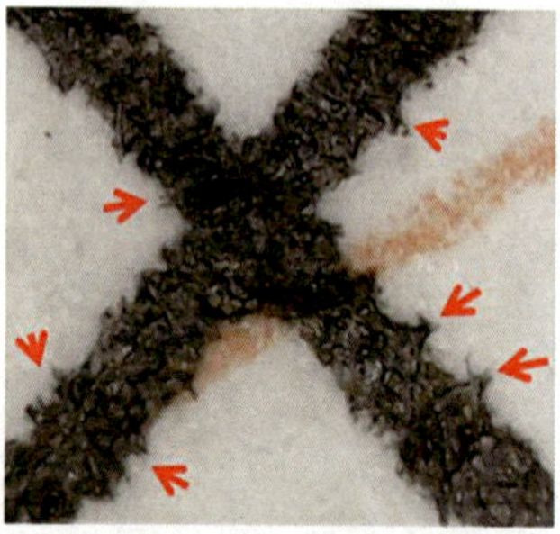 其他字迹笔画边缘呈毛刺状,且墨色较淡。 (b)  “二”的笔画边缘光滑,且墨色较深。 (c)

续表

页码	彩图
	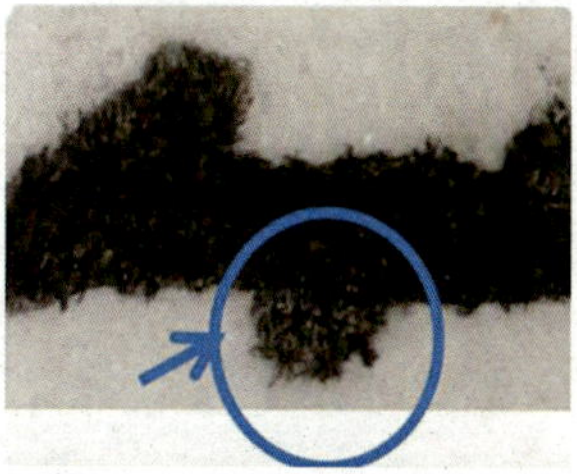 “二”字下横画，圆圈内的半圆状突起与圆圈外墨迹有差异。 (d) **图 1－2　篡改借条鉴定中的各层次事实**
第 184 页	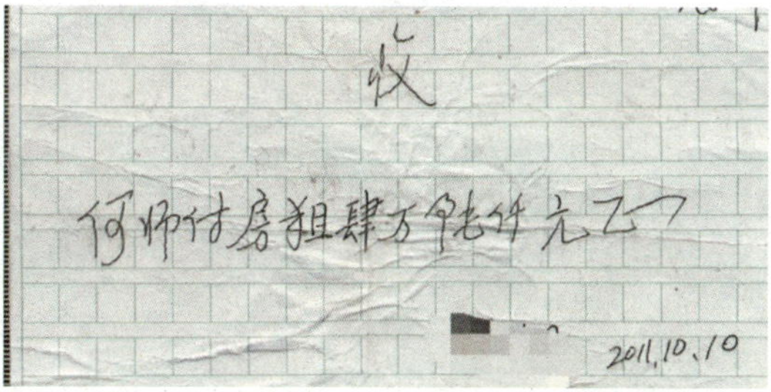 **图 5－3　笔迹特征识别中的代表性启发法**
第 191 页	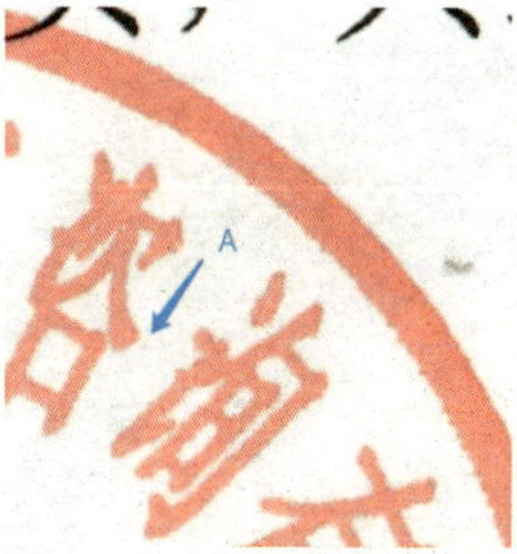 1 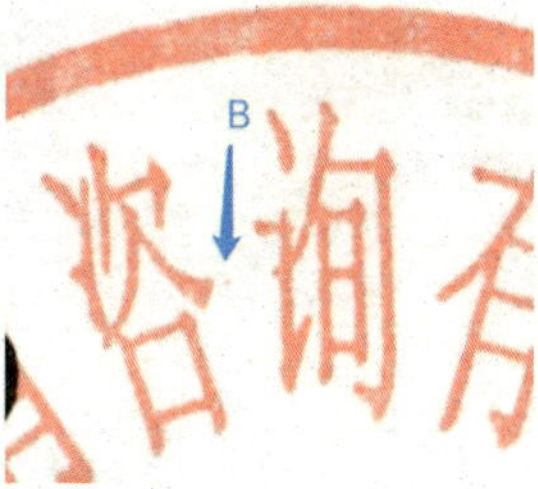 2

续表

页码	彩图
第 192 页	 3 4 图 5－5　稀有的印油疵点成为特征识别和比较的“锚点”
第 195 页	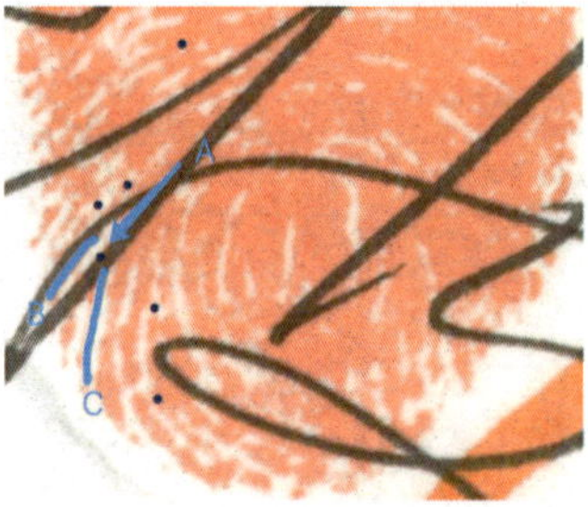 图 5－6　指纹特征识别的“情景效应”
第 266 页	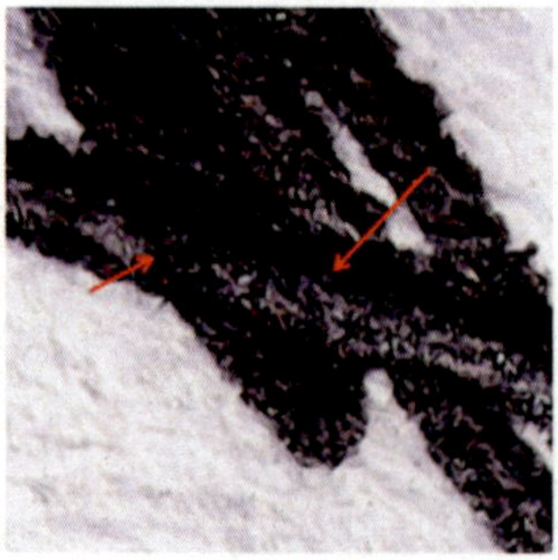 （箭头所示为墨迹在笔痕两侧堆积而呈现中淡边浓现象） 图 7－1　需要判断形成方式的字迹显微照片